사회복지현장실습

류종훈 · 김근식 · 김철진 · 배성찬 · 국영희
공저

청목출판사

머리말

사회복지사 제도가 정착되고 사회복지사 처우와 지위에 관한 법률이 통과되면서 개인복지를 주창하고 사회복지사의 정체성을 강조하고 있는 현실에도 불구하고 사회복지직 공무원들의 업무과중 및 압박으로 자살하는 사례가 있어 참담한 마음을 금할 길이 없다.

면면히 살펴보면 사회복지사 자격에 대한 양적인 면은 성장했으나 질적인 면은 아직도 미흡한 점이 많다. 때문에 사회복지사 양성을 위한 교과과정의 편제를 검토하여야 한다는 생각이다. 이와 관련하여 사회복지현장실습은 학교에서 배운 사회복지 이론과 방법들을 현장에서 클라이언트에게 직접 실천하면서 배우는 실천적 적용학문이다. 따라서 사회복지현장실습은 사회복지(사회사업)교육에 있어, 이론을 이해하고 학문적 업적을 현장에 적용하는 행동하는 실천의 핵심이라 해도 무리가 없으며, 매우 중요한 교과목이다.

21세기는 정치경제 사회적인 면에서 사회복지를 모르면 안 될 정도로 사회복지가 꽃으로 뜨는 과목으로 인정되고 있다. 따라서 많은 학교와 기타 교육기관에서 사회복지학과 및 사회복지에 관련된 학습을 홍수의 바다처럼 경쟁적으로 신설하여 사회복지사를 양성하는 것이 대세가 되었다.

최근 사회복지사협회에서 내놓은 2012년 사회복지 현장실습지침을 보면 실습기관과 교육기관과의 절차상의 많은 내용이 추가되어 있고, 출석교육을 실습과 별도로 5회 이상 의무화하는 것 등 많은 변화가 제도화되고 있다. 실습장소의 선정과 실습지도자들의 자격을 엄격히 제한하고 실습장소도 학교 및 실습교육기관이 실습계약을 체결하고 실습지도교수를 배정한다. 그리고 사전 실습지도자 자격을 점검한다. 실습지침에 따라서 질 높은 실습을 요구하고, 지도교수가 적극적으로 실습에 관여하고 현장지도를 반드시 하도록 하고 있다. 평가도 난이도를 잘 조정하여 창의적 현장실습을 하도록 실습자간 분별력도 요구하지만 공정한 평가를 위한 난이도를 줄이는 것도 매우 중요하다.

실습의 제1목적은 무엇보다 학생들이 실습을 통해 사회복지사의 능력을 습득하고 현장감을 익히는 것이다. 이를 위해서는 현장 실습과 더불어 학교에서 실습지도자와 실습생 준비 교육이 매우 중요하다. 특히 학부 실습의 경우는 2년제 대학은 1년의 수업을 마친 학생으로 하고, 4년제 대학교는 2학년을 마친 학생들이 실습과목을 수강하도록 하지만 최소한 선수 필수과목 10과목 중 4과목 이상을 이수한 후에 현장실습을 하도록 하고 있다.

강의실에서 강의를 하고 현장에 나가 사회복지현장실습 지도를 하면서 좀더 체계적인 현장실습 지침서가 필요함을 깨닫고 심혈을 기울여 사회복지현장실습 교재를 지필하게 되었다. 막상 사회복지 현장실습을 보내려고 하면 무엇부터 해야 하는지 또 가지고 나가야 하는 것은 무엇인지? 끝나고 무엇을 해야 하는지를 막막해 하는 학생들이 있어 이들을 위하여 이 책이 필요하다고 강조하는 바이다.

그리고 학점은행제의 실습생 지도를 하였던 경험으로 보면 사회복지사가 실습지도하는 가운데 지도 지침서로도 필요성을 느껴 실습지도자 분들께도 도움이 되고자 하였다.

이와 같이 보다 실제적인 실습지도의 필요성에 따라 제1장에서 사회복지현상실습교육의 기본개념으로 실습의 의의, 필요성, 실습생의 자세와 책임성, 제2장에서는 사회복지현장실습지도자의 책임성과 사회복자사의 윤리, 실습기관 선정기준, 실습지도감독에 관한 사항

제3장에서는 실습교육의 진행과정으로 실습기관 선택 기준 및 종결단계를 중점으로 서술하였고, 제4장에서는 사회복지실천과정 5단계를, 제5장은 사례관리론을 중심으로 서술하였다. 제6장에서는 사회복지현장실습 법적기준과 지침을 기술하였다. 제 7장에서는 실습에 따른 각종양식 작성법, 제8장에서는 실습일지에 관한 종합 내용 편철과 각종양식을

제시하였다.

본 사회복지현장실습 교재가 사회복지현장 실습지도자와 실습생들에게 꼭 필요한 내용을 집필할 수 있도록 도움을 주신 여러분들에게 감사함과 고마움을 전하게 되어 기쁘며 많은 지도편달을 바랍니다.

이 책은 많은 실습생들의 경험에서 교훈을 얻은 내용과 사회복지사협회의 지침을 참고하여 새로운 마음으로 출판을 서두르게 된 점도 있어 미비한 점은 계속 보완해 나가고자 한다. 특히 실습생들은 이구동성으로 실습기관의 신중한 선택, 관심분야에 대한 선수 학습과 자원봉사, 그리고 꾸준한 인간관계의 형성을 필요로 하고 있음을 실습 후기에 남기고 있다.

이에 앞으로 현장실습을 하려는 여러분에게 지지와 격려의 박수를 보내며, 바쁜 시간을 쪼개어 열과 성을 다해서 지도해 주시는 실습지도자 여러분의 수고하심에 감사인사를 드립니다.

그리고 아직도 미흡한 점은 다음 출판 시 계속 보완하여 나아가면서 새로운 지침과 새로운 지식을 담아내는 노력을 할 것입니다. 특히 이 책의 출판교정에 힘쓴 국제신대 상담복지학과 석사과정의 주광미 선생님께 진심으로 고마움을 전합니다. 그리고 '사회복지현장실습 가이드' 기본 자료를 제공해 주신 한영신대 박귀영 교수님과 안양대 평생교육원 선생님들 그리고 출판을 맡아주신 청목출판사 유성열 사장님과 임직원 여러분께 고마운 마음을 전합니다.

2013년 7월 25일

선지동산에서 류종훈 씀

차 례

부록

제 1 장

사회복지실습교육의 개요

제 1 절 사회복지실습 개관

1. 사회복지실습 이해

1) 사회복지현장실습이란?

사회복지현장실습은 사회복지학의 꽃이라고 할 수 있다. 그동안 배우고 익힌 학문적 바탕을 현장에 적용 실습하는 기간으로 자신을 돌아보고 점검하여 훌륭한 사회복지사의 기반을 조성하는 기회이기도 하다. 따라서 사회복지현장실습이란? 학교에서 배우고 익힌 사회복지기본이론, 사회복지실천 이론과 실제 및 정책과 행정에 대한 지식을 사회복지현장 즉, 사회복지기관과 시설에서 직접 실천하고 연마해서 현장감을 익히고 적용하는 시간이다. 그리고 사회복지사로서의 윤리와 철학을 바탕으로 복지 마인드를 가지고 사회복지사로서 활약할 수 있는 자질을 함양하며 사회복지현장의 조직과 행정, 실천과정을 경험하기 위한 학습에 의의를 가진다.

따라서 사회복지현장실습은 학교에서 배운 사회복지의 이론과 실제적 방법들을 현장에 활용하면서 클라이언트에게 직접 적용하는 실천학문이다. 그러므로 사회복지현장실습은 사회복지(사회사업)교육에 있어서 이론을 바탕으로 행동하는 실천의 핵심적 학문의 과정이다.

사회복지현장실습은 학생들이 이론으로 배우고 익힌 내용을 현장에서 직접 실습을 통해 사회복지사의 역할을 행동으로 옮기는 것이다. 이를 위해 먼저 학교에서의 이론교육과 현장에 대한 실천교육이 중요하다. 따라서 학생들이 선행학습이 안된 상태에서 실습을 하게 되는 경우가 있다. 때문에 아르바이트나 봉사활동이 되기도 한다. 사회복지현장에 근무하고 있는 실습지도자들의 입장에서는 실습을 거부하는 방해요인이 되기도 한다.

그래서 분명한 복지 마인드와 준비된 실습생들을 훈련시켜 현장으로 내보는 것은 가르치는 교수들이 가지는 정체성과 교육의 책임성이다.

사회복지현장실습은 학생들이 실천을 통해 전문 사회복지의 본질을 이해하고 인간존중 정신으로 유능한 사회복지사가 되어 사회문제의 해결자가 되어, 나아가서 사회변화의 능동적 촉진자가 되는 변화의 지도자적 첫발을 딛게 하는 기회이자 과정이라고 할 수 있다.

따라서 실습에 임하는 학생들은 진정성을 가지고 사회적 관심과 노력으로 복지적 열정으로 스펙을 쌓고 창의성과 책임감을 지닌 미래 지도자로 실습교육에 임해야 한다.

2) 사회복지실습의 목적

사회복지현장실습은 각 학교의 교육목표, 각 시설과 기관의 특성, 학생 개개인의 목적에 따라 다르지만, 실습교육의 궁극적인 목적을 달성하기 위해서는 무엇보다도 학교와 학생, 실습기관이 서로 협력하는 가운데 적극적이고 역동적인 관계에서 실습교육을 진행시켜야 할 것이다(박귀영, 2011).

사회복지현장실습을 실시하는 교육기관, 실습기관과 개인은 아래의 목적에 입각한 일반적이고 객관적인 실습계획을 수립해야 한다.

첫째, 실천현장의 문제해결을 위한 과정에서 인간존중의 사회복지 가치 및 윤리강령의 내용, 사회복지 지식 및 기술을 적용할 수 있는 능력을 함양한다.

둘째, 클라이언트체계의 문제 확인과 정보수집 및 사정평가 그리고 개입계획 및 개입실행을 진행한다. 또 평가과정을 통해 문제해결에 대한 새로운 지식과 기술을 습득한다.

셋째, 지역사회 내에 존재하는 위험진단 및 표적 집단의 강점과 특성을 고려하고 이것들과 자원을 연계 활용할 수 있는 능력을 기른다.

넷째, 사회복지시설과 기관이 조직의 사명, 정책 및 행정을 연계 활용토록 연구한다.

다섯째, 실천현황 관련 중앙정부 및 지방자치단체의 사회복지정책 및 전달체계를 분석하고 실천에 적용한다.

여섯째, 사회복지사로서의 자아인식을 증진시키고 전문직의 정체감을 확립한다.

실습에서 가장 중요한 목적은 무엇보다 학생들이 실습을 통해 사회복지사의 능력을 습득하고 현장감을 익히는 예비 사회복지사의 훈련과정이다. 이를 위해서는 현장 실습과 더불어 학교에서의 실습지도교수와 실습지도자와 실습생의 사전 교육이 매우 중요하다.

대학교, 실습기관, 학생 등의 정체성과 복지 마인드에 따라 주체별 목적은 다음과 같다.

(1) 교육기관의 목적

① 교육과 실천현장의 가교역할을 한다.

② 교육과 선행학습의 보조 역할을 할 수 있도록 한다.

실습생은 실습현장에서 실제적인 문제 해결을 위한 대처능력과 현장감을 가지게 되고, 실습지도교수는 실습지도과정에서 실습현장에 대한 관심과 사례관리를 심층지도할 수 있다.

③ 사회복지교육과정의 효율성, 효과성을 평가하는 자료로 활용할 수

있다.

④ 실습생들이 다양한 사회복지 실습현장에 대해 이해하고 활용하도록 돕는다.

⑤ 타 학교 실습생과 함께 실습을 하기 때문에 사회복지와 관련된 정보를 교환하고 실습경험을 함께 나눔과 사랑을 실천하는 새로운 동료애와 이후 사회복지사로서의 보다 폭넓은 정체성을 형성할 수 있다.

(2) 실습기관의 목적

① 사회복지의 새로운 발전방향과 기술, 지식들을 접하는 기회로 활용한다.

② 클라이언트들에게 다양하고 새로운 형태의 서비스를 제공하여 기관 특성에 알맞은 새로운 영역을 개발할 수 있도록 한다.

③ 전문 사회복지사 양성을 위한 특화교육 프로그램을 개발할 수 있는 기회로 활용한다.

④ 실습생들이 학교에서 습득한 기술, 지식 등을 현장에서 익히도록 한다.

⑤ 학교와의 지속적인 연계교육으로 이론과 실습에 대한 정보교환의 기회를 갖는다.

(3) 실습학생의 목적

① 학교에서 배운 지식과 기술을 행동으로 옮기는 실천기회를 갖는다.

② 실습현장에서 새로운 실천지식과 기술을 익히는 실천기회를 갖는다.

③ 사회복지기관(시설)에 대한 이해를 높이고 실천기회를 갖는다.

④ 전체적인 사회복지실천과정을 경험하고 실천기회를 갖는다.

- 클라이언트(개인, 집단, 지역사회)의 욕구를 이해하고 바르게 인식한다.

• 클라이언트가 갖고 있는 욕구의 개방성, 독자성을 파악하여 활용한다.
• 각 복지시설과 기관의 원조과정을 경험적으로 훈련하고 그 과정에서의 구체적인 기술 및 전문가로서의 태도를 함양한다.
• 원조과정에서 활용 가능한 다양한 자원(제도 및 정책, 시설 및 기관, 단체 및 개인)에 대한 정보를 탐색하고 효과적인 활용방법을 익힌다.

⑤ 실습생 자신의 능력, 한계에 대한 통찰력과 자기인식을 통해 사회복지 전문직에 대한 이상과 사회복지를 선택한 동기에 대해 생각하고 확신하는 기회를 갖는다.

이러한 산학 협력체계는 보다 확장된 지역사회 중심의 서비스 제공을 가능하게 한다.

따라서 실습의 주체 및 목적을 그림으로 보면 아래와 같다(〈그림 1-1〉 참조).

〈그림 1-1〉 실습의 주체 및 목적

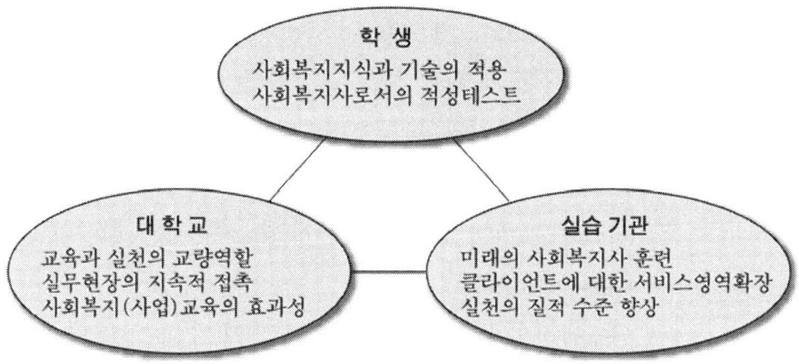

출처: 김선희 외, 『사회복지실습 길잡이』, 홍익제, 1999.

2. 실습교육의 목표

실습교육의 일반적인 목표는 지식을 경험하고 사회복지사로서 정체성과 복지 마인드 함양으로 전문성을 인식하고 사회복지의 올바른 태도와 전문적인 기술을 연마하는데 있다

1) 지식의 습득

(1) 클라이언트에 대한 보다 개괄적이고 실제적인 공감대를 형성한다.
① 클라이언트 체계에 대한 이해와 미치는 영향 요소들에 대해 이해한다.
예를 들면, 인종차별, 학력차이, 빈부의 격차, 생활방식, 장애정도, 성(性)별 등을 포함한다.
② 생태학적 체계의 영향, 전달체계의 기능과 역기능, 효과적인 원조를 위해 현재의 클라이언트 체계와 전달체계 변화요인 분석, 개선할 수 있는 가능성에 대해 이해한다.
③ 클라이언트 체계와 다양한 변수들(즉, 생물·심리·사회적·경제적·문화적 특성과 차이 등)과의 상호관련성을 이해한다.
(2) 인간과 환경간의 공식, 비공식 체계간의 상호관련성을 이해하고 파악한다.
(3) 이러한 체계에 효과적으로 개입할 수 있는 직접적인 실천방법에 대해 이해한다.
(4) 원조과정의 기본적인 원칙을 이해하고 파악한다.
(5) 사회복지실천을 평가하는 방법을 이해하고 파악한다. 즉, 문제해결과정, 특정 전문실천분야에서 활용할 수 있는 개입방법과 결과에 대해 평가하는 방법을 습득한다.
(6) 체계적인 관점에서 사회복지사의 역할, 지역사회 내에서의 사회복지시설과 기관에 대하여 이해하고 파악한다.

(7) 다양한 사회복지 실천분야에서 사회복지 정책·행정과의 관계, 역동성을 이해한다.

(8) 전문사회복지사로서의 윤리와 철학, 가치, 목적, 실습생 자신의 개인적인 가치관의 관계를 살펴본다.

(9) 다학문적 접근으로 인접학문에 대한 이해와 상호관련성에 대해 이해한다. 이는 학교에서 배운 이론과 실천기술들을 통합하는데 유용하다.

(10) 학교에서 배운 내용과 배우지 않은 내용에 대해 서로 비교 분석하여 좋은 안을 제시할 수 있도록 준비한다.

① 학교에서 배운 내용이 실제 다른 내용으로 적용되고 있을 때 그 차이점을 이해한다.

② 실제 사용하고 있는 방법이 학교에서 배운 내용보다 새로운 내용이 있음을 이해한다.

③ 실습기관에 따라 학교에서 배운 내용과 특성화된 방법을 사용할 수 있음을 이해한다.

2) 전문적인 기술의 개발

(1) 정보를 습득하는 기술이 필요하다. 미리 기관에 대한 정보를 가지고 있으며 분야별 핵심사항을 이해하는 것이 중요하다. 그러나 이것이 그 기관을 위한 정보이기에 사적 정보가 보호되어야 한다. 실수로 인하여 기관정보가 유출되어 사용되도록 방치해서는 안 된다.

(2) 습득된 정보와 자료를 분석하고 평가하여 문제와 관련된 사항을 해결하도록 한다.

(3) 문제발생시 클라이언트의 내적 요소와 대인관계 요인들이 미치는 영향에 대해 인식하고 개선을 위해 명확히 할 수 있어야 한다.

(4) 클라이언트가 자신의 문제가 무엇인지를 먼저 점검토록 돕는다.

(5) 문제해결과정이 사회복지실천과정에 알맞게 실행되도록 돕는다.
(6) 클라이언트의 환경적 주변과 지원요소를 파악하여야 한다.
(7) 지역사회에서 이용 가능한 자원을 파악하고 연계해야 한다.
(8) 클라이언트의 감정을 개발하되 자기중심을 잃지 않아야 한다.
(9) 기관들의 장·단점을 파악하고 이을 연계 서비스를 제공할 수 있어야 한다.
(10) 실습생 자신이 사회복지현장에서 전문직의 목표와 가치를 인식할 수 있어야 한다.
(11) 실습생 영역 밖의 업무와 내부적 업무에 대한 구분을 할 수 있어야 한다.
(12) 자신의 일에 대한 우선순위와 평가를 하도록 돕는다.
(13) 기관과 업무의 조절 기능과 이에 대한 조치를 지도교수와 실습지도자에게 건의하여 자신의 능력과 전공에 알맞은 업무로 실습할 수 있어야 한다.
(14) 업무에 부담을 가지고 있다면 최소화를 위한 의뢰 및 인계를 할 수 있어야 한다.

3) 전문인으로서 태도의 개발

(1) 클라이언트를 위해 최선의 이익이 되는 노력을 기울인다.
(2) 나의 삶의 방식이 주가 아니고 클라이언트 삶의 방식을 이해하는 노력을 기울인다.
(3) 동료 사회복지사와의 원활한 관계를 유지해야 한다.
(4) 먼저 클라이언트가 자신의 문제에 무엇인지를 알 수 있도록 돕는다.
(5) 창의적이고 발전적 문제의식을 가지고 솔선수범하는 자세로 업무에 임해야 한다.
(6) 자기개발을 위한 끊임없는 탐구가 있어야 한다.
(7) 사회복지사 질적 향상에 대한 가치관을 확립하여 나간다.

(8) 국가적 입장과 클라이언트의 입장을 고려하여 조절할 수 있는 능력을 개발한다.

4) 사회복지현장실습에 관한 법적 기준(사회복지 사업법 시행규칙)

(1) 실습기관 : 법 제2조 제1호에 따른 사회복지사업과 관련된 법인·시설, 기관 및 단체로 한다.
(2) 실습지도자 : 사회복지사 1급 자격증을 소지한 자로서 3년 이상 또는 사회복지사 2급 자격증을 소지한 자로서 5년 이상 사회복지사업의 실무경험이 있는 자가 실습을 지도 하여야 한다.
(3) 실습시간 : 현장실습 시간은 120시간 이상으로 한다(3주 연속을 원칙).

제 2 절 사회복지현장실습의 필요성

사회복지학생이 사회복지사가 되기 위해서는 '사회복지현장실습'을 반드시 이수해야 한다. 대부분의 대학은 사회복지현장실습을 3학년 2학기와 4학년 1학기에 이수하도록 교과과정을 편성한다. 사회복지학에 대한 기초적인 지식을 습득한 후에 사회복지현장에서 사회복지사의 역할을 익히도록 하기 위해서이다. 따라서 사회복지현장실습을 나가기 전에는 실습에 대한 소개가 반드시 필요하다. 어떻게 실습을 할 것인지를 알려주기에 앞서, 왜 실습을 해야 하는지에 대해서 먼저 의문을 제기하고 그 해답을 찾아야 한다.

사회복지학을 공부하는 대학생에게 사회복지실습은 사회복지현장을 이해하고 사회복지를 둘러싸고 있는 세상을 직시하는 눈을 키우는 과정이다. 예전에 비교할 때 많이 나아졌다고는 하지만 아직 척박한 환경 속에서 전문직을 발전시켜 나가야 하는 사회복지사는 개척자의 정신을 가지고 사회복지실습에 임해야 할 것이다. 사회복지학도가 실습을 나가기에 앞서 다음 사항에 특히 유의해야 한다.

첫째, '지금' '이곳'에서 내가 하는 일이 사회복지이다.

사회복지란 무엇인가? 그리고 아동복지, 노인복지, 장애인복지, 가족복지, 여성복지, 청소년복지와 지역사회조직은 무엇인가? 학교에서 두꺼운 책으로 배운 것과 사회복지현장은 너무나 멀리 떨어져 있지 않는가? 설사 〈하늘과 땅〉의 차이가 있다 한들 어떻게 할 것인가? 하늘과 땅 사이를 연결하는 자는 사람이므로 지금 여러분이 실습할 일이 사회복지사의 역할이다. 장애인의 손을 잡고 길을 걷는 것, 울고 있는 아이를 달래면서 왜 우는 지를 묻는 것이 바로 복지이다. 복지는 고상하고 거룩한 것이 아니라, 외롭고 어렵게 사는 사람들의 두 손을 잡는 따뜻한 마음이 필요하다.

사회복지현장에 나서면, 가끔은 "이런 일을 하기 위해서 2~3년 동안 사회복지학을 배웠다는 말인가"라고 회의할 때가 생길 것이다. 바로 그 자리가 당신이 장차 사회복지사로 설자리이다. 그러나 여러분이 사회복지를 배웠다면, 장애인에게 예의를 지키면서 말을 붙일 수 있을 것이다. 그 장애인과 대화를 하는 동안에 학교에서 배운 장애인복지론, 지역사회복지, 개별상담, 통합적 방법론, 사회조사, 인간행동과 사회환경의 지식이 파노라마처럼 머리를 스쳐갈 것이다. 결국, 사회복지사가 하면 무엇이 달라도 다르다는 것을 몸으로 보이는 것이 〈사회복지사의 역할〉이다. 이는 아픈 환자에게 의사가 하면 전문가로써 무엇이 달라도 다르다는 것을 보이는 것과 같다.

둘째, 사회복지사 우리가 세상을 바꾼다.

이 땅에서 사회복지사가 전문성을 발휘하기에는 의사들보다 환경적으로 좋지 않다. 의사들은 대학에서 6년을 공부하고, 더 많은 학점을 따고, 더 많은 실습을 하면서 전문성을 배우고 익힌 사람들이다. 그런데, 우리 사회복지사는 어떤가?

세상 사람들이 사회복지사를 보는 눈이 우리들의 기대에 어긋나더라도 실망할 필요는 없다. 사회복지사는 개인을 때로는 가족과 집단을 그리고 가끔 세상을 구하는 사람이다. 한 명의 환자를 치료하는 일에 만족하지 못하고, 우리는 사회문제를 밝히고 이를 개혁하는 방안을 찾으며, 세상에 적응하지 못하는 사람들의 욕구를 파악해서 그들이 적응하도록 돕기도 한다. 사회복지사는 세상을 가꾸는 사람이다.

셋째, 기록하는 자만이 역사를 만들 수 있다.

사회복지사가 하는 일을 기록하지 않으면 사건은 잊혀져가고 사회복지 이야기는 역사의 뒤안길로 사라져 갈 것이다. 전문직의 업적은 기록으로 남는다. 판사와 검사가 한 일은 사건기록과 판결문으로 남고, 의사가 한 일은 진료기록으로 남듯이 사회복지사가 한 일은 '사례관리카드'나 '상담일지'로 남게 된다. 따라서 사회복지실습에서 가장 강조하는 훈련 중의 하나는 기록을 남기는 일이다.

실습을 기록하는 양식은 조금씩 다르지만, 일시와 장소, 실습지도내용, 업무처리내용, 관찰사항, 실습지도자나 기관장의 의견, 그리고 지도교수의 검토의견과 검인란 등으로 구성된다. 하루하루 한 일을 구체적으로 적고, 이를 실습지도자가 지도 감독하며, 평가하는 과정이 기록으로 남겨져야 할 것이다. 단순히 한일을 기록으로 남기는 것도 중요하지만, 그 기록을 묶어서 정리하고 이를 체계적으로 분류해서 널리 활용하는 것은 사회복지사의 역할이다. 한 가지 방법으로 모든 기록을 컴퓨터로 하고, 그 파일에 일련번호를 남기는 것도 한 방법이다. 예를 들면, 2013년 4월 23일에 한 실습이라면 본인의 이름 이니셜 kyp130423.hwp로 정리하면 자동으로 파일정리가 될 것이다. 이번 실습보고서를 작성할 때부터 직접 활용해 보자.

사회복지현장실습의 구체적인 목적을 요약하면 다음과 같다.

학교에서 습득한 사회복지에 관한 가치, 지식 및 기술을 실천현장에 적용해본다. 실습현장에서 사회복지실천의 과정을 경험함으로써 새로운 지식과 기술을 습득한다. 지역사회 대상의 특성과 자원에 대한 지식을 활용할 수 있는 능력을 함양한다. 사회복지 시설 및 기관의 조직, 정책, 절차에 적응할 수 있는 능력을 함양한다. 사회복지 실천에 대한 자신의 적성을 점검해 볼 수 있는 기회를 제공한다. 사회복지사로서의 자아인식을 증진시키고 전문적 정체감을 형성한다.

대체로 사회복지실습은 실습기관의 선정을 위해서, 사전에 기관방문을 한 후에 실습계획서를 작성하고, 소정의 기간 동안 실습을 실시한 후에 실습보고서의 작성, 실습발표와 토론, 최종보고서의 제출, 그리고 평가의 순으로 이루어진다.

제 3 절 실습생의 자세와 책임성

1. 실습생의 기관방문시의 자세

실습기관을 선정하는 일은 매우 중요하다 찾아가는 자세로 발로 뛰는 열정과 비전을 나누는 귀한 일이다. 일생동안 사회복지사로 역량강화를 위하고 경험을 터득하는 기간이기에 예비사회복지사로 최선을 다해서 실습에 임해야 한다. 그래서 사회복지현장실습은 사회복지의 꽃이라고도 한다. 따라서 내가 사회복지기관에 가서 일을 해주고 보수도 없이 도움을 줄 것이기 때문에 기관에서 매우 기쁨으로 맞이할 것이라는 기대와 자긍심으로 성취감이나 자부심을 얻어서 매우 흥분된 마음이 되기 쉽다. 그러나 현실과는 거리가 멀다. 바쁜 일과에서 슈퍼비전 자체가 기관의 부담이 되기도 한다. 사회복지사가 첫째로 힘들어하고 시설장도 외부 학습자가 있다는 자체가 그렇게 좋은 것은 아니지만 사회복지 발전을 위한 제도적 형식을 무시하지 못하기 때문도 있어 관행적으로 받아들이는 경우가 많다. 따라서 사전 준비하는 마음으로 기관을 방문할 때 갖추어야 할 내용을 숙지하면 좋을 것이다.

첫째, 실습 기관을 방문하기 전, 전화로 실습담당자와 방문에 대한 약속을 정한다.

둘째, 전화나 공문보다 본인이 직접 담당자를 찾아 의뢰하는 것이 바람직하다.

셋째, 기관을 방문하였으나 담당자 부재 시 다시 전화 컨택 확인한다.

넷째, 용모는 단정히 하고, 복장은 품위가 손상되지 않는 편한 복장으로 한다.

다섯째, 기관 방문은 개인이 아닌 학교와 학과를 대표한다는 태도를 가진다.

여섯째, 무엇보다 기관의 입장에서 바라보는 자세가 필요하다.

2. 사회복지현장실습생의 자세

사회복지전공학생이 현장실습을 준비하는 과정에서 가장 중요한 것은 자원봉사활동 경험이다. 자원봉사활동은 이미 중고등학교 때부터 경험한 바 있으나, 사회복지사의 길로 나아가는 시점에서 사회복지학생은 자원봉사활동 경험을 한차원 높게 업그레이드 하여 현장실습과 연계시켜 나가야 한다. 이와 같이 사회복지학생이 실습 자원봉사를 하는 것은 무료로 봉사를 하는 것이 아니라, 무료로 사회복지사의 역할을 훈련하는 것이다. 따라서 대학교 1학년 때부터 다양한 사회봉사활동계획을 세워 체계적으로 방문하고 지속성을 가지고 유대를 맺어 사회복지현장을 이해하고, 예비사회복지사로 꿈을 키워 나가야 한다. 다음은 사회복지현장 실습생의 자세에 대하여 생각해 본다.

첫째, 실습의 목적과 중요성을 인식하고 실습계약 사항을 숙지하여 최선을 다한다.

둘째, 실습은 대학에서 학습한 이론을 구체적으로 실천 적용하는 과정이다.

셋째, 실습교육기관의 구성원이라는 자긍심으로 협력하며 친화적인 태도를 취한다.

넷째, 실습기관의 방침을 이해하고 수용하며 실습과정에도 존중하도록 한다.

다섯째, 근무시간은 규정에 준하며 직원과 동일한 자세로 근무시간에 임한다.

여섯째, 실습시작 최소 10분전에 출근하고 업무에 관계된 사항을 사전 준비하도록 한다.

일곱째, 결근, 조퇴, 지각 등 근태와 관련된 사항은 반드시 실습지도자에게 보고한다.

여덟째, 실습지도자의 지시와 타직원의 지도를 잘 받아 실습효과를 최대화 한다.

아홉째, 자신의 직무에 강한 책임감과 열정으로 임하며 책임을 전가하는 등 태만하지 않는다.

열 번째, 실습으로 인하여 알게 된 클라이언트의 사적인 정보를 교육적 목적(대학실습지도 등) 이외에는 절대 발설하지 않는다. 실습종료 후, 실습과 관련 내용을 연구 활동 등에 공개하고자 할 때는 반드시 실습지도자와 상의하여 허락을 받아야 한다.

열한 번째, 실습지도자의 지도 혹은 타 실습생의 실습을 견학, 관찰할 경우 배우는 자세로 진지한 태도를 취한다.

열두 번째, 기관의 직원, 클라이언트 등에 대해 친절한 태도와 예의를 지킨다.

열세 번째, 복장, 소지품은 실습 기관의 특성과 상황에 알맞게 하되 가능한 화려한 것을 피하고 검소하며 단정한 것으로 착용한다.

열네 번째, 안전사고에 만전을 기하고, 안전사고와 관련된 기관의 규정을 사전에 숙지하여 그에 따라 행동한다.

열다섯 번째, 실습일지를 비롯한 각종 실습 기록은 사실에 근거하여 정확하고 구체적으로 기술하고 숙지하여 실습지도자와 실습지도교수의 지도를 받는다.

열여섯 번째, 과제에 관하여 제출하고 그 결과물에 대해 실습지도자의 멘토링을 받는다.

열일곱 번째, 실습과정 중 어떤 경우라도 사례금 등의 금품을 절대 주거나 받지 않는다.

열여덟 번째, 과제물은 정해진 기일에 제출하고 출근 전에 작성을 마친다.

열아홉 번째, 기관의 명칭을 사적으로 활용하지 않으며 실습생의 신분을 지킨다.

스무 번째, 학교를 대표한다는 근무자세로 실습교육기관의 직원들과 동일한 업무 태도와 근무자세를 취한다.

3. 실습현장 선정 시 유의사항

사회복지사는 실습을 시작하면서 다시 한 번 사회복지사의 비전을 생각하면서 실습생의 자세를 가다듬어야 한다. 실습의 현장은 다양하지만 자신의 비전을 세우고 경험을 바탕으로 관심 있는 사회복지 분야를 선정 실습에 임하되 다음사항을 유의해야 한다.

첫째, 먼저 사회복지사로서 사명감을 가져야 한다. 사회에 유용한 인물로 쓰임을 받고 살아가는 것이 중요하듯이 자기가 가고자 하는 비전과 사명감은 매우 중요하다. 자기가 하는 일이 평생 하고 싶은 일이면 더욱 좋고 그렇게 할 만한 가치와 기쁨이 넘치고 창의적 삶으로 건강한 사회복지사로 우뚝 서야 한다. 이때 초보자는 문제점을 살피고 고치려 고집하지만 전문가는 문제점보다 긍정적인 면을 찾아 시너지 효과와 자긍심을 세워 새로운 아이디어가 튀어나올 수 있도록 긍정적인 사람이어야 한다. 따라서 자기 직업에 사명감이 없다면 클라이언트를 변화시키기 어렵고 감동감화를 주지 못하기 때문에 근무에 임하는 마음

자세가 보여 클라이언트에게 영향을 줄 수 없고, 미래가 보장받지 못하는 불안 심리를 보일 수 있어 악영향을 줄 수 있다. 따라서 항상 전문가로서 지식과 기술을 익히고 훈련하여 새로운 도약을 꿈꿔야 한다. 그리고 따뜻한 가슴을 가지고 누구나 포용할 수 있어야 한다.

둘째, 철저한 직업정신이 필요하다. 실습을 한다는 것은 사회복지사의 꽃이라고 할 수 있는 현장감각을 익히는 기회이기에 사회복지사로 첫 걸음이 되기에 첫 단추를 잘 다는 작업이 바로 현장실습이다. 현재는 학생이지만, 실습을 한다는 것은 앞으로 사회복지 전문가로 직업을 가지게 되는 계기로 더욱더 철저한 직업정신을 가져야 한다. 따라서 출퇴근시간 준수, 다른 직원들과 원활한 관계유지, 예의바른 근무자세와 친절한 인사법 준수, 전화 받는 예절 등이 다듬어져야 한다.

셋째, 직장은 더불어 함께한 삶의 현장이다. 자기중심적인 삶에서 더불어 사는 공동체가 곧 나의 근무처이다. 대개 우리는 집에서 부모의 집에서 어머니가 만들어준 음식에 준비된 옷들을 챙겨 입으면 되지만 이제는 이런 것들을 바탕으로 이제는 어엿한 직장인으로 내가 클라이언트를 돕는 역할을 감당해야 한다. 내가 조금 불편하더라도 양보하고 배려하며 서로 간에 예의를 지키며 내가 잘못이 없어도 상대방이 잘못한 것만을 너무 따지기보다는 그럴 수도 있겠지요?라고 말할 수 있어야 한다.

넷째, 클라이언트와 원만한 관계의 유지를 한다. 내가 도와줄 때 도움을 필요로 한 사람에게 적극적으로 도움을 주고 도움을 받는 쪽에서는 이것도 해라 저것도 해라 주문식으로 접근하면 기분이 상하고 식상할 수도 있음을 알아야 한다. 그러나 클라이언트 중심모델에서 보았듯이 클라이언트 중심에서 조금은 이해할 수 없지만 수용하고 이해해야만 한다. 클라이언트는 나의 도움이 필요한 사람이라는 것을 잊지 말아야 한다.

다섯째, 긍정적 자세와 예리한 판단력을 지녀야 한다. 모든 제도와 다양한 환경에 접하다 보면 마음에 맞지 않은 것들이 많이 있고 발생

한다. 이때 무조건적 비판을 할 것이 아니라 먼저 긍정적인 면에서 접근하고 그 다음에 무엇은 잘 되었는데 무엇에 문제가 있고, 이것을 해결할 수 있는 사회적 노력을 해야 한다. 많은 제도에 대한 거부감과 국가정책에 대한 비판을 가지고 부정적인 시각을 가지고 있는 클라이언트도 있다. 따라서 긍정적 자세와 비판적 시각을 잘 다스리는 기술을 배워야 한다. 그리고 한국사회복지사협회가 만든 '사회복지현장실습 안내서'를 바탕으로 이 책을 만들었기에 사회복지현장실습 관련인에게 많은 도움이 될 것이다.

4. 실습 전 사전 연구

실습을 앞둔 학생이 효과적인 실습을 하고자 할 때 제한된 시간에 가장 훌륭한 실습을 할 수 있는 일은 실습 관련 분야를 이해하는데 도움이 되는 정보와 책을 구해서 읽는 일이다. 대학도서관의 책을 이용하거나 사회복지학과의 실습실에 비치된 책을 대출해서 읽고, 선배들의 실습자료를 참고하면 많은 도움이 된다. 그리고 구하기 어려운 책은 교수님이나 다른 학생으로부터 빌려볼 수도 있다. 실습을 신청하기 한 학기 전부터 실습 관련분야에 관심 있는 학생들이 모여서 스터디모임을 만들고 함께 실습 관련 책을 읽고 토론하면서 정기적으로 봉사활동을 하면 많은 도움이 될 것이다. 훌륭한 사회복지사가 되기 위해서 다양한 분야의 책이나 영상물이 도움이 될 뿐만 아니라 '사회복지'와 관련성이 매우 높다. 특히 다음에 예시한 사례는 사회복지사에게 많은 도움이 될 것이다. 실습을 나가기에 앞서 관련분야의 책을 읽어야 해당분야를 이해할 수 있고, 전문용어도 익힐 수 있을 것이다.

또한, 사회복지실습에 선행 학습으로 관련 분야의 문헌을 폭넓게 공부해야 할 것이다.

대학교에서 흔히 교재로 사용되고 있는 사회복지전문서적 뿐만 아니라 일반 교양서적에서도 사회복지현장의 현황과 문제점을 파악하는데 도움이 될 것이다. 인쇄된 기록물뿐만 아니라 비디오나 영화에서 사회복지의 이념과 철학을 이해하고 근본정신과 실천을 이해할 수 있기에, 가능하다면 여러 분야의 전문 서적도 가까이 하면 좋다.

1) 사회복지사에게 도움이 되는 사례

(1) 사회복지 일반상식

우선 사회복지사 자격증제도의 의의를 살펴보면,

사회복지사업이 하나의 전문분야로 간주됨에 따라 사회복지사업을 실천하는 데 있어서 전문가를 필요로 하게 되었다. 사회복지사업법에서 규정하고 있는 사회복지사 자격제도는 사회복지사업의 전문적 접근 필요성 때문에 이에 대처하기 위한 노력의 과정에서 사회복지사 제도가 정착되었다. 따라서 사회복지사업법 제11조 제1항의 규정에 의하면 사회복지사란 사회복지에 관한 전문적인 지식과 기술을 가진 자라고 정의하고 있다. 그리고 보건복지부장관이 자격증을 교부할 수 있으며, 제2항 규정에 의하여 사회복지사의 등급은 1, 2, 3급으로 나누고 있다. 이러한 기준에 의해 사회복지에 관한 지식과 기술을 가진 사람에게 소정의 사회복지사 자격을 부여하고 이들에게 복지업무를 담당토록 함으로써 복지국가의 기틀을 마련하고 있다. 따라서 사회복지학은 종합예술적 접근으로 다양한 학문 세계를 경험하고 많은 양서를 읽도록 권면해 본다. 이에 도전적 프로그램을 소개하고자 한다.

사회복지학과가 재학생을 위한 '힐링 라이브러리-책 읽어주는 남자 책 읽어주는 여자' 프로그램을 기획하고 진행한다는 소식을 접하였다. 가슴이 따뜻한 전문가 양성을 지향하는 고려사이버대학교 사회복지학과는 2013년 3월부터 오는 2014년 2월까지 매월 2회씩 총 24회 특별 프로그램을 기발한 아이디어로 진행하고 있다. 이 특별 프로그램은 사회복지를 공부하는 학생들이 공부의 질을 높이고 심도 깊이 공부를 하는 데 도움이 될 좋은 책을 선정하여 스토리텔링을 하면서 5~10분가량 소개하는 영상물을 통한 학습자료를 제공한다.

이 프로그램은 학생과 교수 간 활발한 교류를 위해 일주일간 책을 읽고 소감과 감명 받은 문장을 자료게시판을 활용 지식을 공유하고 나눔을 실천하는 장이 된다.

이 특별 프로그램을 기획한 사회복지학과장 이서원 교수께서는 "사회복지를 공부하는 학생들이 좀 더 풍부하게 공부할 수 있는 기회를 제공하고, 학교에 대한 관심과 공부에 재미를 가질 수 있도록 프로그램을 기획했다"고 한다. 또 "전공서적 뿐 아니라 다양한 영역에서 지혜로운 현인의 삶의 이야기를 통해 인생을 알고 진리를 깨달아 다른 학교 학생과 차별화된 훌륭한 사회복지학생이 되기를 바라고 있어 다른 타대학생들에게 귀감이 될 것으로 알고 이 프로그램이 널리 확산되기를 기대해 본다.

이 프로그램을 접한 학생들의 반응은 매우 좋다고 한다. 7회차까지 오픈된 현재로서는 학생들의 관심과 참여도가 점점 높아지고 있어 긍정적으로 판단해도 좋을 것 같다.

책에서 자신이 가장 감명 깊었던 문장을 옮겨 쓰고, 자신의 경험과 소감을 나누며 능력을 향상시키고 서로에게 공감을 주고받는 상호작용으로 자발적인 소통이 이루어지고 있다. 정경희씨는 게시판을 통해 '화나면 화내고, 힘들 땐 쉬어'의 소감으로 마음가는 대로 이끌림으로 현실을 이해하고 받아 주는 삶속에서 "현실적 낙천주의는 타인과 비교하는 마음이 아닌, 있는 그대로의 나를 바라보게 한다"고 하였다. 조경자씨 또한 '여섯번째 편지'를 읽고 "인생의 스타트라인은 각각 다르지만 어디서 시작하던지 자신이 목표한바 골라인에 도착할 수 있다고 믿는다"는 자신을 신뢰함은 자신을 행복으로 이끌어 내는 삶의 여정이라고 생각해보면서 필자는 희망과 비전을 향한 목적이 이끄는 삶을 축복해 주고 싶다.

이와 같은 힐링 라이브러리가 오픈된 이래로 많은 학생들의 참여도 있지만 가장 열정적으로 참여하고 있는 홍석주씨는 "이 프로그램에서 추천된 책을 읽다보면 내 삶과 결부되는 공감부분에서 깊이 감동하고

애정을 가진다"며 "시험도 없고 수강료도 없는데 자기 성찰을 충분히 할 수 있는 프로그램이라 정말 좋다"고 하였단다. 또 "학생들이 더 열심히 참여해서 1년으로 기획된 이 프로그램이 앞으로도 연속적으로 지속되었으면 하는 기대가 있다"

이렇듯 고려사이버대학교 사회복지학과는 정체하지 않고 꾸준히 발전하고 있다. 단순히 사회복지사가 되는 데 초점을 맞추기보다 따뜻한 나눔을 실천하기 위해 스스로를 돌볼 줄 아는 전문인으로 커 나갈 수 있도록 교수들이 진심을 다해서 돕는다. 다른 사람을 잘 돌보기 위해서는 자기 자신을 잘 돌볼 줄 알아야 한다는 CFYCFM(Caring For You, Caring For Me) 프로그램도 대한민국 최초로 운영 중이다. (인터넷 자료 인용)

2) 사회복지관련 사이트

한국복지교육원 www.okwelfare.net
시민과 함께 꿈꾸는 복지공동체 cafe.daum.net/ewelfare
한국사회복지사협회 www.welfare.net
대한의료사회복지사협회 www.kamsw.net
미국사회복지사협회 www.naswdc.org
사회복지정보원 www.welfare.or.kr
보건복지부 www.mohw.go.kr
복지나눔터 www.bokji.co.kr
사랑의 전화 카운슬링센터 www.counsel.or.kr
서울특별시립아동상담소 www.child.seoul.kr
영국사회복지사협회 www.basw.co.uk
참여연대 www.peoplepower21.org
한국정신보건사회사업학회 kamhsw.welfare.net

5. 사회복지실습에서의 책임성

실습교육의 완성도를 높이기 위한 책임성은 매우 중요하다. 이 책임성은 누구 하나의 문제가 아니고 학교와 실습기관 그리고 학생 자신에게도 책임이 있음을 명심해야 할 것이다.

그리고 사회복지실습의 이론과 실제를 통합하는 능력을 향상시키기 위해 학교와 기관의 지속적 연계가 필요하며 자원을 연계하여 산학 협력을 통한 완성도를 높여 나가야한다. 이때 실습지도자와 긴밀한 관계가 필요하다. 이처럼 학교와 기관은 전문 사회복지사를 육성하기 위한 각각의 역할과 책임이 따른다. 학교는 학생들이 사회복지의 이론과 실제적인 지식을 갖추게 함으로써 사회복지사로서의 기본 소양을 갖추는 기회로 삼아야 한다. 또한 기관은 학교에서 습득한 지식을 실습경험을 통한 이론과 실제의 통합으로 발전 된 전문 사회복지사로서의 자질을 갖추도록 돕는다. 이처럼 학교와 기관은 사회복지 교육을 위해 각각 중요한 역할을 수행하고 있다. 그러나 역할 수행에 기본적으로 준비하여야 할 점은 학교 학습과 기관 실습이 통합되어야 한다는 것이다. 즉 현장실습에서 이론과 실제의 통합교육은 학교와 기관이 서로 협력할 때 보다 효과성이 뛰어난다.

실습교육 자체는 학생들이 실천을 통해 전문 사회복지사의 본질을 이해함으로써 보다 유능한 사회복지사가 되고, 나아가서 사회변화의 능동적 촉진자로 역할을 감당하고 꿈과 비전으로 첫발을 딛게 하는 기회를 제공 하는 것이 바람직할 것이다. 실습교육이 이토록 중요한 것이라고 할 때, 이를 충분히 감당하기 위해 무엇보다도 실습에 임하는 학생들 자신의 진지한 관심과 활발한 호기심, 그리고 창의성과 책임감이 필수적이다. 또한 실습교육을 분담하는 학교와 실습기관은 인적, 물적, 지적 자원을 최대한으로 동원한 실습을 통하여 학생들이 전문인으로 성장하도록 돕고 뒷받침하는 기능을 수행해야 한다.

실습교육의 3대 구성요소인 학교, 기관 그리고 실습생의 기능과 역할은 다음과 같다.

1) 학교

(1) 학교의 실습교육

교육의 인지적 구성요소는 전문성 이념, 목적, 가치와 실습지도자의 결합으로 갖추어진다. 학생은 실습교육을 통하여 그동안 배운 이론을 실제와 통합함은 물론 자아인식과 전문인으로서의 자긍심 함양과 실습교육에 대한 기대감과 두려움 또한 크다고 하겠다.

학교의 실습교육의 목적은 사회복지이론을 현장에서 실천할 수 있도록 기회를 제공하는 일이다. 즉, 실천경험을 통하여 자기인식을 촉진하고, 자아정체성 함양과 관계의 중요성을 깨닫게 하며, 사회복지실천 기술의 이용과 진단 및 지역사회 자원 연계 활동, 사회행동, 사회정책 등을 추진하는 전방위 시스템 구축과 분석하는 능력을 발전시키도록 하는 것이다. 또한 학교는 학생과 기관의 관계를 연결하는 중간매개체로서 교육적 실습지도기능의 원활한 수행을 위해서는 실습생을 올바르게 이해할 필요가 있다. 따라서 학교는 학생을 실습기관에 배치하기 전, 학생의 자질과 관심 분야를 파악하고 평가하여, 학생의 특성화 및 진로를 탐색하여 실습생의 욕구에 따른 실천분야와 어떤 기관에서 실습 하는 것이 바람직한가를 선택하고 양자를 조화시켜야 한다.

이를 위해 학생과의 개별면담, 이전 자원봉사 경력 심사, 자원봉사 실습지도기록의 검토를 통해서 실습 배치에 따른 문제점을 보완할 수 있을 것이다.

또한 기관의 실습지도 내용과 강조점을 알고, 학교의 실습지도 활동이 반복되거나 상충되지 않는 내용으로 구성해야 한다. 또한 기관의 지도내용을 바탕으로 학습 효과를 기대하면서 학생의 지식과 경험의 성장을 돕고, 타 기관의 사회복지실습에 대해서도 배울 수 있는 기회를 갖게 하는 것이 바람직하다.

(2) 학교 실습교육의 기능

① 실습생의 학습과목 및 교육수준을 정확하게 이해하여 실습지도의 방향과 교육 기능을 효과적으로 수행하게 한다.

② 학생을 실습기관에 배치하기 전에 학생의 자질과 관심 분야를 파악하여, 학생의 특성화 및 능력과 자질에 따라 어떤 기관에서 가장 잘 실습할 것인지를 판단하여 실습생의 욕구를 충족될 것인가를 진단하여 학생과 실습기관을 연결한다.

③ 바람직한 이론과 실제의 통합을 위해, 기관에서의 실습내용과 상충되는 내용이 반복되지 않도록 기관의 지도내용을 바탕으로 실습생의 지식과 경험을 십분 발휘하도록 한다.

2) 실습지도교수의 역할

실습지도교수는 학교, 학생, 기관 간의 긴밀한 관계를 형성하는 데 가교 역할을 담당한다. 그 기능을 다음과 같이 두 가지로 분류할 수 있다.

(1) 학생의 실습교육 강화를 위한 기능

① 학생의 실습경험이 이론적 지식과 실제가 통합되도록 지원한다.
  교실의 학업이 현장에서 실천되는 살아있는 학습 경험이 되도록 한다. 즉 현장경험의 실질적인 지식과 실천기술에 대한 욕구를 수용하여 현재와 미래에 필요한 사회복지사를 교육하는 역할을 한다.

② 지도교수는 학생과 실습지도자를 지원하여 현장실습 목적을 달성하는 역할을 한다. 이를 위해 학생이 현장에서 겪는 문제를 해결하고 학생의 학업성취에 대해 현장평가를 토대로 반영한다.

③ 평가를 위해 교수는 적어도 1번 이상 실습기관을 방문하고, 의무적으로 5회 15시간 이상 실습 세미나 등 추가적인 학습을 통해 교육한다.

④ 사회복지 현장실습 기준을 설정하고, 학생에게 실습목적을 달성할 수 있는 방향을 제시하고 실습의 수행평가를 위해 지침을 제공한다. 다음은 수행평가에 필요한 요소이다.
- 지역사회와 기관의 실습기회제공 범위와 학생의 역할 기능
- 문제 확인, 자료수집 조직 및 분석, 다양한 개입의 선택, 적용, 평가 실시
- 실습지도와 실습경험을 통한 학습기회에 대한 적극성과 충실성
- 학생의 학습장애 요인을 파악하여 문제점을 해결
- 학생들의 전문적인 직업인으로 성장의 기회제공

⑤ 실습 지침서를 제공한다. 실습교육의 지침서는 학교, 기관, 학생의 공통적인 책임을 요구할 수 있기 때문에 중요하다. 실습과 관련된 지침을 구체적으로 제공하고 학교, 기관, 학생에게 상호 유익이 되도록 지속적으로 수정, 보완하는 것이 바람직하다.

⑥ 실습기관에 배치한다.

(2) 실습기관지원 및 중재기능

① 실습지도자를 위한 교육기회를 제공한다.

② 실습기관을 선정하고 관계를 유지한다.

③ 기관의 자문을 구하고 적극 활용한다.

④ 실습 프로그램을 평가, 개발하고 반영한다.

3) 실습배치유형

실습은 방학과 학기를 구분하여 실시한다. 학기 중에는 최초 1주 이상은 연속으로 하고 두번째 주는 자율적으로 다양한 횟수를 적용하되 1주에 40(44)시간은 넘지 않도록 한다. 그리고 학교에 출석하여 세미나 5회 이상 수업에 참여한다. 이 5회 이상의 출석수업을 제외하고 120시간 이상을 실습한다. 방학 중에는 월~금요일까지 전일제로 3주 이상 15회(120시간) 이상 실습하고 학교의 출석 수업에 5회 이상 참여한다.

(1) 방학 중 실습

일주일에 40(44)시간 이상을 기관에서 실습한다. 방학 중의 실습은 학교와의 거리에 상관없이 자신이 선호하는 기관에서 실습할 수 있다. 그러나 실습지도 교수가 방문 가능한 기관을 실습대상으로 정하는 것이 좋다. 그리고 학생이 현장실습에만 몰두할 수 있으며, 기관 운영전반을 관찰할 수 있는 기회라는 장점이 있다. 반면, 상대적으로 학기에 비해 단기간이기 때문에 클라이언트의 변화, 기관의 업무 흐름을 파악하는 데 어려움이 있을 수 있다.

(2) 학기 중 실습

한 학기 동안 일주일에 1회 기관에서 현장실습을 한다. 실습기간은 방학에 비해 상대적으로 길기 때문에 지속적으로 동일한 클라이언트나 가족을 만날 수 있다는 장점이 있다. 그리고 실습지도자가 학생을 이해하는 데 좋은 기회를 제공할 뿐 아니라, 학생이 실습을 통해 배운 지식을 자기 것으로 만들 수 있는 시간적 여유가 있어 좋다. 반면, 방학에 비해 실습 횟수가 부족하고 기관 운영전반을 이해하는 데 어려움이 있을 수 있다.

(3) 심화실습

학기나 방학 중 실습의 장점을 강화하고 단점을 보완하여 충분한 기간 동안(방학은 6주, 학기는 주 2회 이상) 사회복지의 실천기술적 업무를 익히고 수련받음으로써 현장에서 요구하는 훌륭한 사회복지사를 양성하는 데 유익하다.

(4) 근무지실습

근무지실습은 특이성을 가지고 있어서 자신의 근무지에서 업무부서를 달리하여 실습을 할 수 있지만 실습의 질을 감소시킬 우려가 있어 조심스럽다. 그러나 종합사회복지관, 사회복지시설, 동사무소, 병원 등에서 근무하는 경우 실습에 적합하고, 특히 실습생에게 프로그램을 기획 실천할 수 있는 권한이 있는 경우에는 실습을 통해 좋은 프로그램을 운영해 볼 수 있다. 반면, 단점으로는 학생의 열의 부족으로 형식적인 실습이 되기 쉽다. 학습내용이 근무지의 성격에 따라 한쪽으로 편향되거나 사회복지실천의 핵심에서 질적 저하로 빗나갈 수 있는 한계가 있다. 이를 보완하기 위해 실습기관 내에 자신이 소속된 근무부서가 아닌 독립된 실습을 수행토록 슈퍼바이저와의 실습계약이 이루어지고 실습지도 교수가 확인 중재하는 것이 필요하다.

4) 학교의 실습 책임

(1) 실습지침서를 발간하여 사전에 학생들이 숙지할 수 있도록 한다.
(2) 학생들이 실습에 대한 사전 준비를 철저히 하도록 교육하여야 한다.
(3) 실습지침에 알맞은 기관과 지도자를 선정하도록 교육하여야 한다.
(4) 실습기관에 대한 선정 기준과 지도자의 자질을 갖춘 지도 적격자를 선정하여 준다.
(5) 실습과정에 대한 수준을 잘 파악하여 시기적으로 적절한 현장지도를 하여야 한다.
(6) 실습기관 장과 지도자와 상호 협력하여 실습이 원만히 이루어지도록 감독한다.
(7) 현장 지도를 통하여 실습교육이 심도 있게 되어질 수 있도록 도와주어야 한다.
(8) 이론과 실습이 서로 통합이 이루어지도록 지도해야 한다.
(9) 실습생의 개인적 학문적 정보를 기관장과 지도자에게 전달하여야 한다.

6. 실습기관

1) 기관의 실습교육

기관 실습지도의 핵심사항은 전문직업적 실천에 요구되는 지식과 기술을 가르치는 데 있으며 이를 위해 기관 내에서 실습생의 활동과 기능을 활용한다. 타울(Towle, 1949)은 그 역점이 '왜'라는 관점에 있으며 학생이 어떤 일을 어떻게 하는가를 배워야 하는 이유는 다른 실천상황에서도 이용하고 보편화할 수 있도록 하기 위해서라고 하였다.

실습지도자는 실습생을 긍정적으로 지지하고, 사회복지전문직으로 발돋움시키며, 전문적 가치관을 지니도록 도와야 한다. 또한 실습업무의 우선순위를 명확히 하고 문제를 구체화시키며 최대의 효과를 위해 실습 훈련시켜야 한다. 실습지도자가 실습교육의 기능을 잘 이해할 때, 실습생에게 관심을 가지고 주어지는 업무 수행이 적절한 성취 욕구를 자극하여 그들의 자아인식과 자기훈련을 발달시키는 정도에 따른 적절한 지도를 할 수 있다. 즉, 실습지도자는 학생의 독자성과 의존성의 조화와 균형적 변화에 민감하게 반응하여야 하며 그 균형을 유지함으로써 적절하게 지식과 기술을 습득케 한다. 또한 점차 실습생에게 더 많은 자율권을 부여 자발적인 참여를 유도하여 직접적 교육의 효과를 배가해야 한다.

예비 사회복지사를 훈련 교육한다는 것은 사회복지 분야의 발전에 큰 의의를 가지므로, 기관의 일차적인 실습목표는 학생이 스스로 능력을 개발하고 이를 통하여 실천상황에 대한 응용력을 가질 수 있도록 이끌어 주는 것이다. 이를 위해 실습지도자는 상황 변화에 따라 현실적인 목적을 수립할 수 있도록 실습생의 능력을 사정할 수 있어야 한다.

또 각 실습생의 욕구를 반영하여 적절한 목표를 선택하도록 격려하고 지지해야만 한다.

실습지도자는 실습목표를 단계적으로 평가 측정하여 실습생이 현재 어느 단계까지 도달하였고 문제점이 무엇인지를 파악 반영하고, 부족하거나 과잉된 실습교육의 내용이 무엇인지에 따라 수정 보완하여 적절한 실습 지도를 통해 이론과 실제의 통합을 유도하고 전문직의 자긍심과 사회복지에 관한 바람직한 자아인식을 가지도록 돕는다.

이처럼 기관의 실습교육이 기능적 역할을 충실히 수행하려면, 실습지도자의 역할이 중요하다. 따라서 기관은 실습지도자의 역할부여, 지도자 연수교육, 업무재배치 등을 통해 지도역량을 강화하고 슈퍼비전을 체계화시키고 멘토링제도를 활성화할 수 있도록 지원하여야 한다. 또한 기관 전체가 실습의 중요성에 대한 의미 부여와 교육을 위한 환경여건 조성이 필요하다.

2) 실습지도자의 역할(타일러;Tyler, 1963)

(1) 실습의 목적을 우선적으로 결정하고,

(2) 이 목적을 성취하게 하는 실습 프로그램을 선택하며,

(3) 효과적인 실습프로그램을 조직하고,

(4) 실습생의 교육적 향상을 통한 목적달성과 교육 프로그램의 효과를 평가해야 한다.

3) 실습단계별 지도자의 역할

과정	실습지도자의 역할
준비 및 초기 과정	• 학생 슈퍼비전에 대한 문헌 검토, 세미나 참석 • 동료들과의 토론 등으로 실습지도자로의 전환을 준비 • 기관에서 제공할 수 있는 학습기회에 대해서 결정 • 실습생이 담당할 사례의 선별 및 할당작업 • 학생과 실습의 목적 및 서로의 역할과 책임에 대한 명확화 • 학생에 대한 정보를 입수해 교육적 진단을 내리고 학습계약 체력
실습지도 과정	• 실습지도의 다양한 방법을 익히고 사용 기록에 대한 지도 • 행정적 · 교육적 영역의 슈퍼비전 제공
평가 및 종결과정	• 평가시작 전 평가목적에 대한 설명 • 학생들의 업무와 학습에 초점을 두고 평가 • 평가서 작성 • 학생들의 실습지도에 대한 피드백을 수렴 • 학생-실습지도자간의 관계 종결

4) 실습지도자가 갖추어야 할 핵심적 요소(Abramson & Fortune, 1990)

(1) 실습지도자들이 공유해야 하는 사회복지 관련 지식
(2) 효과적 의사소통을 위해 관련지식의 개념화 능력
(3) 학습에 적합한 분위기 조성과 슈퍼비전 능력함양
(4) 지침서에 따라 실습생의 실습을 지도하는 능력
(5) 학생 실습에 대해 명확한 지침서를 마련한다.

5) 실습지도자의 기능과 책임

(1) 기능

① 교육의 기능
② 행정의 기능
③ 원조의 기능
④ 역할모델의 기능

(2) 실습지도자의 책임

① 실습지도자는 실습생들에게 기관에 관한 오리엔테이션으로 기관 정책 및 다음 사항에 관한 제한점과 절차에 대한 교육을 하여야 한다.
② 실습지도자는 실습계약을 위해 실습생의 실습목표를 구체적으로 설정하도록 도와야 한다.
③ 실습지도자는 사회복지 및 사회복지실천을 교육해야 한다.
④ 실습지도자는 전문적 기술의 실천경험을 제공하여야 한다.
⑤ 실습지도자는 지지 및 개별적 학습 경험의 기회를 제공하여야 한다.
⑥ 실습지도자는 각 실습생에 관한 중간평가와 종결평가를 하며, 지속적인 피드백을 제공하여 실습생이 자신의 성취를 알 수 있도록 한다.
⑦ 실습지도자는 1주 1회 정기적으로 슈퍼비전을 진행하여야 한다.

(3) 실습지도자의 자격과 기본요건

① 실습지도자의 자격: 한국 사회복지대학교육협의회가 제시하는 실습지도자의 자격은 석사 이상의 학력과 졸업 후 2년 이상의 현장경험을 요구하고, 해당 기관에서 1년 이상 근무한 자로 규정하고 있다. 또한 사회복지사 1급 자격증 소지자로서 3년 이상 사회복지기관에서 근무한 경험이 있는 자, 사회복지사 2급 자격증 소지자로서 5년 이상 사회복지기관에서 근무경험이 있는 자로 규정하고 있다.

② 실습지도자의 기본요건 : 실습지도자의 자격을 갖추었더라도, 실습 지도를 효과적으로 하기 위해서는 다음과 같은 기본 요건이 필요하다(김선희 · 조휘일, 2000 : 151-152).

- 사회복지사 자신이 실습지도자가 되기를 원해야 한다.
- 실습지도자가 되고자 스팩을 쌓고 노력하는 사람이어야 한다.
- 실습생들이나 사회복지 및 사회사업 교육에 대해 긍정적인 태도를 가지고 있어야 한다.
- 실습지도자는 만족할 만한 업무수행의 수준을 유지하고, 기관의 업무 환경에 긍정적 태도를 가지고 있어야 한다.
- 실습지도자가 학생의 학습 능력의 차이를 합리적으로 다루려는 의지와 준비성을 갖추어야 한다.
- 실습 지도자가 실습생이 있는 시간에 함께 자리를 지킬 수 있어야 한다.

(4) ○○○대학 실습지침서에서 실습지도자의 역할

① 실습지도자의 자격부여 : 대학에서 제공하는 '사회복지학생의 실습교육을 위한 임상적 지도 감독론'이라는 과목의 교육훈련을 참여하면 임상지도자 자격을 부여받는다. 또한 실습지도자는 기관의 실습지도에 대한 업무와 책임을 위임받아야 하며, 실습교육이 양질의 학습이 될 수 있도록 시간과 노력을 투입할 수 있어야 한다. 실습생의 전문성 제고를 위한 전문가의 조언을 듣고 싶어하는 욕구에 대해 민감하게 반응하도

록 노력하여야 한다.

② 실습지도자의 특전 : 대학에서는 실습 임상지도자의 역할을 3년 이상 수행하면 임상 조교수, 추가로 2년 이상 경력이 있으면 임상 부교수의 직위를 부여한다. 또한 실습지도자에게 참가비를 면제하는 연장교육을 학기당 1학기 12시간씩 제공하거나 기존의 정규 교과과정을 한 강좌 수강할 수 있도록 하며, 2년 내에 대학원 과정을 진학하면 수강학점을 인정해 준다. 단 정규교과과정에서 박사과정은 제외한다. 또한 임상지도자는 도서관, 주차, 체육시설 등을 사용할 수 있다.

③ 실습지도자의 자격조건

- 사회복지 석사학위 취득과 이후 최소한 2년간 개인, 가족, 집단을 대상으로 한 임상경험을 가져야 한다.
- 실습지도자는 가르치는 데에 관심과 능력을 보여주어야 한다.
- 실습지도자는 학교의 실습교육목적을 이해하고 그 목적의 성취를 위해서 기여하려는 의지가 있어야 한다.
- 실습지도를 시작하는 사회복지사는 학교실습교수와 학생의 실습욕구 충족을 위한 학습경험이 되도록 실습교육의 과제와 내용을 협의한다.
- 실습 지도를 시작하는 사회복지사는 학생이 실습기관에 배치되면 실습기간 동안 교육에 책임을 다해야 하고, 기관배치가 이루어질 때까지는 변화 가능성이 있음을 인지해야 한다.

(5) ○○○대학의 실습지도자 자격부여

실습지도자가 되려면 해당 지역 내의 실습기관담당 교수와 실습지도자가 되기 위한 자격에 관한 면담을 한다. 이력서와 학습경험척도를 작성하고 실습기관 인가를 위한 실습교수의 기관 방문을 받아야 한다.

실습지도교수는 신청자를 만난 후 실습지도에 관한 자격과 기관에서 가능한 실습경험에 대해 검토한다. 실습지도교수는 새로운 실습지도자에 관한 인증 레포트를 작성한다. 학생을 실습기관에 배치하는 것으로 결정되면 새로운 실습지도자는 지도감독세미나(16시간)에 참석하여야 한다.

6) 실습지도자의 역할 준비

(1) 실습지도자가 준비해야 할 업무

① 실습지도자는 실습생에게 실습업무를 제공하기 위하여 준비하고, 세부적인 실습 일정을 계획한다.

② 장소가 좁은 기관에서는 어려운 일이지만, 실습생을 위한 공간적인 여유를 확보한다.
(예를 들어, 책상 서랍 하나라도 실습생 자신의 것이라고 생각할 수 있는 장소)

③ 실습지도자는 기관 내에서 실습생의 지위와 역할을 명확히 해 두어야 하며, 특히 자원봉사자의 역할구분과 관계설정에 대한 준비가 필요하다.

(2) 실습지도자가 실습지도교수와 의논해야 할 실제적인 세부사항

① 실습지도자가 학생에게 할애할 수 있는 시간을 확인한다(슈퍼비전 준비 및 회합시간, 회의참석 시간 등).

② 실습지도자는 실습지도교수에게 교과과정의 목표에서 기대되는 업무수행 수준을 확인함으로써 목적성 있고 효과적인 지도업무를 추진한다.

③ 실습지도자와 실습지도교수는 슈퍼비전의 목적을 함께 계획한다.

7) 실습지도자의 활동과 과업

(1) 실습생에 대한 교육적 사정

① 교육배경과 이전의 경험에 관한 자료를 참조한다.

② 학생의 관심사가 무엇인지 파악한다.

③ 초기 교육적 사정은 장래를 위한 단기계획 설정에 초점을 두어야 한다.

④ 실습지도자는 학생의 지식수준과 관심 영역에 따라 사정 내용을

학습계약과 평가개요에 적용한다.

(2) 실습사례의 선택

실습생이 담당할 사례는 학습경험을 제공할 수 있는 정도의 부담을 주는 것을 선택하며, 학생의 기관 배치 초기 단계에서는 한두 사례 정도로 한정한다. 첫 사례는 실습생이 처음 경험을 통해 성취감을 느낄 수 있는 기회가 제공되도록 배려한다. 실습사례는 실습생이 필요한 정보를 얻거나 교육받으면서 지속적으로 개입할 수 있는 것이어야 한다.

(3) 실습생 배치 전의 준비

① 실습지도교수와 협의를 통해 잠정적인 교육계획의 시안을 작성해야 한다.

② 실습 첫날의 계획에 실습지도자 및 직원들과 실습생의 회합 또는 상견례 시간을 계획하여 기관 내부환경에 적응하도록 돕는다.

③ 실습을 종결할 때 실습지도자는 실습 첫날의 인상을 확인하며, 학생들의 피드백을 다음 실습에 반영한다.

8) 학교실습 세미나와 현장실습의 접목

(1) 기관의 실습지도자, 학교의 실습지도 교수, 학생의 긴밀한 관계는 학교에서 배운 사회복지실천의 실제 원칙과 기관에서 서비스를 제공하는 직접경험 간에 밀접한 연결을 통해서 유지돼야 한다.

(2) 실습생이 실천 원칙에 따라 실제적인 서비스를 제공하는 것은 쉽지 않다.

(3) 실습지도를 할 때, 학교와 기관과의 연계 및 상호보완적인 관계가 형성되어야 한다.

7. 실습학생

1) 적극적 학습태도

(1) 자신의 시간을 관리해야 한다. 즉 성실한 출석, 시간·약속 지키기, 특별한 상황으로 자리를 비울 때는 슈퍼바이저의 지도 아래 자신의 업무에 차질이 생기지 않게 한다.
(2) 새로운 아이디어나 지식에 대해 사려 깊고 비판적인 태도로 반응하며, 이러한 지식을 클라이언트와의 업무에 적용할 수 있도록 자발적으로 노력한다.
(3) 강의와 독서에서 습득한 이론을 실무에 적용하려고 노력한다.
(4) 자신의 아이디어를 공유하기 위해 실습지도자나 다른 직원들에게 브레인스토밍식으로 질문하고 자문을 구하는 노력을 한다.

2) 실습 지도를 통한 학습

실습지도는 학습의 한 과정으로 이를 통한 비판의 수용과 활용이 활성화되어야 한다. 이때 지식, 기술 그리고 자아인식의 발달에 도움이 된다. 실습지도자로부터 받는 강화와 피드백이 변화과정에 중요한 부분임을 알고, 실습지도 시간을 효과적으로 활용한다.

3) 레코딩에 의한 학습

학생의 실습에 대한 레코딩은 자아인식을 개발할 수 있는 기반을 마련해 준다. 그리고 슈퍼비전의 근거자료가 되어 실천경험을 학습으로 전환할 수 있는 기회를 제공하여 기술개발 및 클라이언트의 이해도구로 활용한다.

레코딩은 문제해결 과정의 방향과 목적들을 이해하기 위한 통계 자료가 많으며 이것은 수집한 사실적 자료들로 활용 가치가 높아 개념화시키는 과정이 필요하며, 반복적으로 수행하는 가운데 레코딩 기술 역시 발달된다. 그리고 이런 측면에서 과정기록은 매우 중요하다.

(1) 과정 기록의 두 가지 목표

첫째, 과정기록은 학생이 클라이언트의 활동, 반응, 배경의 인식 그리고 클라이언트와 관계하는 방법에 대한 자아인식의 개발을 돕는다.

둘째, 과정기록은 문제해결 과정에 대한 체계화된 접근방법을 모색하기 위한 준거 틀을 형성하게 한다. 즉 과정기록을 통해 면접의 목표에 대한 명확한 구조나 지침을 개발한다.

(2) 두 가지 원칙에 따른 목적

첫째, 사례의 발전에 관한 근거를 문서로 제공한다.

둘째, 개입의 결과에 관한 사실을 기록하여 사회복지사 및 전문직 종사자 그리고 클라이언트에게 제공된 서비스에 대한 책임성을 부여한다.

4) 전문가나 동료들 집단에 의한 학습

집단학습에 참여할 수 있는 기회는 직원회의, 팀토론회의 그리고 같은 부서의 직원들과의 주중회의 및 월례회의 등 집단모임에 참여하는 과정이다. 이러한 경험을 통해서 토의식 참여를 위한 준비, 자료나 아이디어를 제시하고, 팀의 구성원, 전문가 그리고 동료들로부터 학습할 수 있다. 또한 회의에서 제출된 아이디어를 통합하고 수용하여 클라이언트 상황에 적용하며, 동료들과 긍정적 관계를 갖고 자신을 확대시켜 아이디어와 사고를 교환하고 다른 사람들로부터 배우는 기회를 갖는다.

5) 실습교육생의 책임

실습경험이 사회복지현장에서 큰 경험이 될 수 있도록 실습생은 최선의 노력을 기하고 기관의 지시와 지도자의 교육에 자발적 자세로 임해야 한다. 실습생은 자원봉사자가 아니고 견학자도 아니다. 적극적인 참여자로 임해야 한다.

중요성을 갖는 실습교육생은 다음과 같은 책임성을 갖는다.

(1) 실습 전 사전 교육에 적극 참석하여 메모하고 기록한다.

(2) 실습계획에 차질이 없도록 모든 업무를 수행한다.

(3) 클라이언트에 관계된 모든 비밀을 보장한다.

(4) 모든 실습은 계획된 시간 내에 하여야 한다.

(5) 기관의 규범을 준수하고 솔선하여 지킨다.

(6) 실습일지와 기간에 하도록 되어 있는 모든 지시를 준수한다.

(7) 실습시간에 개인의 사적인 업무는 지양하고 실습에 전념한다.

(8) 실습에 적절한 복장을 갖추고 실습에 임한다.

(9) 실습지도교수와 지도자, 그리고 실습생이 모두 정보를 공유하고 협력하여야 한다.

(10) 실습업무와 관련된 모든 문제는 실습지도자와 지도교수와 의논한다.

(11) 1회 이상 집단 세미나에 참석하여 중간 검증을 받는다.

(12) 평가서에 대한 평가에 간섭하지 않는다.

(13) 실습에 따른 모든 결과물을 세심하게 검토하여 빠짐없이 제출한다.

제 2 장

실습 지도자의 윤리와 감독

제 1 절 사회복지사 윤리

1. 사회복지사의 전문성

1) 사회복지사 윤리강령

사회복지사는 인본주의·평등주의 사상에 기초하여, 인간의 존엄성과 가치를 존중하고 자유권과 생존권의 보장적 삶을 위하여 헌신해야 한다. 특히 사회적·경제적 약자들의 편에서 사회정의와 평등 그리고 자유와 민주주의 가치를 실현하는데 앞장선다.

또한 도움을 필요로 하는 사람들의 사회적 지위와 기능을 향상시키기 위해 공동체적 삶으로 함께 일하며, 사회제도 개혁과 관련된 제반 활동에 주도적으로 참여한다. 사회복지사는 개인의 주체성과 자기결정권을 보장하는데 최선을 다하는 선각자로 열정을 가지고 일한다. 따라서, 어떠한 여건에도 굴하지 않고 개인이 부당하게 희생되는 일이 없도록 최선을 다한다. 이러한 사명을 실천하기 위하여 전문적 지식과 기술을 연구 개발하여, 사회적 가치를 실현하는 전문가로서의 능력과 품위를 유지하기 위해 매진한다.

이에 우리는 클라이언트·동료·기관 그리고, 지역사회 및 전체사회와 관련된 사회복지사의 행위와 활동을 판단·평가하며 인도하는 윤리기준을 다음과 같이 선언하고 이를 준수할 것을 다짐한다.

2) 사회복지사의 기본적 윤리기준

(1) 전문가로서의 자세

① 사회복지사는 전문가로서의 품위와 자질을 유지하고, 자신이 맡고 있는 업무에 대해 책임을 진다.

② 사회복지사는 클라이언트의 종교·인종·성·연령·국적·결혼상태·성 취향·경제적 지위·정치적 신념·정신, 신체적 장애·기타 개인적 선호, 특징, 조건, 지위를 이유로 차별 대우를 하지 않는다.

③ 사회복지사는 전문가로서 성실하고 공정하게 업무를 수행하며, 이 과정에서 어떠한 부당한 압력에도 타협하지 않는다.

④ 사회복지사는 사회정의 실현과 클라이언트의 복지 증진에 헌신하며, 이를 위한 환경 조성을 국가와 사회에 요구해야 한다.

⑤ 사회복지사는 전문적 가치와 판단에 따라 업무를 수행함에 있어, 기관 내외로부터 부당한 간섭이나 압력을 받지 않는다.

⑥ 사회복지사는 자신의 이익을 위해 사회복지 전문직의 가치와 권위를 훼손해서는 안 된다.

⑦ 사회복지사는 한국사회복지사협회 등 전문가단체 활동에 적극 참여하여, 사회정의 실현과 사회복지사의 권익옹호를 위해 노력해야 한다.

3) 전문성 개발을 위한 노력

(1) 사회복지사는 클라이언트에게 최상의 서비스를 제공하기 위해, 지식과 기술을 개발하는데 최선을 다하며 이를 활용하고 전파할 책임이 있다.
(2) 클라이언트를 대상으로 연구하는 사회복지사는 저들의 권리를 보장하기 위해, 자발적이고 고지된 동의를 얻어야 한다.
(3) 연구과정에서 얻은 정보는 비밀보장의 원칙에서 다루어져야 하고, 이 과정에서 클라이언트는 신체적, 정신적 불편이나 위험·위해 등으로부터 보호되어야 한다.
(4) 사회복지사는 전문성을 개발하기 위해 노력하되, 이를 이유로 서비스의 제공을 소홀히 해서는 안 된다.
(5) 사회복지사는 한국사회복지사협회 등이 실시하는 제반교육에 적극 참여하여야 한다.

4) 경제적 이득에 대한 태도

(1) 사회복지사는 클라이언트의 지불능력에 상관없이 서비스를 제공해야 하며, 이를 이유로 차별대우를 해서는 안 된다.
(2) 사회복지사는 필요한 경우에 제공된 서비스에 대해, 공정하고 합리적으로 이용료를 책정해야 한다.
(3) 사회복지사는 업무와 관련하여 정당하지 않은 방법으로 경제적 이득을 취하여서는 안 된다.

제 2 절 사회복지사의 역할과 윤리 및 기본 철학

협의의 사회복지윤리가 직업윤리라면, 광의의 사회복지윤리는 사회구성원 모두에게 요구되는 보편적 행위규범 즉 사회윤리라고 할 수 있다. 한 개인에게 있어 그의 '개인윤리'와 그의 '직업이 요구하는 윤리'와 사회구성원으로서 그에게 요구되는 '사회윤리'가 일치한다면 갈등도 발생하지 않고 윤리와 관련된 철학적 문제왜곡이 발생하지 않을 것이다.

이에 반해 양심의 명령(개인윤리)과 사회적 의무인 사회윤리(군복무 등)가 일치하지 않을 경우 사람들은 윤리적 충돌로 혼란한 상황에 처하게 되며, 자신이 옹호하는 윤리를 정당화해야 하는 입장을 고수하게 된다. 사회복지사의 개인윤리가 직업윤리(사회복지사 윤리강령)와 일치하지 않는 경우도 있다. 이 경우 사회복지사는 갈등상황에 처하게 되며 다음과 같은 철학적 물음에 고민하게 된다.

우리는 자신의 양심에 따라 옳다고 생각하는 바를 행해야 하는가? 아니면 내가 이해하고 수용하기 어려운 직업윤리에 따라 행동해야 하는가? 대부분의 사회복지사는 사회복지사 윤리강령이 요구하는 규범에 따라 갈등을 일으키기보다는 대상자들을 만나면서 발생하는 상황 윤리적 갈등 때문에 고민하는 경우가 많다.

사회복지사는 자신이 가지고 있는 전문적 지식과 기술이 아무리 풍부하다고 할지라도 해결되지 않는 문제들이 있고, 사회복지의 실천과정에서 사회복지사가 직면하게 되는 윤리적 갈등상황이 생겨 사회복지사 개개인의 철학적 성찰과 반성이 의사결정요인으로 자리잡고 있다.

1. 사회복지사가 전문가로서의 자세

1) 사회복지직은 전문직인가?

(1) 사회복지사는 전문가로서의 품위와 자질을 유지하고, 자신이 맡고 있는 업무에 대해 책임을 진다.

(2) 사회복지사는 클라이언트의 종교, 인종, 성, 연령, 국적, 결혼상태, 성 취향, 경제적 지위, 정치적 신념, 정신, 신체적 장애, 기타 개인적 선호, 특징, 조건, 지위를 이유로 차별 대우를 하지 않는다.

(3) 사회복지사는 전문가로서 성실하고 공정하게 업무를 수행하며,

이 과정에서 어떠한 부당한 압력에도 타협하지 않는다.

(4) 사회복지사는 사회정의 실현과 클라이언트의 복지 증진에 헌신하며, 이를 위한 환경 조성을 국가와 사회에 요구해야 한다.

(5) 사회복지사는 전문적 가치와 판단에 따라 업무를 수행함에 있어, 기관 내외로부터 부당한 간섭이나 압력을 받지 않는다.

(6) 사회복지사는 자신의 이익을 위해 사회복지 전문직의 가치와 권위를 훼손해서는 안된다.

(7) 사회복지사는 한국사회복지사협회 등 전문가단체 활동에 적극 참여하여, 사회정의 실현과 사회복지사의 권익옹호를 위해 노력해야 한다.

2) 전문성 개발을 위한 노력

(1) 사회복지사는 클라이언트에게 최상의 서비스를 제공하기 위해, 지식과 기술을 개발하는데 최선을 다하며 이를 활용하고 전파할 책임이 있다.

(2) 클라이언트를 대상으로 연구하는 사회복지사는 저들의 권리를 보장하기 위해, 자발적이고 고지된 동의를 얻어야 한다.

(3) 연구과정에서 얻은 정보는 비밀보장의 원칙에서 다루어져야 하고, 이 과정에서 클라이언트는 신체적, 정신적 불편이나 위험·위해 등으로부터 보호되어야 한다.

(4) 사회복지사는 전문성을 개발하기 위해 노력하되, 이를 이유로 서비스의 제공을 소홀히 해서는 안 된다.

(5) 사회복지사는 한국사회복지사협회 등이 실시하는 제반교육에 적극 참여하여야 한다.

3) 경제적 이득에 대한 태도

(1) 사회복지사는 클라이언트의 지불능력에 상관없이 서비스를 제공해야 하며, 이를 이유로 차별대우를 해서는 안 된다.

(2) 사회복지사는 필요한 경우에 제공된 서비스에 대해, 공정하고 합리적으로 이용료를 책정해야 한다.

(3) 사회복지사는 업무와 관련하여 정당하지 않은 방법으로 경제적 이득을 취하여서는 안 된다.

또한, 새로운 사회복지사 윤리강령은 '사회복지윤리위원회의 구성과 운영'을 규정하고, '사회복지사 선서'를 함께 제정했다는 점이 큰 특징이다. 이 선서는 사회복지사의 전문적 가치와 윤리를 다시 한 번 강조하고 있는데, 그 내용은 다음과 같다.

- 나는 모든 사람들이 인간다운 삶을 누릴 수 있도록, 인간존엄성과 사회정의의 신념을 바탕으로, 개인 · 가족 · 집단 · 조직 · 지역사회 · 전체사회와 함께 한다
- 나는 언제나 소외되고 고통 받는 사람들의 편에 서서, 저들의 인권과 권익을 지키고, 사회의 불의와 부정을 거부하면서, 개인이익보다 공공이익을 앞세운다.
- 나는 사회복지사 윤리강령을 준수함으로써, 도덕성과 책임성을 갖춘 사회복지사로 헌신한다.
- 나는 나의 자유의지에 따라 명예를 걸고 이를 엄숙하게 선서합니다.

한국사회복지사협회의 윤리강령은 미국의 강령과 비교할 때, 핵심적인 항목은 대체로 포함하고 있지만, 항목에 대한 상세한 규정은 포함되어 있지 않다는 점이 아쉽다. 이 윤리강령은 사회복지사의 이상적 목표를 반영한 것인데, 특정 상황에서는 윤리강령 상호간에 갈등이 있을 수 있기 때문에 주요 상황별로 보다 구체적인 윤리적 지침이 필요할 것이다. 예를 들면, 사회복지사의 전문적 지식과 기술에서 볼 때 추천할 수 있는 복지서비스와 복지대상자가 원하는 서비스간에 중대한 차이가 있을 때, '사회복지사는 어떤 윤리강령을 더 따를 것인가?'와 같은 갈등상황에 대한 적절한 지침이 필요하다.

2. 사회복지사의 역할과 활동 영역

1) 사회복지사의 역할

사회복지사는 주로 사회복지사업법에서 규정하고 있는 다양한 사회복지서비스를 제공하고 있는데, 사회복지사의 역할은 전문영역과 속해 있는 사회복지 기관/시설의 특성에 따라서 매우 다양하다. 시포린(Siporin)은 사회복지사의 역할을 상담가, 충고자, 가능케 하는 사람, 노련한 문제해결자, 분쟁해결의 조정자, 중개인, 의뢰자, 촉진자, 중재자, 토의 리더, 안내자, 자원자, 조정자, 행정가, 사업경영자, 자문을 하는 사람 등으로 예시한 바 있다(Siporin, 1975: 43-44 김기태 외, 1999: 37 재인용). 한편, 셰퍼(B. Sheafor) 등은 사회복지사의 역할을 중개인, 옹호자, 교사, 상담가 혹은 임상가, 사례관리자, 업무량 관리자, 직원개발자, 행정가, 사회변화 대행자, 전문가 등 10가지를 제시한 바 있다.

중개인: 복지대상자를 적절한 인간서비스와 자원에 연결하는 사회복지사

옹호자: 복지대상자가 자원과 서비스를 받을 권리를 유지하도록 돕거나 복지대상자나 복지대상자 집단에게 부정적 효과를 주는 프로그램과 정책을 변화시키는 운동을 적극적으로 지지하는 사회복지사

교사: 복지대상자가 문제를 예방하거나 사회적 기능을 향상시키는데 필요한 지식과 기술을 갖추도록 준비하는 사회복지사

상담가 혹은 임상가: 사회복지사가 자신의 감정을 보다 잘 이해하고, 행동을 수정하며, 문제상황에 대처하기 위해 학습하도록 그들의 사회적 기능수행 능력을 향상시키도록 돕는 사회복지사

사례관리자: 복지대상자를 적합한 서비스에 연결하고 그런 서비스를 활용하도록 조정하는 과정에서 개인과 가족에게 서비스를 지속적으로 제공하는 사회복지사

업무량 관리자: 복지대상자에게 가장 효율적으로 서비스를 제공하고, 고용된 조직에 책임을 지기 위해 업무량을 관리하는 사회복지사

직원개발자: 훈련, 슈퍼비전, 그리고 인사관리를 통해 기관 직원의 전문적 개발을 촉진시키는 사회복지사

행정가: 인간서비스 조직에서 정책 서비스 프로그램을 계획하고, 개발하며, 수행하는 사회복지사

사회변화 대행자: 지역사회 프로그램과 삶의 질을 향상시키는 영역을 확인하고, 변화나 새로운 자원 획득을 옹호하기 위해 이익집단을 동원하는데 참여하는 사회복지사

전문가: 유능하고 윤리적인 사회복지실천에 참여하고 사회복지 전문직의 발전에 기여하는 사회복지사

이처럼, 사회복지사의 역할은 매우 다양하고 학자들에 따라서 강조점에서 차이가 있지만, 필자는 "사회복지사는 세상을 바꾸는 사람", "행복한 세상을 만드는 사람"이라는 점을 강조하고자 한다. 즉, 자본주의의 성숙과 함께 전통사회의 가족과 시장이 가진 요보호시민의 보호기능이 크게 약화되었고, 지역사회의 공동체 기능을 수행하지 못하면서 생긴 시민의 복지욕구와 사회문제를 '복지공동체'의 구축을 통해서 해결하고자 할 때, 사회복지사는 상담가, 복지교육자, 조정자, 자원제공자 등의 역할을 통해서 행복한 세상, 복지공동체를 만드는 사람이 되기 때문이다.

2) 사회복지사의 활동영역

사회복지사는 '사회복지에 관한 전문지식과 기술을 가진 자로서 보건복지부장관으로부터 그 자격을 교부받은 자'이다. 사회복지는 인간의 기본적인 욕구를 충족시켜 주고 사회문제를 해결하여 삶의 질을 높이려는 제반활동을 포함한다. 사회복지를 전문적으로 수행하는 사회복지사는 보호자가 없는 어려운 아동과 청소년을 돕는 활동에서부터 노인, 장애인 등을 위하여 상담, 보호, 선도, 옹호 등을 하며, 동시에 각종 사

회보험과 복지행정 등을 통하여 전체 시민들이 가난, 질병, 재해, 무지, 실업의 고통으로부터 벗어나서 복지공동체를 만들도록 지원한다. 최근 우리나라 대학원이나 대학교에서 사회복지학을 공부한 사회복지사들이 가장 많이 진출하여 있는 분야는 다음과 같다.

(1) 사회복지직 공무원

사회복지직 공무원은 국민기초생활보장법에 의한 수급권자의 기초생활보장을 위한 사회복지직 공무원과 아동복지, 노인복지, 장애인복지, 모부자복지, 영유아보육, 여성복지 등 사회복지사업을 수행하기 위해서 임용된 공무원이 있다. 그중 대표적인 사회복지직 공무원은 한때 '사회복지전문요원'이라고 불렸는데, 1987년부터 도입되기 시작하여 2004년 약 7,200여명, 2011년 14,500명, 2012년도 신규 1,439명을 채용하여 전국의 저소득층 밀집지역인 읍·면·동사무소에서 일한다. 이들은 당초 지방공무원 별정직 7급으로 임용되었으나, 행정기관 내에서의 직급에 따른 갈등과 사회복지사의 전문성 문제로 인해 1994년 이후 별정직 8급으로 임용되었고, 최근에는 일반직인 사회복지직 9급으로 임용되고 있다. 개정된 사회복지사업법에서도 "사회복지사업에 관한 업무를 담당하게 하기 위하여 시·군·구 및 읍·면·동 또는 제15조의 규정에 의한 복지사무전담기구에 사회복지전담공무원을 둘 수 있다"(사회복지사업법 제14조)는 규정을 두고 있다. 참여정부는 2004년 7월부터 '사회복지사무소'를 시범적으로 운영하였으나 여러 가지 정치적 목적으로 주민자치센터로 동사무소가 당초 계획대로 사회복지 사무소로 전환하지 못한 결과 231개 시·군·구에서 근무하고 있다. 2013년에도 1,505명을 증원하고 앞으로 7,000명을 더 뽑을 계획이다.

(2) 지역사회복지관

지역사회복지관은 지역사회 내에서 일정한 시설과 전문인력 및 자원봉사자를 갖추고, 주민들의 복지수요에 부응하여 종합적인 복지사업을 수행하는 사회복지시설을 의미한다. 이러한 사회복지관은 종합적인 사회복지사업을 통해 일차적으로 저소득층의 자립능력을 배양하여 중산층으로 유도하고, 지역사회 문제를 예방 치료하여 지역사회 및 주민 연대감을 조성하는 매개체로서 지역사회주민의 복지증진을 위한 종합복지센터의 역할을 수행한다. 지역사회복지관은 처음에는 민간의 자발적인 노력으로 운영되었는데, 정부가 복지관의 운영비를 지원하고, 영구임대아파트단지에 1개소씩 건립하면서 현재 전국에 2013년 7월 현재 438개소에 이른다. 사회복지관은 그 크기에 따라서 가형, 나형, 다형으로 나뉘는데, 사회복지사는 복지관의 관장, 총무, 복지과장, 선임사회복지사, 사회복지사 등으로 임용될 수 있다. 대부분의 사회복지관은 재가복지봉사센터와 어린이집을 병설기관으로 가지고 있으며, 사회복지사는 이들 부설기관을 통괄한다.

(3) 사회복지시설

사회복지사업법은 "사회복지법인 및 사회복지시설을 설치 · 운영하는 자는 대통령령이 정하는 바에 의하여 사회복지사를 그 종사자로 채용하여야 한다."(법 제13조)라고 규정하고 있다. 특히 사회복지사업법 시행령은 "사회복지프로그램의 개발 및 운영업무, 입소자의 생활지도업무, 사회복지를 필요로 하는 사람에 대한 상담업무"에 종사하는 자를 사회복지사로 채용하여야 한다고 규정하고 있다. 따라서, 아동복지시설, 노인복지시설, 모/부자복지시설, 만성질환자복지시설, 장애인복지시설, 정신질환자요양시설, 부랑인시설 등 사회복지사업을 수행하는 사회복지시설중 〈영유아보육시설〉(어린이집)을 제외하고는 대부분 '사회복지사'를 직원으로 채용하고 있다. 사회복지시설은 사회복지전문요원이나 사회복지관의 사회복지사가 대중화되기 전에는 사회복지사가 가장 많이 진출했던 영역이다. 숙식을 하면서 근무해야 하는 경우가 많기 때문에 한때 기피되기도 하였지만, 2001년 4월부터 2교대제의 시행으로 근로조건이 향상되면서 젊은 사회복지사들이 새롭게 진출하고 있다. 그리고 2008년부터 시행된 노인장기요양보험법에 따라 사회복지시설이 노인요양시설과 재가노인복지시설이 활성화되어 2013년 7월 현재 요양시설 4,577개소, 재가시설 11,099개소가 운영되고 있다.

(4) 병원의 의료사회복지사

사회복지사는 종합병원과 정신병원 등에서 일할 수 있다. 의료법은 "종합병원에는 사회복지사업법의 규정에 의한 사회복지종사자 자격을 가진 자 중에서 환자의 갱생, 재활과 사회복귀를 위한 상담 및 지도업무를 담당하는 요원을 1인 이상 둔다"(의료법 시행령 제24조 2항 5호)고 규정하고 있다. 의료사회사업이 활성화되어 있는 일부 병원(예, 세브란스병원, 성모병원 등)에서는 여러 명의 사회복지사가 일하고, 점차 그 수효가 늘어가고 있는 영역이다. 또한, 정신보건법에서도 정신보건 전문요원으로 사회복지사를 임용하도록 규정하고, 사회복지사 1급으로서 정신보건사회복지사 수련과정 1년을 이수하여 정신보건사회복지사가 된 사람은 정신병원이나 지역사회 정신 보건센터에 우선적으로 채용된다. 다만, 의료사회복지사 혹은 정신보건사회복지사는 의사, 간호사, 심리사 등 다른 전문직과 함께 팀으로 일하기 때문에, 학부 수준의 공부만으로 부족한 편이다. 따라서, 의료기관에서 일하는 사회복지사는 학부에서는 자원봉사를 통해서 실무를 배우고, 대학원에 진학해서 더 많은 공부를 한 후에 임용되는 경향이 있다.

(5) 사회복지단체 등

다양한 유형의 성격과 기능을 지닌 사회복지시설 및 사회복지기관들의 협의체는 그 시설과 기관의 이익을 대변하면서, 사회복지에 관한 정책제안, 주민복지운동, 복지교육 등을 실천하고 있다. 대표적인 사회복지단체 중에는 한국사회복지협의회와 16개 시도별 사회복지협의회가 있고, 아동, 노인, 장애인 등 각 영역별로 전국협의회와 시도단위 지부 등이 있다. 최근에는 관심 영역에 따라서 사회복지단체가 세분되고, 다시 그 연합기구가 형성되기도 한다. 그 대표적인 기구가 공동모금을 통해서 자원을 모으고 분배하는 사회복지공동모금회이다.

사회봉사활동에 대한 관심이 늘어나면서, 시군단위에 〈자원봉사센터〉

가 설치되고, 정부의 지원으로 〈청소년상담실〉, 〈청소년자원봉사센터〉 등이 설치되면서, 자원봉사활동에 전문성을 가진 사회복지사의 수요가 늘어나고 있다.

전통적인 의미의 사회복지만을 추구하지 않지만, 정의롭고 평화로운 사회를 만들려는 시민사회단체에서도 사회복지사들이 많이 일하고 있다. 최근 우리 사회의 여론형성을 주도하고 있는 참여연대의 경우 '사회복지위원회'에서 국민연금, 건강보험, 고용보험 등에 대한 정책대안을 제시하고 있다. 또한, YMCA, YWCA, 경제정의실천연합 등에서 일하는 사회복지사가 적지 않다. 대기업은 기업의 사회봉사활동과 자원의 사회환원 차원에서 '기업복지재단'을 운영하는 경우가 적지 않다. 현대그룹의 아산사회복지사업재단, 삼성그룹의 삼성복지재단, LG그룹의 LG복지재단 등에서 사회복지사가 중요한 역할을 수행하고, 이들에 대한 근로조건과 임금 등 처우수준은 기업의 다른 사원과 동등하다.

최근에는 종교기관에서 사회복지관을 짓거나 사회봉사관, 문화관 등을 건립하고, 그 운영을 위하여 사회복지사를 채용하는 경우도 적지 않다.

(6) 대학교와 연구기관

2013년 현재 전국에는 350여개의 대학교/대학/대학원 사회복지학과 또는 사회복지학 전공 혹은 사회복지사를 배출하는 유사 전공이 개설되어 있다. 한 학과에 평균 4~5명의 교수가 재임한 것으로 추산할 때, 1,000여명의 교수진이 사회복지학을 가르치고 있다. 사회복지학의 역사가 정치학, 사회학 등에 비교할 때 짧았기에, 초기에는 사회복지학 인접 학문을 공부한 학자들이 사회복지학 교수로 진출하기도 하였지만, 최근에는 사회복지학을 전공하는 학자가 우선 임용되고 있다. 또한, 한국보건사회연구원 등 사회복지분야를 전문적으로 연구하거나 한국여성개발원, 한국청소년개발원 등 관련 연구기관, 지방자치단체가 설립한 종합적인 정책연구기관의 사회복지담당 연구원, 민간단체가 운영하는 각종 사회복지관련 연구기관에서 연구원으로 일할 수 있다. 대학교와 대학, 그리고 연구기관에서 사회복지전문가로 일하려는 사회복지사는 석사/박사과정을 이수해야 한다.

(7) 벤처 사회복지사의 개척

사회복지사가 일하는 영역은 이처럼 사회복지직 공무원, 사회복지관, 사회복지시설, 병원, 사회복지단체, 대학교와 연구기관 등에 한정되어 있지 않다. 사회가 전문화되면서 사회복지사에 대한 수요도 점차 다변화될 것으로 보인다.

외국의 경험에서 볼 때, 복지사회가 될수록 학교에서 학생문제를 예방하고 치료하는 〈학교사회복지사〉, 직장에서 종업원의 사회적응과 알코올을 포함한 약물오남용문제, 직원간의 갈등문제의 상담, 가족문제상담 등을 위한 〈산업사회복지사〉, 군대에서 사병과 장교의 적응문제를 다루는 〈군사회복지사〉 등이 중요한 영역으로 다루어지고 있다.

가까운 일본에서도 고령화사회와 함께 노인복지시설, 장애인복지시설 등이 늘어나면서, 도움이 필요한 노인과 장애인의 일상생활을 전문적으로 돌보는 〈케어복지사〉(care worker)의 수요가 급증하였다.

그동안 국민연금, 건강보험, 산재보험, 고용보험 등 사회보험이 도입되고 전국민화되면서도 정작 사회복지사가 사회보험전문가로 진출한 경우는 많지 않았는데, 이 영역도 새롭게 관심을 가질만한 영역이 될 것이다.

이밖에도 젊은 사회복지사의 도전을 기다리는 영역은 사회복지교육, 사회복지운동, 복지대상자의 가족을 위한 사업, 가상사회복지관, 개업사회복지사 등 무수히 많다.

따라서, 준비된 사회복지사가 되기 위해서는 사회복지사의 활동영역별로 채용 관행을 알아두고 철저히 대비할 필요가 있다. 활동영역에 따라서 요구하는 기준이 다르지만, 대체로 대학에서 사회복지학을 충실히 공부하고, 자원봉사활동을 활발히 하며, 컴퓨터와 외국어에 능통하면서 사명감을 가지면 준비된 사회복지사가 될 수 있다.

3. 사회복지사의 기본 철학

사회복지는 인간 삶의 전 과정에 관심을 가지고 인간을 위해 지식과 기술을 활용하지만 이보다 앞서 중요하게 생각해야 할 것은 바로 복지사회를 이루기 위한 복지철학 또한 인간존엄성, 자유, 평등, 사회연대성 등을 기본적인 가치로 삼고 실천해야 한다.

사회복지철학에서 '철학'은 '정신'이고 '복지'는 '실천'이다. 정신과 실천이 있음으로써 비로소 인간들의 생존과 실존을 향상시켜 주는 것이다. 그러나 일정한 가치관과 윤리관을 정립하지 않고 실천을 한다는 것은 남용과 위험성이 따른다.

1) 사회복지사에게 윤리의 중요성

사회복지사는 인간의 존엄성과 인간다운 삶의 기본 전제하에 활동하는 사회복지 전문가이기에 사회복지실천 과정에서 사회복지사는 전문가로서 사람을 돕는 일을 주 업무로 하고 있어 윤리적 결정을 내려야 하는 다양한 상황에 처하고 있어 철학적 기반이 필요하다.

이 때 사회복지사가 내리는 모든 결정은 그것이 비록 복지대상자를 돕는데 필요한 전문기술에 관한 것이 윤리적 결정이라고 주장하는 학자도 있어 사회복지사는 매순간 윤리적 문제에 부딪칠 수 있다. 그러므로 사회복지실천에서 윤리와 가치에 대한 연구의 필요성은 오래 전부터 강조되어 왔으며 점차 윤리적 선택을 체계적으로 논의해야 하는 전문직에 대한 인식도 높아지고 있다(양옥경 외, 1993: 1).

전문직에서 꼭 필요한 기본 철학과 윤리는 흔히 윤리강령의 형식으로 정형화되어 왔는데, 우리보다 먼저 사회복지사의 윤리강령을 만든 미국의 경우를 살펴보면 다음과 같다. 미국 사회복지계에서 윤리강령의 필요성은 1920년대부터 논의되어 오다가, 미국사회복지사협회가 전문가 윤리강령을 상정 채택한 것은 1960년이었다. 그 후 사회변화와 도덕적 기류에 편승하고 이에 따라 개정되어 1979년 완전히 새로운 윤리강령이 채택되었고, 다시 1990년에 개정작업을 통하여 보완되었다.

사회복지사의 기본 철학에 근거한 윤리 강령의 패턴은 다음의 내용을 근간으로 하고 있다.

1. 서비스를 통한 사회문제 해결
2. 사회정의 실현으로 불공평에 도전.
3. 개인의 존엄성과 가치존중
4. 인간관계의 중요성 인식.
5. 성실성과 신뢰성 회복
6. 직무능력 향상과 전문기술의 발전 강화.

이러한 윤리기준은 위의 6가지 항목에 따라서 상세히 규정되어 있다. 그리고 사회복지직이 전문가인가라는 질문에는

a. 사회복지사는 자신이 받은 교육 훈련 면허 인가 상담 지도감독을 받은 경험/기타 관련 있는 전문 경험의 범위 내에서만 자신의 능력을 나타내고 서비스를 제공해야 한다.
b. 사회복지사는 실제적인 영역에서 서비스를 제공해야 하며, 생소한 개입 기술이나 접근방법은 이러한 개입이나 기술에 정통한 자로부터 적절한 연구, 훈련, 상담, 지도감독을 마친 후에만 사용하여야 한다.
c. 새로운 실천영역과 관련하여 일반적으로 인식되는 기준이 존재하지 않을 경우, 사회복지사는 신중하게 판단하고 책임 있는 조치(적절한 교육, 연구조사, 훈련, 상담, 감독 따위 포함)를 취하여, 자신의 능력을 보장하며 복지대상자를 보호해야 한다.

그리고 한편, 동료에 대한 사회복지사의 윤리적 책임에는 존중, 비밀보장, 다양한 학문분야간의 협동, 자신의 이익을 위해서 분쟁을 하지 않을 것, 적절한 자문, 다른 전문직 종사자를 신뢰하고 서비스 의뢰, 피감독자와의 성희롱 금지, 동료의 결함과 능력부족에 대한 적절한 지원

과 함께 심각한 경우 제도적 장치 보완, 동료의 비윤리적 행위에 대한 적절한 조치 등이 포함되어 있다. 실천 현장에서의 사회복지사의 윤리적 책임에는 지도감독과 자문, 교육과 훈련, 수행평가, 복지대상자에 대한 인격적 만남과 충실한 기록, 서비스의 본질적 한계에 대한 알림, 대상자 의뢰, 행정, 직원교육과 능력개발, 고용주에 대한 책임, 그리고 노사분쟁에 대한 기준이 명시되어 있다. 이 밖에도 사회복지사는 전문직으로서, 윤리적 책임을 다하고, 복지대상자의 기본적 욕구를 충족시키며, 더불어 함께하는 공동체적 사회정의를 실현할 수 있도록 사회, 경제, 정치, 문화를 통한 성숙한 인간의 가치와 제도를 발전시켜야 할 윤리적 책임이 있다.

2) 사회복지사의 클라이언트 존중심

인간은 자기의지(self-will)가 있으며, 자기 스스로 결정하고자 하는 욕구가 있고, 동시에 누구나 자기결정능력을 가지고 있다. 이와 같은 가치관에 기초한 클라이언트의 자기결정원리는 사회복지실천 전 과정에 걸쳐 클라이언트 개인의 권리와 욕구를 실현하기 위한 것으로서, 클라이언트는 모든 의사결정과정에 참여하여 스스로 선택하고 결정하는 자유를 누리는 것을 뜻한다. 따라서 오늘날 사회복지 전문직의 가장 확고한 신념 중에 하나는 인간은 모두 다 자기결정을 할 수 있는 능력을 가지고 있기 때문에 어떠한 경우에도 클라이언트 자신의 자기결정에 관한 권리를 어느 누구도 대신 행사할 수 없다는 것이다. 우리는 여기서 자기결정의 개념과 올바른 자기결정을 할 수 있도록 돕는 사회복지사의 역할, 클라이언트의 자기결정을 위해서 사회복지사가 피해야 할 사항, 자기결정의 한계가 있음을 알고 많은 연구가 있어야 한다.

사회복지사는 경제적, 심리적 요인이나 주변 환경에 문제를 갖고 있거나, 문제가 있을 것으로 예상되는 클라이언트들에게 접근하여 겪고 있는 문제들을 파악하고 이에 대한 문제 해결방안을 제시하여 직접 문제에서 벗어나도록 도움을 제공하는 일들을 하는 전문적인 직업이다.

또한 문제해결을 위해 직접 도와줄 뿐만 아니라 주변의 여러 자원들을 적극 활용하여, 도움을 줄 수 있는 기관, 지역 또는 후원자, 자원봉사자들을 연계해 주는 지원을 펼치기도 한다. 사회복지사는 여러 분야에 걸쳐 다양한 활동을 하고 있다. 아동, 장애인, 노인 생활시설에서 거동이 불편하거나 중증 장애인들을 대상으로 케어 및 상담, 후원 업무 등의 사업을 진행하는 생활시설 내 사회복지사들이 있는가 하면, 지역 내 저소득 계층의 심리적, 경제적인 문제 해결을 위해 지역사회복지관을 중심으로 활동하고 있는 사회복지사들도 있다. 또 학교에서 학교사회사업가로서 문제 학생들을 위한 전문적인 상담을 통해 문제해결 및 예방에 도움을 주고 있으며, 병원에서 의료사회복지사로 참여하여 병원 내 환자들과 가족들의 심리적, 경제적 문제 해결을 위해 노력하고 있기도 하다. 이와 함께 국가의 공적 부조를 담당하기 위해 사회복지전담공무원들이 활동하고 있으며, 요즘 기업에서는 사회공헌 활동 및 자원봉사 활동에서의 코디네이터 역할을 사회복지사들이 맡아 활동하고 있다. 물론 각 지역별로 있는 자원봉사 센터에서의 자원봉사자 관리를 맡고 있는 사회복지사들 역시 빼놓을 수 없으며, 이처럼 다양한 분야에 걸쳐 많은 사회복지사들이 활약 중에 있다.

제 3 절 실습지도감독

1. 지도감독의 개념과 기능

지도감독(supervision)이란? 전문적인 지식, 기술, 경험 등을 고루 갖춘 유능한 사회복지사가 되려는 학생들에게 사회사업의 지식과 실천기술을 제공하기 위해 광범위하게 사용하는 행정적, 교육적, 지원적인 기능을 갖게 하는 종합적인 과정이다. 여기서 말하는 3기지 기능은 아래와 같다.

1) 교육적 기능

지도감독의 교육적 기능은 학생들에게 전문지식과 기술의 발전을 도모해야 하며, 학생들의 자립, 자질향상과 자아의식을 높이는데 초점을 둔다. 학생들과 클라이언트 사이에서 일어나는 상호작용을 통한 개입과정에 필요한 지식과 기슬 및 태도를 가르치고 또 원조과정에서 나타나는 실습생 자신의 성격과 버릇과 같은 나쁜 영향을 미칠 수 있는 것들이 통제될 수 있도록 지도되어야 한다.

2) 행정적 기능

지도감독의 행정적 기능은 실습기관의 이념과 목적을 이해하고 실습생이 실무 행정업무에 대한 이해와 효과적으로 수행할 수 있도록 업무환경을 구성하여 주어 실습생이 클라이언트에 효율적인 서비스를 전달하는데 초점을 두고 이루어져야 한다. 실습지도자의 업무계획, 업무할당, 업무위임, 조정, 감독, 평가 등 행정적기능이 실습생에게 잘 적용되도록 지도하여 주어야 한다.

3) 지원적 기능

지독감독자의 지원적 기능은 실습생들이 직무진행 중 직면하는 문제를 정신적, 정서적인 면에서 지원하고 원조함으로써 효과적으로 업무를 수행할 수 있도록 심리적 안정과 자기소신을 가지고 문제해결능력을 갖추도록 환경을 만들어 주는데 있다.

2. 실습지도자의 역할

사회사업의 진행과정에서 지도감독이 효과적인 사회복지실천을 위하여 필수 불가결하듯, 실습과정에서 실습생들의 실습목적과 목표를 성공적으로 마치려면 실습이 체계적이고 전문적인 실습지도 감독은 매우 중요한 역할이다.

실습기관에서의 실습지도자는 기관을 대표한다. 따라서 기관의 이념과 목적에 맞는 지도를 해야 한다. 효과적인 지도를 위해 다음과 같은 것을 준수한다.

첫째, 실습생의 실습업무가 효율적으로 이루어지도록 책임의식을 갖는다.

둘째, 실습생이 학교에서 배운 전문지식과 기술을 이용하여 클라이언트에게 질 높은 서비스를 전달하도록 지도한다.

셋째, 실습생들이 자신의 능력, 한계에 대한 통찰력을 갖고 클라이언트에 대한 서비스를 진행하도록 지도해 주어야 한다.

이와 같은 실습지도자의 역할과 책임은 실습지도자와 실습생과의 관계유지를 통해 이루어진다. 효과적인 실습 지도를 위해 실습지도자의 자기인식은 필수적인 요소이다. 지도자 자신의 성격, 지식의 한계, 자신이 가지고 있는 편견, 선입관, 스트레스, 자신의 스타일에 대한 강점과 약점을 통찰력이 필요하다. 실습생과 지도자 자신의 지식과 기술, 정보와 자원을 공유하고 협력한다는 상호협동 자세로 임하는 것이 좋다. 실습생이 지도를 받는 과정에서 지도를 공감하고 수용하며 지지를 받는 것을 경험하여 느낄 수 있도록 지도한다. 지도자의 이러한 행동은 곧 실습생이 클라이언트에 전달되어 질 높은 서비스를 할 수 있기 때문이다.

실습지도자는 지도하는 과정에서 실습생으로부터 창조적이고 개혁적인 생각과 최신 이론들을 실천에 옮기는 과정을 통해 새로운 도전에 자극을 받게 되고 이런 실습생들의 창의적인 아이디어와 에너지를 활용하여 기관에 도움이 되는 서비스와 프로그램을 향상시키는데 공헌할 수 있는 기회를 갖게 될 것이다.

또한 실습생들은 지도자의 지도가 모델이 되어 사회복지실천의 가치와 윤리, 지식과 기술을 배우게 된다는 점에서 실습지도와 실습생은 상호 협력적이며 자발적이고 생산적 관계를 형성함으로써 기관은 물론 지역사회의 발전에 긍정적인 효과를 가져 온다.

3. 지도 감독의 유형

1) 개별 지도감독

개별 지도감독은 지금까지 주로 사용되어오고 있는 전통적인 방법으로 실습지도자와 실습생의 일 대 일 관계 안에서 이루어진다. 개별지도감독은 실습생의 자기인식을 증진하고, 실습생의 약점을 변화시키거나 보완하기 위해 실습지도자의 의도적인 개입이 이루어진다. 이러한 지도감독은 정기적인 지도감독과 필요에 따라 그때그때 이루어지는 부정기적인 지도감독도 있다. 이러한 지도감독은 지도자나 실습생간에 인간관계형성에 좌우될 수 있다.

2) 집단 지도감독

집단 지도감독은 O・T, 세미나, 중간보고회의 최종결과보고회의, 사례발표, 사례회의를 통해서 이루어지는 경우가 많다. 다수의 실습생이 함께 세미나를 참석하거나 사례발표에 참여토록 하여 토론함으로써 동료 간 또는 실습지도자와 실습생간에 서로의 경험을 공유하면서 원활한 의사소통을 꾀하고 집단 안에서 문제해결과정을 체험하기도 한다. 내가 가지고 있는 것도 활용하지만 남의 지식을 활용하는 기술을 배워서 활용할 수 있는 기회도 가질 수 있다.

3) 현장 지도감독

실습지도자와 실습생이 실습현장에서 이루어지는 지도감독으로 실습생이 클라이언트를 직접 개입하는 경우와 지도자가 직접 서비스하는 과정을 관찰하는 방법이다. 그리고 현장 지도감독은 기록에 의하지 않고 실습 현장에서 실습지도자와 실습생이 생생한 현장을 직접 경험할 수 있다는 장점이 있다. 반대로 수용시설, 주간보호센터 등에서는 실습생이 직접 개입하여 실습을 진행하기도 한다. 이러한 상황에서 실습지도자는 실습생의 훈련과 클라이언트의 원조를 동시에 행하기 때문에 특별히 신중해야 하며 실습생이 그냥 참관자가 되었을 경우에는 클라이언트의 동의가 반드시 이루어진 상태에서 진행되어야 한다.

4. 지도감독의 활용

1) 실습기관의 지도감독 활용

실습현장에서 실습생들이 실습기관의 지도자로부터 실습업무에 대하여 지도, 조정, 평가를 받는 것을 의미한다. 실습생은 실습지도자와의 긍정적인 관계를 통해서 행정적, 교육적, 지원적 지도 감독을 적극적으로 활용하여야 할 것이다. 실습생의 지도감독은 실질적으로 실습기관에서의 지도감독이 전적으로 이루어진다고 할 수 있다. 따라서 실습기관의 실습지도자의 적극적 지도여부가 실습생의 실습의 질을 좌우한다고 할 수 있다.

2) 학교의 지도감독 활용

사회복지현장실습에 앞서 지도교수에 의한 지도감독은 시간적인 제한을 받는다. 학교에서의 지도감독은 실습기관에서 잘 적응하지 못하고 있는 학생들을 대상으로 실습생들의 욕구를 해결하여 현장에서 실습이 더 잘 이루어지도록 교육적, 행정적, 지원적 차원에서 지도교수의 지도가 필요하다. 실습지도교수는 현장을 순회하면서 실습생 환경과 상황에 따라 지도 요소가 달라질 수 있다. 따라서 지도교수는 실습생과 상호 연락체계를 유지하여 문제발생이나 부족한 부분을 온라인 시스템을 통해서 직접 확인하면서 진행되어야 할 것이다.

제 3 장

실습교육을 위한 준비

제 1 절 실습생의 실습기관의 선정 기준

실습생이 실습기관을 선정할 때 사회복지사업법 제2조를 참고로 선정하여야 하는데 이 법에서 사용하는 용어의 뜻은 다음과 같다. 〈개정 2011.8.4, 2012.1.26〉

1. "사회복지사업"이란 다음 각 목의 법률에 따른 보호·선도(善導) 또는 복지에 관한 사업과 사회복지상담, 직업지원, 무료 숙박, 지역사회복지, 의료복지, 재가복지(在家福祉), 사회복지관 운영, 정신질환자 및 한센병력자의 사회복귀에 관한 사업 등 각종 복지사업과 이와 관련된 자원봉사활동 및 복지시설의 운영 또는 지원을 목적으로 하는 사업을 말한다.
   가. 「국민기초생활 보장법」
   나. 「아동복지법」
   다. 「노인복지법」
   라. 「장애인복지법」

마. 「한부모가족지원법」
바. 「영유아보육법」
사. 「성매매방지 및 피해자보호 등에 관한 법률」
아. 「정신보건법」
자. 「성폭력방지 및 피해자보호 등에 관한 법률」
차. 「입양특례법」
카. 「일제하 일본군위안부 피해자에 대한 생활안정지원 및 기념사업 등에 관한 법률」
타. 「사회복지공동모금회법」
파. 「장애인·노인·임산부 등의 편의증진 보장에 관한 법률」
하. 「가정폭력방지 및 피해자보호 등에 관한 법률」
거. 「농어촌주민의 보건복지증진을 위한 특별법」
너. 「식품기부 활성화에 관한 법률」
더. 「의료급여법」
러. 「기초노령연금법」
머. 「긴급복지지원법」
버. 「다문화가족지원법」
서. 「장애인연금법」
어. 「장애인활동 지원에 관한 법률」
저. 「노숙인 등의 복지 및 자립지원에 관한 법률」
처. 「보호관찰 등에 관한 법률」
커. 「장애아동 복지지원법」

2. "지역사회복지"란 주민의 복지증진과 삶의 질 향상을 위하여 지역사회 차원에서 전개하는 사회복지를 말한다.

3. "사회복지법인"이란 사회복지사업을 할 목적으로 설립된 법인을 말한다.

4. "사회복지시설"이란 사회복지사업을 할 목적으로 설치된 시설을 말한다.

5. "사회복지관"이란 지역사회를 기반으로 일정한 시설과 전문인력을 갖추고 지역주민의 참여와 협력을 통하여 지역사회의 복지문제를 예방하고 해결하기 위하여 종합적인 복지서비스를 제공하는 시설을 말한다.

6. "사회복지서비스"란 국가 · 지방자치단체 및 민간부문의 도움을 필요로 하는 모든 국민에게 상담, 재활, 직업 소개 및 지도, 사회복지시설의 이용 등을 제공하여 정상적인 사회생활이 가능하도록 제도적으로 지원하는 것을 말한다.

7. "보건의료서비스"란 국민의 건강을 보호 · 증진하기 위하여 보건의료인이 하는 모든 활동을 말한다.

이와 같이 사회복지실습학생이 사회복지실습기관을 선정할 때에는 매우 신중히 해야 한다. 교직을 이수하는 대학생이 '교생실습'을 할 때에 초/중/고등학교란 제한된 유형의 교육기관에서 실습을 하게 된다. 그러나, 사회복지사는 아동, 노인, 장애인, 청소년, 여성 등 주된 사회복지대상자별로 복지기관이 매우 다양하다. 또한, 같은 지역사회에 있으면서 아동복지시설, 청소년복지시설, 장애인복지시설, 노인복지시설 및 종합사회복지관에서 일하는 사회복지사와 동사무소나 구청에서 사회복지전문공무원으로 근무하는 사회복지사의 역할은 매우 다르기 때문에 실습생인 예비사회복지사의 희망 분야별로 자신이 꼭 배우고 싶은 것을 배울 수 있는 기관을 선정해야 한다.

따라서 사회복지실습생은 실습기관을 선택하고자 할 때, 사회봉사 경험의 다양한 사전지식을 활용할 필요가 있다. 고등학교에서나 대학교 1

학년이나 2학년 때에 자원봉사활동을 하였거나, 관심을 가지고 여러 분야의 사회복지기관을 탐방한 학생은 실습기관을 정할 때, 폭넓은 선택의 자유를 누릴 수 있다. 선배의 조언을 구하거나, 인터넷으로 자원봉사전산망을 탐색하며, 관련문헌을 통해서 실습을 하고자 하는 영역의 정보를 얻는 일도 잊지 말아야 한다.

실습기관을 선택하는 일은 학생이 할 일이지만, 실습기관을 공식적으로 선정해서 실습기관을 배정하는 일은 대학교의 사회복지학부(과)〉와 실습담당 기관에서 정식으로 공문을 통한 행정절차를 진행하는 것이 일반적이다. 실습생은 자신이 실습하고자 하는 기관이 한국사회복지사협회 지침에 알맞는지 적극적으로 선정한 후에 실습지도교수나 조교에게 '실습신청서' 및 '프로파일' 등을 제출한다. 지도교수는 실습을 지도해줄 기관에 실습 지도를 공문으로 요청한다.

또한, 대학의 실습지도교수는 먼저 가까운 지역에서 사회복지실습을 지도해줄 만한 사회복지기관, 단체, 시설에 실습지도 가능여부를 묻는 공문을 발송하고, 기관의 실습지도계획서를 취합한 후에, 학생들의 욕구를 반영하여 실습기관을 배정하면 된다. 이때 실습지도 기관이 요구하는 학생과 학생이 요구하는 실습기관이 다를 경우에는 실습지도교수가 학생과 면담을 통해서 조정할 수 있다. 대체로 좋은 실습기관을 선택하고 실습을 열심히 하는 것은 실습생이 감당해야 할 몫이다.

실습기관을 선정할 때에는 원칙적으로 사회복지사업법상 '사회복지시설'과 관련 기관으로 사회복지사의 역할을 지도할 수 있는 선임 사회복지사(사회복지사 1급으로서 경력이 3년 이상인 사람 혹은 사회복지사 2급으로서 경력이 5년 이상인 사람으로서 당해 기관의 근무경력 최소 1년 이상인 자)가 있는 기관으로 제한하고 있다. 사회복지사업법상 사회복지시설은 아동복지법, 청소년복지법, 노인복지법, 장애인복지법, 정신보건법 등 다양한 법령에서 열거된 기관으로 다양한 유형이 있기에 실습생은 본인이 관심이 많아 취업하거나 창업하고 싶은 분야를 선택하여 실습하는 것이 좋다. 장차 노인복지사업을 하길 희망하면 노인복지기관이 좋고, 학교사회복지사가 되길 희망하면 교육복지투자우선지역 사업을 수행하는 학교(사회복지사인 지역사회교육전문가가 있는 학교)에서 실습을 하고, 의료사회복지사가 되길 희망하는 사람은 사회 사업실(혹은 사회복지실)이 있는 병원에서 실습을 하는 것이 바람직하다. 실습은 학기중보다 방학 중에 선택하면 일일생활권뿐만 아니라 전국적으로 지명도가 있는 기관을 선택하여 좋은 기회가 될 수 있다. 그런데, 유명한 기관일수록 수개월 전에 실습기관을 선정해야 하는 경우가 많다.

실습의 진행절차는 실습생이 실습신청서/프로파일을 작성하여 학부사무실에 제출하면, 학교에서 실습기관에 실습의뢰 공문을 발송하고, 실습기관의 수락서를 수령하게 되면 실습기관이 공식적으로 확정되어 진행한다(자세한 내용은 한국사회복지사협회가 만든 '사회복지현장실습지침서'를 참조).

실습기관을 잘 모르는 경우 실습기관 기초조사표를 추가로 작성하여 해당지도교수에게 제출하는 것도 한가지 방법이다(〈표 3-1〉 참조).

〈표 3-1〉 실습기관 기초조사표

기관명				
기관주소				
기관전화번호			홈페이지 이-메일	
업무시간			팩스	
법인시설/개인시설			설립연도	
설립자			책임자	
이사회구성/ 개인시설			직원 수	
시설규모	대지/건평	평/ 평	사회 복지사 수	
설립목적				
기관의 조직도				

제 2 절 실습기관선택 단계

학생의 실습교육목표를 충족할 수 있기 위해서는 실습기관의 선택이 매우 중요하다. 이를 위해 학교는 다음과 같은 기준을 세워 법적으로 가능한 기관의 목록을 제시하여 학생들이 관심분야에 따라 실습기관을 선택할 수 있도록 지원하여야 한다.

① 기관의 서비스 철학과 실천은 사회복지실천의 윤리와 가치를 내면화하는 사회복지교육 목적에 알맞아야 한다.

② 기관의 서비스 전달에서 프로그램이나 기관의 활동 등 어떤 영역에서도 인종, 학력, 성, 연령, 출신지, 신체적 · 정신적 능력의 차이에 의해서 차별받거나 배제되어서는 안 된다.

③ 클라이언트의 참여능력에 따라 맞춤서비스제도가 운영되어야 하며, 이를 기관의 정책으로 알려서 원하는 모든 클라이언트가 서비스를 받을 수 있는 개방형 기관이어야 한다.

④ 지역사회나 전문성 측면에서도 사회적으로 인정받는 기관이어야 하며, 해당 분야의 서비스가 국가 기관으로부터 인가를 받은 곳이어야 한다.

⑤ 기관자체 임직원 모두가 현장실습에 대하여 기관의 책임과 기능으로 인식하여야 한다.

⑥ 기본적인 프로그램을 수행할 수 있는 적절한 직원배치와 일정 수준의 규모가 갖추어져 실습생 지도에 적합한 기관이어야 한다.

⑦ 기관의 프로그램은 클라이언트의 수와 실습방법 면에서 실습생의 학습경험이 가능할 수 있도록 다양하여야 한다.

⑧ 실습기관 선정에 있어서 실습생이 기본실습인지 심화실습인지를 고려하여야 한다.

⑨ 실습기관 직원들은 실습생의 실습교육 목표에 대하여 충분히 이해하고 현장교육에서 이를 실천할 수 있도록 교육기관으로부터 위임 받았음을 이해하여야 한다.

⑩ 실습기관은 실습지도자의 과중한 업무량에 대한 합당한 조정을 하는데 동의한다.

⑪ 실습기관은 실습생이 이용할 수 있는 사무공간을 제공한다.

⑫ 실습기관은 실습생이 실습과제로 실습에 대한 기록을 있는 그대로 제출하되 실습기관의 비밀보장 원칙을 위반하지 않는 범위에서 동의한다.

⑬ 실습기관은 슈퍼비전을 위해 학생이 실습지도자에게 제출 작성된 기록이나 컴퓨터 보관자료를 공유한다.

제 3 절 실습기관의 준비 및 오리엔테이션

실습기관 배치 후 기관의 준비는 실습에서 매우 중요한 단계이다. 기관을 전반적으로 이해하고 친숙해지도록 세심한 준비와 사고가 필요하다. 실습시간은 상대적으로 짧다. 간략한 오리엔테이션을 통해 실습생을 만나게 되고 개괄적으로 클라이언트의 문제와 실습기관의 전반적인 프로젝트를 설명하고 업무를 소개해 준다. 초기에 주어지는 이러한 오리엔테이션을 통한 시간적 투자와 집중이 실습기간동안 과제의 성공적 수행에 기반이 된다.

오리엔테이션은 실습생을 대면하는 기관의 첫 과업이다. 실습생에게 직원을 소개하며, 기관의 직원에게는 실습생의 이름, 학교, 실습기간, 실습내용과 과제, 실습생이 할 일에 대해 소개한다. 이를 통해 실습생은 팀의 일부로 환영받고 일시적인 소속감과 자부심을 가지고 빨리 적응하도록 도움을 준다. 또한 직원들이 실습생의 역할에 대해 오해할 내용을 줄이고 직원들에게 실습생을 소개하거나 기관 소식지에 알리는 기회로 삼는다. 어떤 기관이든 일반적인 오리엔테이션에는 다음과 같은 내용이 포함된다.

① 기관의 목적과 그에 따른 프로그램 및 서비스 내용
② 클라이언트에게 서비스를 제공하는 우선순위와 프로그램 분야
③ 실습기관의 조직 구조와 담당업무직원 소개, 서비스 제공 절차
④ 기관의 예산과 재원 확보 집행 방법 등 후원 마케팅 등을 소개
⑤ 클라이언트 기록의 비밀보장, 필요한 기록과 관리방법 등에 관한 정책과 절차

⑥ 기관 프로그램과 서비스의 지역사회와의 관계, 지역 내 다른 기관과의 의뢰 연계체계
⑦ 프로그램 및 서비스에서 사회복지사의 역할과 업무내용
⑧ 프로그램 및 서비스에서 자원 활용 전문가의 역할
⑨ 업무수행에 따른 안전지침 및 예방활동 실천수칙
⑩ 업무수행을 위한 적절한 복장과 친절한 태도

오리엔테이션 동안 실습생은 슈퍼바이저와 인터뷰를 하거나 관련기록, 레코딩, 지침서 등을 자세히 탐독한다. 또 다른 효과적인 오리엔테이션 방법은 관련 기관이나 부서를 직접 방문하도록 한다. 이 기간 동안 지도자는 실습생과 실습목표에 대한 합의를 하게 된다. 별도의 실습동의서를 작성하거나 슈퍼비전 시간을 통해 구두로 확인한다.

제 4 장

사회복지실천 과정

제 1 절 접수 및 관계형성

1. 접수단계의 과제

1) 접수의 특성

접수(intake)란 초기면접으로 문제를 가진 사람이 전문가의 도움을 받고자 사회복지기관을 찾아왔을 때 사회복지사가 그의 문제와 욕구를 조사 진단하여 그것이 기관의 정책과 서비스에 알맞는지의 여부를 판단하는 과정이다. 즉 원조를 요청하는 사람이 기관에 찾아오면 사회복지사는 그 사람의 문제와 욕구를 사정하여 어떤 종류의 도움이 가능한지를 선택한다. 또한 사회복지사는 기관의 정책과 자원에 대하여 설명하고, 도움을 요청하는 사람이 방문한 그 기관에서 적합한 서비스를 제공받을 수 있다고 판단될 때 입소 결정 혹은 이용시설 계약을 한 후 비로소 계약된 클라이언트가 되는 것이다. 다시 말해서 접수과정을 통해서 서비스의 적합성이 보장될 때 사회복지사를 찾아온 사람은 클라이언트가 되고 사회복지사와 관계형성을 통하여 신뢰관계가 증진되고 자료수집 및 조사진단 즉 사정단계를 거치게 된다.

2) 접수과정

접수는 원조과정의 가장 초기에 이루어지며 초기면접 혹은 관계형성 단계로 기관에 따라 접수만을 전문적으로 담당하는 사회복지사를 인테이크 사회복지사(intake worker)라고 한다. 접수과정은 3가지의 구체적인 활동과 의사결정을 수반한다.

첫째, 클라이언트의 문제와 욕구를 분명하게 확인하는 작업과,

둘째, 문제 확인 후에 클라이언트와 사회복지사는 원조의 목적을 명확히 하고,

셋째, 클라이언트 욕구가 기관의 자원과 정책에 알맞는지의 여부를 판단해야 된다.

이와 같은 활동을 기초로 하여 클라이언트에 대한 서비스를 계약하여 개입하든지 아니면 종결시키든지, 또는 다른 기관으로 의뢰하든지 또는 계속하여 다음 단계의 원조과정을 시도하든지가 결정되어야 한다.

3) 접수 시 고려사항

클라이언트는 첫 만남에서의 느낌과 감정으로 다시 방문할 것인지의 여부를 결정하기 때문에 접수는 앞으로 진행될 전문적 관계 형성을 주도할 중요한 계기가 된다.

따라서 사회복지사는 접수 시 짧은 만남의 시간동안 클라이언트와 긍정적 관계를 맺고 신뢰형성을 하는 기술이 필요하기에 어려움이 있다. 이 과정에서 사회복지사가 판단할 고려사항을 알아본다.

(1) 클라이언트가 가지는 두려움, 긴장감 혹은 양가감정을 완화시키고 특히 비자발적인 클라이언트가 동기를 가질 수 있도록 힘써야 한다.

(2) 클라이언트의 문제가 기관에서 다룰 수 있는 문제인지 판단하여 서비스 제공여부를 결정해야 한다. 만약 기관에서 다루기 적합하지 않은 문제일 경우에는 타 기관으로 의뢰한다.
(3) 클라이언트를 초기단계에서 판단을 하려고 하지 말고 선입견으로 판단이 되지 않도록 신중해야 한다. 이 때 클라이언트가 나의 가족 같은 관계로 생각하면 보다 적극적인 그리고 올바른 결정을 하게 될 것이다.
(4) 클라이언트를 유형화해서는 아니 된다. 즉 '비행', '부부폭력', '학습부진' 등의 문제유형에 따라 '이러한 클라이언트는 보통 …할 것이다'라는 식의 정형화는 아니된다.

모든 클라이언트를 개별화해서 본인이 가질 수 있는 다양한 성격과 양가감정 및 두려움을 이해하고 클라이언트가 정서적 안정을 가질 수 있도록 관계를 형성한다.

2. 접수 시의 과제

1) 문제 확인

문제 확인이란 클라이언트가 가지고 있는 문제에 대한 심층적인 분석이 아니라 현재 명백하게 드러나는 문제를 확인하는 것이다. 여기서의 문제란 클라이언트가 기관에 찾아와서 호소하는 어려움을 의미한다. 그 사람은 무엇에 상처받고 두려워하며 어떠한 욕구불만에 빠져 있는가, 그는 무엇을 변화시키고 싶어하며 무엇으로부터 도피하고 싶어하는가, 그의 눈으로 본 문제의 상세한 설명, 현재 문제의 원인과 결과, 문제의 범위, 문제의 명확화를 위한 사회복지사의 질문과 코멘트 등은 클라이언트가 자신의 문제를 객관적으로 판단하는 데 도움이 된다. 문제 확인의 목적은 닫힌 마음을 여는 일이며, 감정의 표현이나 수용에 의해서 관계의 유대를 확립하는 일 및 주관적 사고로 고립되어 있는 클라이언트와 사회복지사의 신뢰관계를 좋게 만든다.

2) 의뢰

의뢰(referral)란 클라이언트의 문제와 욕구를 기관에서 해결할 수 없을 경우 혹은 문제해결을 위해 적합한 기관이 있을 경우 타 기관으로 클라이언트를 안내하는 것이다.

클라이언트의 문제와 욕구를 확인해 본 결과 그 기관에서 문제를 해결할 수 없을 때, 다른 적합한 기관으로 클라이언트를 의뢰(referral)하게 된다. 대개 기관의 인력 부족, 문제해결을 위한 전문기술을 가진 인력의 부재, 클라이언트의 문제가 기관의 목적과 기능에 맞지 않을 때, 그 기관보다 다른 기관이 클라이언트의 문제해결에 더욱 적합하다고 판단될 때, 클라이언트의 문제에 우선적 책임을 지는 기관 등이 있을 때 의뢰하게 된다(Epstein, 1980).

의뢰할 경우에는 클라이언트가 가지고 있는 문제를 명확하게 규명하여 재확인하고 치료나 서비스가 부여될 수 있는 다른 기관으로 안내를 한다. 이때 클라이언트에게 수속절차, 필요한 자료, 약속시간 및 목적 또는 다른 기관을 찾아가는데 필요한 약도 등을 쉽게 이해할 수 있도록 준비한다.

적절한 의뢰를 하기 위해서는 사회복지사는 자신의 기관 및 다른 기관의 정책과 자원, 지역사회의 제반 자원에 대한 정보를 가지고 있어야 한다. 이를 통해 사회복지사는 클라이언트로 하여금 모든 가능한 서비스를 받을 기회를 제공하여야 한다. 그리고 사후 의뢰된 기관에서 클라이언트가 서비스를 잘 받고 있는지 의뢰에 따른 사후관리도 잊지 말아야 한다.

3) 관계형성

인간관계의 출발은 관계형성으로부터이다. 처음으로 기관에 찾아온 사람에게 그가 원하는 바 욕구가 무엇인가를 탐색하기 위해서 무엇보다도 클라이언트와의 친화관계(rapport)가 중요하다. 즉, 자유롭게 자기 문제를 말할 수 있는 관계를 조성해야 한다. 사회복지사와 클라이언트 사이에 상호 긍정적인 좋은 관계가 선행조건이기도 하다. 사회사업사전(The Social Work Dictionary)에 의하면 친화관계란 사회복지 초기면접에서 사회복지사와 클라이언트 사이에 상호이해와 일하는 관계를 허용하는 조화롭고, 일치하고, 감정이입(empathy)적인 상태를 의미한다(Barker, 1995).

친화관계란 클라이언트가 가지는 두려움을 없애고, 사회복지사를 신뢰하는 기반을 조성하여, 사회복지사가 진정으로 자신을 도우려는 사람임을 스스로 느끼면서 관계가 형성된다. 이러한 관계를 통해 클라이언트는 좀더 자신의 문제를 터놓고 이야기하면서 개입과정에 참여하고자 하는 강한 동기를 느끼게 만드는 과정이다..

그러나 관계형성이 쉬운 일은 아니다. 우선 비자발적인 클라이언트인 경우, 잘 협조하지 않고 사회복지사를 만나는 자체를 거부하고 간혹 이러한 상황에 대해 분노하며 처음부터 사회복지사에 대해 부정적인 감정을 가지고 대면하기에 관계형성이 어렵다. 이 경우 사회복지사는 클라이언트가 자발성을 보일 때까지 인내심을 가지고 기다려야 한다.

다시 말해서 사회복지사는 원조적 관계의 특성과 조건인 감정이입, 긍정적 고려, 개인적 온화함, 진실성을 갖추어야 클라이언트가 심리적으로 편안하여 사회복지사와 긍정적 관계를 형성하게 되는 것이다(김형태, 2000).

(1) 감정이입

감정이입(empathy)이란 감정의 공감인데 사회복지사가 클라이언트의 주관적 경험과 감정을 정확하게 인지하고 공유하는 능력이다. 따라서 감정이입은 클라이언트의 입장이 되는 것이며 클라이언트처럼 보고 느끼는 감정이다. 감정이입을 잘하는 사회복지사는 비록 자신에게는 비슷한 삶의 경험이 없었지만 클라이언트가 경험하고 있는 감정의 의미를 느낄 수 있는 것이다. 따라서 감정이입은 매우 중요하며 클라이언트에게 주의를 집중하고, 비언어적 단서에 민감하게 반응하고 클라이언트를 인정해 줌으로써 의사소통을 돕는 전달과정이다. 이와 같은 능동적인 과정은 정확한 감정이입을 위해 매 순간 필요한 접촉의 기회를 제공하고 클라이언트가 의사소통하는 것에 대한 사회복지사의 인지나 이해에서의 실수를 보완하고 관계를 증진시켜 줄 것이다(Fischer, 1978).

(2) 긍정적 고려

긍정적 고려(positive regard)란 모든 클라이언트는 인격적 존중과 존엄한 가치를 지니는 존재이며 외모나 행동, 환경에 관계없이 인간다운 대우를 받아야 한다는 신뢰관계를 의미한다. 이것은 사회복지사가 클라이언트의 파괴적인 행동까지도 수용하고 승인한다는 것이 아니고 클라이언트를 내재적 가치를 지닌 인격적 존재로 보아야 한다는 뜻이다. 클라이언트의 행동, 동기를 판단하기에 앞서 클라이언트의 사고, 감정, 행동을 비난하거나 용서하는 것을 피하는 능력. 즉 비심판적인 태도를 유지해야만 의사소통이 증진될 수 있다

(3) 개인적 온화함

개인적 온화함(personal warmth)이란 클라이언트가 생활하면서 편안해하고 안녕상태를 유지하며 자신이 인정받고, 이해되고 있다는 것을 사회복지사가 느끼도록 해 주는 것이다.

온화함이 부족하면 사회복지사의 말은 허공에 떠 있는 말로 신뢰감 형성이 어렵고 성의 없는 말로 들려서 치료 효과를 얻지 못하게 된다. 온화함은 말로 표현하기보다 미소, 부드러운 목소리, 격려의 웃음, 편안하고 관심 있는 자세, 눈의 접촉, 수용 그리고 개방성을 나타내는 비언어적 표현이다.

(4) 진실성

진실성(genuineness)이란 자기 자신과 같이 되는 것이며 가슴으로부터 말을 하는 것이다. 진실성이란 진정성과 유사한 용어로 가식이 없고,

방어적이지 않으며, 일치성 있고, 자발적인 것으로 이해하는 것이 바람직하다. 최소한의 믿음이 없는 사람과는 관계형성이 어렵고 감정이입이 된다거나 온화한 의사소통을 하기가 어렵다. 진실성이란 진정성과 완전 동의어는 아니다. 더욱 정직함과도 같을 수 없다. 그러므로 사회복지사는 자신을 모두 드러낼 필요는 없지만 나타나는 부분은 자기 자신의 솔직한 부분이어야 한다. 자기 기만적 생각에서 임기응변으로 나온 말이거나 학습되고 반복된 전문적 반응이어서는 안 된다. 이것은 사회복지사가 부정적이거나 방어적인 반응을 가져서는 안 된다는 것이 아니며, 이러한 반응을 가질 경우에 클라이언트에게 솔직하게 표현하되 비파괴적으로 표현하는 것이 진실성에서 주의해야 할 점이다.

(5) 클라이언트의 동기화

마음을 열지 못하고 관계형성이 어려운 사람들이 있다. 다시 말해서 비자발적인 클라이언트의 경우에는 변화하고자 하는 동기가 약하거나 삶의 의지가 없기에 원조 관계에 어려움이 있다. 협조도 하지 않고, 상황에 대해 적대심을 가지고 무조건 반응적으로 분노하며 사회복지사에게는 부정적 감정을 가지고 있다. 성공적인 원조활동의 필수적인 요소는 문제 확인이며 그리고 그 문제를 해결하기 위한 클라이언트의 자발적 동기가 필요하다. 원조활동의 성공은 변화에 대한 클라이언트의 동기에 달려 있으므로 클라이언트를 변화과정에 적극적으로 참여시키기 위하여 클라이언트를 동기화(enhancing motivation)시키는 것이 초기단계의 주요과제이다. 비자발적 클라이언트에 대한 원조 서비스를 제공하는 경우에는 이들이 사회복지사를 만나기를 꺼려한다. 예를 들면 아동학대자, 교정처우보호를 받는 사람들, 성 폭행자, 아내 및 남편 구타 등의 사회적 문제에 관여된 개인이나 가족들이다. 이러한 클라이언트에게 변화에 대한 노력을 기대하기 어렵지만 동기부여를 통한 사회복지사와 클라이언트 사이의 상호작용으로 성공적인 사례도 많다.

다음은 비자발적 클라이언트인 경우에 필요한 사회복지사의 행동지

침들이다

① 비자발적 클라이언트들은 자발적으로 사회복지사를 찾아온 것이 아니다. 따라서 원조관계를 긍정적으로 받아들이도록 무리하게 강요하지 말고 이것을 인정하자.

② 서비스에 대한 저항의 문제를 그대로 인정한다.

③ 클라이언트의 부정적인 감정을 표현토록 유도한다. 예를 들면 "나를 만나는 것을 무척 부담스러워 하는군요. 지금 당신 기분이 어떤지 말해 주세요."라고 말을 하면 클라이언트는 솔직하게 자기기분을 표현할 수 있다.

④ 비자발적 클라이언트가 원하는 것을 어느 정도 해결해 줄 수 있는지를 생각해 본다. 클라이언트에게 필요한 구체적인 서비스를 제공해 주면 관계형성이 시작될 수도 있다.

⑤ 희망을 갖게 하고 용기를 준다. 이것을 위해 사회복지사가 노력하고 긍정적인 결과에 대해 미리 알려 주는 것도 한가지 방법이다.

⑥ 비자발적 클라이언트에게서 신뢰감이 즉시 형성될 것이라는 사회복지사의 기대는 무리이다. 점진적인 관계형성을 통해 클라이언트의 신뢰감이 쌓이기에 인내로서 기다린다.

3. 접수 양식

접수내용을 기록하는 양식을 초기면접(intake sheet)이라 한다. 기관에 따라서는 클라이언트가 주어진 양식에 맞추어 빈칸에 기록한다. 그러나 사회복지사가 접수 면담을 한 후 기록하는 것이 통상 관례이다.

그러므로 클라이언트의 인구사회학적 배경, 도움을 요청하는 핵심과제 및 문제의 성격, 서비스 대상자와 관련된 경제적·사회적·가족적 상황 그리고 기타사항으로 타 기관으로부터 받은 서비스가 있었는가에 대한 정보가 필요하다.

접수의 목적이 클라이언트의 문제가 무엇인지 그리고 그 문제를 기관에서 도와줄 수 있는지 타 기관에 의뢰해야 하는지를 의사결정하기 위한 과정이기에 이때 필요한 정보에 따라 다음과 같이 분류한다.

1) 기본정보

클라이언트의 기본정보는 일반적인 사항으로 이름, 성별 나이, 학력, 결혼 및 가족관계, 주소, 전화번호, 종교, 직업, 월 소득 등이다.

2) 주요문제

(1) 기관에 오게 된 동기, 기관에 도움을 요청하게 된 문제가 무엇인지를 파악한다.
(2) 문제로 인하여 어떤 점들이 견디기 어렵고 가장 힘든지를 개괄적인 파악한다.
(3) 기관에서 도와주고 해결해야 할 문제가 무엇인지를 구체적으로 파악한다.
(4) 문제의 발생 및 지속적인 지원 과정과 적용할 프로그램을 파악해야 한다.
(5) 지금까지 문제를 해결을 위해 어떤 서비스를 제공받았는지를 체크한다.

3) 기관에 오게 된 동기

기관에 오게 된 동기를 파악하고 문제해결 방안을 모색해 본다. 즉, 기관을 누구로부터 소개받았는지 또는 광고를 보고 왔는지 아니면 다른 기관으로부터 의뢰되어 왔는지 등이다. 자발적이냐 비자발적이냐 또는 소개와 홍보를 이용했는지가 개입활동의 영향을 준다.

4) 의뢰이유

의뢰 사유이다. 클라이언트가 스스로 왔는지 아니면 가족이나 다른 기관에서 의뢰되어 왔는지 그렇다면 의뢰된 이유는 무엇인지 등을 파악한다. 이것이 클라이언트를 이해하는 접근의 단초이기에 처음인지,

치료중에 의뢰되었는지를 파악한다.

5) 이전의 경험

이 기관을 방문하기 전에 사회복지서비스를 받은 경험 여부이다. 이전에 현재 이 문제나 다른 문제로 사회복지기관을 방문한 경험이 있는지, 만약 있다면 어떤 기관으로부터 어떠한 서비스를 받았는지 등을 파악한다.

제 2 절 자료수집 및 사정

1. 자료수집

자료수집 및 사정이란 클라이언트와의 관계형성이 이루어진 후에 클라이언트의 문제를 이해하고 분석하여 해결하는 데 필요한 자료를 수집 관찰하여 이것을 기초로 해석하고 추론하는 과정을 의미한다. 이 과정은 문제해결을 위한 필수 불가결한 것이다. 자료수집과 사정은 원조과정 전체를 통해 계속적으로 보완되는 활동이지만 이 단계에서 가장 집중적으로 이루어지며, 대개 자료수집과 사정은 동일시간에 이루어지나 동일한 개념은 아니다.

자료 수집은 정보를 수집하는 것이고 사정은 자료를 분석하고 해석하며 자료로부터 추론하는 전문적 실천기술 활동이다. 사정이란 사회복지사의 전문적 실천기술로 실무경험, 가치, 이론적 정향 등 사회복지 이론과 실제를 근거하여 통합 활동으로 이루어진다. 즉, 사정이란 클라이언트의 문제와 상황을 이해하여 이로 인하여 개입을 위한 계획에 연결시키는 것으로, 클라이언트의 문제가 무엇인지 이해하고 문제의 원인을 규명하여 이것을 해결하거나 감소시킬 수 있는 방법에 대해 전문적 판단을 하는 것이다(Kirst-Ashman & Hull, 1993).

1) 자료수집의 내용

(1) 현재 상황

클라이언트의 현재의 상황과 클라이언트가 기관을 방문하기 이전까지 어떻게 해 왔으며 그리고 기관과 사회복지사에게 무엇을 원하는지를 이해하는 과정이다. 이와 같은 사실에 관한 충분한 자료를 활용하기 위하여 다음과 같은 내용이 필요하다.

① 문제의 직접적인 요인과 상황을 파악한다.

② 클라이언트가 과거에는 이 문제를 어떻게 대처하고 있었는가?

③ 문제에 관련되어 있는 중요한 단서들에 대한 정보이다

④ 클라이언트가 환경 속에서 어떤 영향을 받고 있고 주었는지에 관한 것이다.

⑤ 사회적 · 경제적 · 심리적인 제 요인이 클라이언트나 가족에 대하여 영향을 주는 요인을 파악한다.

(2) 생활력

인간의 생활은 삶의 과정이고 삶 자체가 개인의 역사이다. 개인의 역사성은 연결이 없는 단편적인 사건이 아니고 연속적인 흐름이므로 생활력은 사례를 이해하는 데 매우 중요하다.

① 개인력이다. 클라이언트가 살아온 역사로 유아기, 학령기, 청소년기, 성인기, 노인기 등 인간의 생활 주기에 따른 인간관계, 생활사건, 클라이언트의 감정 등이 포함된다.

② 가족력으로 가족상황과 가족관계, 현재의 가족구성, 동거여부 등이다.

③ 클라이언트의 생활 속에서의 기능이다. 즉 지적 · 정서적 · 행동적 · 신체적 기능은 조화를 이루고 대인관계, 업무능력, 문제해결능력은 어떠한지 알아본다.

④ 클라이언트의 자원이다. 생활 속에서 현재 이용하고 있는 활용 가능한 자원과 서비스는 무엇이고 현재 활동하고 있는 자원이 무엇

인지를 조사한다.

⑤ 클라이언트의 한계, 강점과 장점 그리고 동기이다. 문제를 해결하는 데 클라이언트의 한계는 무엇이며 극복은 가능한 것인지, 그의 장점 그리고 문제를 해결하려는 동기부여가 되어 있는지 등 그를 둘러싼 환경 여건, 장점, 동기 등도 조사해 본다.

2) 자료수집

(1) 자료수집 출처

자료수집의 정보원은 매우 다양하다. 이 가운데 웹워스와 라슨(Hepworth & Lasen)과 재스트로(Zastrow)의 자료의 출처 방법을 살펴보고자 한다.

① 클라이언트의 자신에게서 얻는 자료이다.

이것은 클라이언트의 이야기 및 클라이언트가 보이는 태도나 반응 등에서 사회복지사가 관찰로 얻는 것이다.

클라이언트의 이야기는 주요한 정보원이며 경우에 따라서는 유일한 것이기도 하다. 클라이언트의 문제, 그의 감정, 문제를 해결하기 위한 개인적 자원, 문제해결 노력, 문제의 역사, 원인 등에 대한 의견 등이다. 그리고 이야기 뒤에 있는 비언어적 행동, 즉 얼굴표정, 손동작, 목소리 톤 등에서 클라이언트의 감정과 사고가 더 정확하게 전달될 수 있다.

② 클라이언트가 작성한 양식이다.

초기 접촉 시에 작성하는 가정환경서나 인테이크시트 등에 이름, 성별, 나이, 직업, 주소나 전화번호, 학력, 종교, 주요문제, 가족구성원 등을 작성한다. 이것이 클라이언트를 이해하는 중요한 정보원이 되기도 한다.

③ 부수적인 정보이다.

가족, 이웃, 친구, 친척, 다른 기관, 사업주, 학교 등으로부터의 정보를 말한다. 이것들은 클라이언트로부터 얻지 못한 소중한 정보를 제공하기도 한다. 사회복지사는 이와 같은 정보를 얻기 위해 정보의 정확한 소재지를 파악하여야 하며, 부수적인 정보를 얻을 경우 사전에 클라이언트의 동의를 얻어야 한다. 부수적인 정보를 얻을 경우 서로 상반된 정보를 얻을 수가 있다. 자녀에 대한 문제에 대해 어머니와 아버지의 상반된 진술은 관점의 차이에서 올 수가 있다. 따라서 사회복지사는 각 정보의 정보제공자의 신뢰도에 주의를 기울여야 하며 어떤 인간관계에서 이와 같은 관점에 차이가 있는가에도 주의를 기울여야 한다.

④ 심리검사이다.

전문가에게서 받은 성격 및 지능검사에 대한 정보이다. 이와 같은 검사는 클라이언트가 자기보고식의 응답의 결과를 전문가가 해석한 것이므로 매우 중요하다. 현재 임상 사회복지사가 활용하는 검사로는 자아존중감, MMPI, 간이정신진단검사, 사회성숙도, 자아개념검사 등이 있다.

⑤ 중요한 타자와의 상호작용 및 가정방문이다.

사회복지사는 클라이언트와 그의 삶에 중요한 타자와의 상호작용을 관찰하는 것에서도 많은 정보를 얻을 수 있다. 가정방문의 경우 일상적인 생활 속에서 클라이언트의 행동과 상호작용을 볼 수 있으므로 환경이 그에게 미친 영향을 보다 더 이해하기가 쉽다. 가족 이외의 가까운 타자들과의 상호작용을 관찰하는 것도 좋은 정보원이 된다.

⑥ 클라이언트에 대한 사회복지사의 개인적 경험이다.

클라이언트가 사회복지사와 상호작용하는 패턴은 그가 다른 사람과 어떻게 상호작용하는지를 보여주는 것이다. 즉 클라이언트가 사회복지사에게 수동적이거나 공격적 혹은 의존적인 경우, 다른 사람에게도 그럴 것이라는 예측을 하게 되고 그러한 상호작용 속에서 느끼는 사회복지사의 많은 경험이 필요하다.

⑦ 클라이언트의 비언어적 행동

클라이언트의 언어적 표현 못지않게 중요한 것이 비언어적 행동이다. 여기에는 바디랭귀지, 제스처, 얼굴표정, 손동작, 목소리 높이 등이 해당된다. 이러한 비언어적 표현을 통해 클라이언트의 감정과 사고가 더 정확하게 파악되는 경우도 있다. 경험이 많아지면 사회복지사는 자기도 모르게 비언어적 표현의 의미를 알게 되는 능력을 갖게 된다.

3) 자료수집에 포함될 요소

자료수집의 목적은 문제를 이해, 분석하여 해석하고 개입을 계획하기 위한 것으로 접수 시 문제를 확인하여 서비스를 제공할 것인지를 결정하기 위한 정보수집과는 다르다. 따라서 필요한 정보의 내용 역시 목적에 따라 다른 내용일 수밖에 없다. 사정을 위한 자료수집에는 다음과 같은 내용이 포함된다.

(1) 접수 시 클라이언트에 대한 기초정보이다.
(2) 문제에 대한 깊이 있는 정보이다.
(3) 개인력이다.
(4) 가족력이다.
(5) 클라이언트의 기능이다.
(6) 클라이언트의 자원이다.
(7) 클라이언트의 한계, 장점, 동기이다.

2. 사정

사정(assessment)이란 클라이언트의 관심과 상황을 이해하고 이것을 기반으로 활동계획을 개발하기 위한 활동이다. 즉. 클라이언트의 문제가 무엇인지, 어떤 원인으로 발생했는지, 그 문제를 해결하거나 감소시키기 위하여 무엇이 변화되어야 하는지에 대한 방법을 알아가는 과정이다.

사회복지실천 초기에는 사정(assessment) 대신 진단(diagnosis)이라는 용어를 사용하였다. 진단이라는 용어는 리치몬드 여사가 1917년 개별사회사업에서 처음 사용하였으나 의학적인 의미가 강하다는 비판을 받고 있는 가운데 1970년 바틀렛(Harriett Bartlett)에 의해 사정이라는 용어를 사용하였다(NASW. 1995).

한편 핀커스와 미나한은 사정의 내용으로 문제의 규정과 서술, 사회적 상황의 역학분석, 목표와 표적의 설정과업과 전략의 결정, 변화 노력의 안정화를 강조하였다(문인숙 외, 1998).

사회복지실천과정에서는 '무엇이 잘못되었는가'에 초점을 두는 것이 아니라 그들의 자원, 동기, 장점, 능력들을 모두 보기 때문에 '진단'보다는 '사정'이라는 용어를 더 많이 사용하고 이에 많은 학자와 실무자들이 동의하고 있다(Zastrow, 1995).

1) 사정의 특성

사정은 자료를 수집하여 분석하고 종합하는 과정으로 개입과정 전체의 가장 핵심적인 부분이다. 여기서는 주어진 자료들을 연결하여 무엇이 문제인지 판단하여 그에 대한 진행계획을 세우게 된다. 사회복지사는 사정을 통해 2단계인 목표설정과 계약을 맺는다.

존슨(Johnson, 1989)은 사정의 특징을 다음과 같이 10가지로 보았다.

① 사정은 지속적인 과정이다.

사정은 원조과정 전체를 통해 계속되는 활동이다. 클라이언트와의 초기 접촉에서 가장 많은 정보가 발견되기도 하자만 돕는 과정 내내 새로운 정보가 발견되기도 하여, 정보에 대한 이해가 심화되는 사정은 계속 진행되는 작업이다.

② 사정은 이중 초점을 가진다.

클라이언트를 사회·환경적인 맥락에서 이해하는 데 강조점을 두는 사회복지의 독특한 과정이다. 이중적 관점은 이 개념을 활성화시킨 것이다.

③ 사정은 클라이언트와 사회복지사의 상호과정이다.

사정을 하기 위해서는 자료 수집을 해야 한다. 자료 수집은 클라이언트와 사회복지사와의 상호작용 과정에서 이루어진다.

④ 사정에는 사고 전개과정이 있다.

사정은 원조과정 전체를 통해 필요한 정보를 수집하고, 그 정보를 근거로 클라이언트의 상황을 이해하며, 이것을 전체적인 과정에서 통합하여 사고하는 전개과정이 있다.

⑤ 수직적 · 수평적 탐색 모두가 중요하다.

초기 과정에서는 현재의 관계, 능력, 기능 등의 수평적 정보를 중심으로 클라이언트의 욕구를 발견하고, 원조과정이 진행됨에 따라 수직적 탐색으로 문제해결에 필요한 정보를 수집한다. 사회복지사는 상황과 필요에 따라 수평적 · 수직적 탐색을 적절히 사용하는 기술을 갖추고 있어야 한다.

⑥ 클라이언트를 이해하는 데 지식적 근거가 필요하다.

사정을 위한 클라이언트의 상황을 이해하기 위해서는 전문적 지식이 필요하다. 인간 행동에 대한 이해, 인간의 다양성, 가족관계, 집단 및 지역사회, 정책 등 사례에 따른 개별적인 지식이 필요하기도 하다.

⑦ 사정은 생활 상황 가운데서 욕구를 발견하고 문제를 정의하며 그 의미와 유형을 설명한다.

즉, 사정은 욕구를 발견하고 욕구만족을 방해하는 것이 무엇인지를 생활 상황과 관련시켜 명확히 하는 과정이다.

⑧ 사정은 개별적이다.

인간의 삶 속에서 상황이 같다는 것은 불가능하다. 그러므로 사정은 각 클라이언트의 독특한 상황과 관련되어 있으므로 개별적이다.

⑨ 판단이 중요하다.

사정은 여러 가지를 결정해야 한다. 어떤 문제에 어떤 가설을 세워야 하는지, 어떤 부분을 고려해야 되는지, 어떻게 문제를 정의할 것인지 등의 결정을 해야 된다. 이런 결정들은 사정의 내용과 해석에 많은 영향을 미친다.

⑩ 클라이언트를 완전히 이해한다는 것은 불가능하다.

어떤 사정도 완전할 수 없다. 어떤 상황에 대한 완전한 이해도 불가능하다. 또한 완전한 이해란 바람직하지 않으므로 클라이언트를 완전히 이해하는 데는 한계성이 존재한다.

2) 사정의 내용

(1) 욕구와 문제의 발견

욕구와 문제를 발견하는 것은 기초적인 단계이다. 클라이언트와의 최초의 접촉에서 클라이언트가 제시한 문제(presenting problem)가 핵심 화두이다.

이 문제는 클라이언트가 가장 시급하게 느끼고 있는 현실적인 해결 과제이며 이것으로 인해 원조를 요청했기 때문에 제시된 문제는 사회복지사가 좀더 깊이 탐색해야 할 영역이 무엇인지를 예시하고 있음을 인지해야 한다.

(2) 정보의 발견

브라운과 레빗(Brown & Levitt)은 사정이 정보를 수집하는 유용한 지침으로 다음의 질문을 제시하였다(Brown & Levitt, 1979).

① 문제체계에 관여된 사람은 누구인가에 대한 질문이다.

'문제체계에 관련된 사람이 누구인가?'라는 질문의 답은 클라이언트가 제시한 문제에서 찾을 수 있다. 예를 들어 청소년이 가장 친한 친구와의 갈등 때문에 학교에 가지 않는다고 하는 문제에 관련된 사람은 친한 친구이다. 그러나 자세히 탐색해 보면 그 친구와의 갈등이 선생님의 편애와 또 다른 친구로 확대된다. 이와 같이 처음에 제시된 문제에 따라 문제에 관여된 주요 인물들은 쉽게 나타나지만 사례가 진행되면 문제의 범위는 클라이언트의 문제에 관여된 개인, 집단 또는 조직으로 점차 확대되기도 한다.

② 참여자들이 어떻게 관여하고 있는가에 대한 질문이다.

참여자들의 관여에 대한 질문은 문제체계에 관련된 사람들이 어떻게 상호작용하며 문제가 발생했나 하는 것에 관한 것이다. 다시 말해서 문제행동의 발생 전, 발생되는 동안, 발생 후에 관련된 참여자들이 각각 어떻게 행동하였고, 이것이 서로에게 어떤 영향을 주어 문제행동이 발생하였는가 하는 것이다.

③ 클라이언트가 문제에 어떤 의미를 부여하고 있는가에 대한 질문이다.

문제에 대한 클라이언트의 지각과 개념이 행동을 동기화한다. 예를 들면 알코올중독자인 남편은 기분이 안 좋을 때마다 술을 마신다. 그가 술을 먹는 이유는 과음을 하면 잠을 잘 수 있으므로 술을 마신다고 한다. 이 사람은 알코올중독을 가정의 평화를 위한 것이라고 의미를 부여한다. 이와 같이 문제행동에 의미부여는 그 행동을 한 동기를 이해하게 하며 또한 변화가 되지 않는 이유를 알게 된다. 가정의 평화를 위한 음주는 중단할 수 없는 것이기 때문이다. 경우에 따라서는 클라이언트가 문제행동에 의미를 부여하는 것 그 자체가 변화의 표적이 될 수 있다.

하비츠(Hurvith, 1975)는 변화를 방해하는 전형적인 의미부여 형태를 9가지로 보았다. 각각의 형태에 대한 예는 다음과 같다.

- 사이비 과학적 설명: '요즘 바이오리듬 상 우리가 서로 맞지 않는 것 같다', '그 행동은 유전인 것 같다' 등
- 심리적 낙인: '우리 어머니가 편집증이므로 별 수 없이 거짓말을 할 수밖에 없다', '그녀는 과잉행동을 보이는 것이다' 등
- 다른 사람에게 변화의 능력이나 동기가 없다는 믿음: '그녀가 변할 리 없다', '그는 내가 이혼을 요구하게끔 자꾸 나를 자극하는 것이다' 등
- 변화될 수 없는 외적 요인: '아버지만 살아 계셨다면… ' 등
- 변화될 수 없는 내적 속성에 잘못된 믿음: '나는 원래 성적 욕구가 없는 사람이다', '난 원래 재수 없는 사람이다' 등

- 무력함에 대한 비현실적인 감정: '난 아니라 해도 그녀를 따라갈 수 없어', '난 아무것도 할 수 없어 그냥 그의 처분만을 기다릴 뿐이야' 등
- 고정된 철학적, 종교적 원칙: '낙태는 죄악이기 때문에 어쩔 수 없이 낳을 수밖에 없어' 등
- 인간본질에 대한 가정을 주장: '그 나이의 아이들은 다 그래', '여자의 행복이란 시집을 잘 가는데 있어' 등
- 문제에 관련된 다른 사람의 한계점을 주장: '그 사람은 너무 둔해서 내 감정을 이해하지 못한다', '그녀가 너무 멍청한 것 같다' 등

④ 문제행동이 어디서 일어나는가에 대한질문이다.

문제행동의 원인에 대한 질문은 문제행동을 야기한 상황적 요인을 발견 하는데 도움이 된다. 학교에서 과잉행동을 보이는 아이가 집에서는 이런 행동을 하지 않는다면 집과 환경적 차이에서 과잉행동을 유발하는 요인을 발견할 수 있는 것이다. 즉 집에서는 부모의 관심 하에 있지만 학교에서는 선생님의 관심이 분산되어 있으므로 선생님의 관심을 끌기 위한 행동일 수 있다. 이와 같이 문제행동을 보이지 않는 장소와 보이는 장소의 차이를 통해 문제행동이 야기되는 요인을 밝힐 수가 있다.

⑤ 문제행동이 언제 일어나는가에 대한 질문이다.

문제행동이 일어나는 시간에 따라서 문제행동을 촉발시키는 요인을 발견할 수 있다. 공포반응이 있는 청소년이 엄마와 함께 있을 때 더욱 심각한 공포반응이 일어난다. 문제행동이 일어나는 시기와 줄어드는 시기와의 차이를 통해 문제행동의 촉진요인을 발견할 수 있다. 이와 같은 상황에서는 이 요인에 관련된 사람의 행동을 관찰함으로써 인과관계를 밝힐 수 있다.

⑥ 문제행동의 빈도는 어느 정도인가에 대한 질문이다.

문제행동이 일어나는 빈도를 알아내는 것은 문제행동이 클라이언트의 생활에 얼마나 많은 영향을 미치는지에 관한 이해를 도와준다. 어떤

사람은 종종 분노와 적개심이 일어나 고통을 받고 있는데 어떤 클라이언트는 거의 매일 분노와 적개심이 일어나 가까이에 있는 가족이나 친지들과의 언쟁 및 폭력사태에 시달린다. 이와 같이 문제 상황의 빈도가 잦은 경우에 가족과 친지들에게 많은 피해를 줄 수 있으므로 이런 질문을 통해 문제행동의 심각성을 알 수 있다.

⑦ 문제행동이 시작된 시점의 질문이다.

문제행동이 시작된 시점을 안다는 것은 그 문제행동의 역사를 알아보는 것이다. 즉 처음으로 문제행동이 발생한 시기는 언제이며, 어떤 과정을 거쳐 현재까지 진행되었는가를 알게 되는 것이다. 제일 처음 문제행동이 발생했던 상황에 대한 탐색은 문제행동의 초기 유발사건을 알아내는 데 중요한 단서가 된다.

⑧ 문제와 관련하여 불만족한 욕구는 무엇인가에 대한 질문이다.

여기에 대한 질문은 사회복지사의 공감과 직관력으로 발견해야 된다. 클라이언트는 자신의 통찰력 결여로 피상적으로 이야기하게 된다. 성격차이로 항상 갈등관계에 있는 부부의 경우 좀더 깊이 탐색하여 보면 그 부부는 서로에 대한 의존적 욕구로 인해 의존성을 만족하지 못해 갈등으로 표현되는 것을 발견하게 된다. 이러한 불만족한 욕구는 두 부부기 해결해야 될 목표가 된다. 이와 같은 치료의 목표는 그들의 욕구에 초점을 두는 것이므로 클라이언트의 변화 동기를 자극할 수 있다. 인간의 욕구(need)란 개인이나 사회체계가 현존하는 상황에서 합리적으로 기능하는 데 필요한 것이다. 이것은 갖고 싶은 것에 대한 필요가 아니고 발달에 필요한 것을 뜻한다.

⑨ 문제에 대한 클라이언트의 정서적 반응에 관한 질문이다.

클라이언트가 문제에 대하여 정서적으로 어떤 반응을 하고 있는가에 대한 질문은 클라이언트의 감정의 정도에 따라 문제가 악화되기도 하고 이러한 감정이 문제 행동을 일으키는 요인이 되어 문제행동 뒤에 가려지기도 하므로 중요하다. 불안이 심한 어머니는 딸의 늦은 귀가에 교통사고를 상상하며 불안이 최고도에 달한다. 딸이 들어오자마자 소리를 지르며 난리를 친다. 이러한 문제로 딸은 어머니와 갈등관계 있게 되어 가출을 하게 된다.

⑩ 클라이언트가 이전에 문제에 어떻게 대처해 왔으며, 이것을 해결하기 위해 어떤 기술을 사용해 왔는지에 관한 질문이다.

이와 같은 질문은 지금까지 클라이언트가 스트레스에 대처했던 수준과 그의 문제해결 및 대처기술방법을 파악하는데 도움이 된다. 그리고 과거에 이와 유사한 어려움에는 어떻게 대처해 왔으며 지금은 무엇 때문에 이전과 같이 대처하지 못했는가에 대한 실마리를 제공해 준다.

⑪ 클라이언트의 장점과 기술에 관한 질문이다.

이 질문은 클라이언트의 문제를 해결하는데 활용 가능한 자원이 무엇인지를 알게 해 주고 클라이언트의 장점과 잠재력을 최대한 발휘하여 클라이언트가 문제를 해결하기 위한 에너지를 얻고, 자기 자신에 대한 부정적인 평가에서 벗어나도록 도와준다(박미은, 1996).

⑫ 필요한 외적 자원이 무엇인가에 대한 질문이다.

사회복지사는 클라이언트에게 필요한 외적 자원을 알아내어, 클라이언트가 필요한 자원을 얻을 수 있는 자격과 과정에 대한 정보를 제공하여, 자원과 클라이언트를 연결해 주는 중재자, 사례관리자, 조정자 또는 옹호자의 역할을 할 수 있다.

(3) 문제형성

문제형성(formulation of problem)이란 이제까지 얻은 정보를 분석하여 사회복지사가 전문적인 시각에서 문제를 판단하는 것이다. 즉, 클라이언트가 호소하는 문제와 욕구 그리고 욕구충족을 방해하는 요인들이 무엇인가를 탐색하여 문제의 정의를 내리는 것이다. 이와 같은 과정을 통해 목표달성과 개입계획을 세우게 되는 것이다. 문제형성을 하기 위해서는 무엇보다 도 충족되지 못한 욕구가 어떤 것인가를 발견해야 하고, 어떤 요인들이 클라이언트의 욕구충족을 방해하였는지를 고려해야 한다.

충족되지 못한 욕구를 구체적으로 밝혀내는 것이 문제형성에서 가장 중요하다. 다시 말해서 클라이언트가 제시한 문제를 충족되지 않은 욕구와 결핍(wants)으로 바꾸어 재 진술해야 클라이언트를 도와주기가 쉽다(Hepworth & Larsen, 1995).

욕구의 의미는 인간이나 사회체계가 현존하는 상황에서 합리적인 기대에 알맞게 기능하는데 필요한 것이며 이것들에는 기본적인 자원, 심리사회적 발달욕구, 인간관계상의 욕구, 적절한 역할수행상의 욕구들이 포함된다. 결핍이란 욕구와는 구별되는 것으로 행동을 유발하는 강한 욕망으로 만족과 안녕을 증대시키기 위한 것이며, 이러한 결핍은 반드시 충족되어야만 하는 것은 아니다. 그러므로 결핍보다는 욕구가 인간 생존에 더 기본적인 것임을 나타내고 있다

3) 사례관리 측면에서 사정

사례관리에서의 사정은 클라이언트의 주위환경을 포함한 그의 상황을 이해하고 집중적이고도 체계적인 과정이다. 사정은 세 가지 측면에서 매우 유용한데, 서비스의 적격성 여부 결정, 클라이언트의 욕구, 능력 및 잠재적인 자원의 확인, 클라이언트의 진행과정을 평가하는 방법을 구체화하기 등이다.

(1) 욕구 및 문제사정

사정은 다음과 같은 분야에 대해서 구체적으로 작업해야 한다. 클라이언트가 해결해야 하는 문제들, 클라이언트가 문제를 해결하는데 있어서 유영하게 발견할 수 있는 자원들, 클라이언트가 자원을 활용하는데 있어서 장애물들, 클라이언트들이 스스로 문제를 구체화할 수 있거나, 당신이 관찰을 통하여 문제 목록을 쉽게 개발할 수 있다.

문제에 대한 정확한 사정은 사례관리의 목적 달성에 중요하고 사례관리자는 클라이언트와 함께 욕구 및 문제목록을 만들고 이 중 우선순위를 정하는 작업을 해야 한다. 욕구 및 문제에 대한 정확한 사정은 사

례관리의 출발이 되며 개입의 근거를 제시하는 것이다.

(2) 자원사정

중요한 문제들을 구체화한 이후에는 그 문제를 해결하는데 도움이 되는 비공식적・공식적인 자원을 클라이언트와 함께 사정해야 한다. 이때 자원을 구체화하는 작업은 매우 중요한데 자원목록을 활용하면 효율적이다. 자원이란 우리가 삶을 지탱하고 성장과 발달을 계속하기 위해서 필요한 재화나 서비스를 제공하는 사람들 혹은 사회기관들을 말한다. 따라서 자원은 내부자원과 외부자원으로 구분될 수 있다. 또한 자원과의 상호작용에 관한 정확한 사정작업은 매우 중요하다. 자원의 사정은 생태도 등을 활용하여 체계적으로 접근하여야 하며, 전체적으로 포괄적인 시각을 가지고 생태학적 관점에 기초를 두는 것이 바람직하다. 내적자원으로 개인과 가족자원이 외적자원에는 공식적, 비공식적 자원이 있다.

- 가족들 : 감정이입의 능력이나 마음의 지지, 그리고 분명한 의사소통 능력으로 나타난다. 중요한 내적 자원은 가족들의 욕구이다.
- 개인 : 인간의 내적 자원들은 출생부터 존재하는데 지능, 강인한 육체, 건강정도 등이다.
- 외적자원 : 외부자원은 공식, 비공식 성격을 띤다.

공식자원은 기관이나 전문가에 의해서 자금조달 혹은 서비스를 위한 요금보조로 제공된다. 이러한 자원들은 클라이언트에게 직접 원조를 한다든지, 의료 교육, 음식제공, 피난처 마련, 숙소제공 등으로 나타난다. 또한 지정 병원을 알선한다든지, 가능한 훈련 프로그램을 지정해 주는 식으로 직접 서비스를 제공한다.

비공식적 자원의 범위는 친척, 친구, 이웃, 일반 봉사자 외에 종교집단 등이 포함되며 비공식적 자원 특징은 규제가 거의 없으므로 개인의 욕구에 접하는 것이 공식적 자원보다 더 자발적이고 융통성이 있어서 큰 어려움이 없다.

3. 사정의 도구

1) 가계도

사정에 유용한 도구로는 가계도(genogram), 생태도(eco-map), 소시오그램(socio-gram)이 있다. 가계도는 2-3세대의 가족관계를 도표로 작성하여 현재 제시된 문제의 원인을 규명하는 것으로 사회복지사와 클라이언트가 함께 작성하는 것이다(Zastrow, 1995).

〈그림 4-1〉 가계도

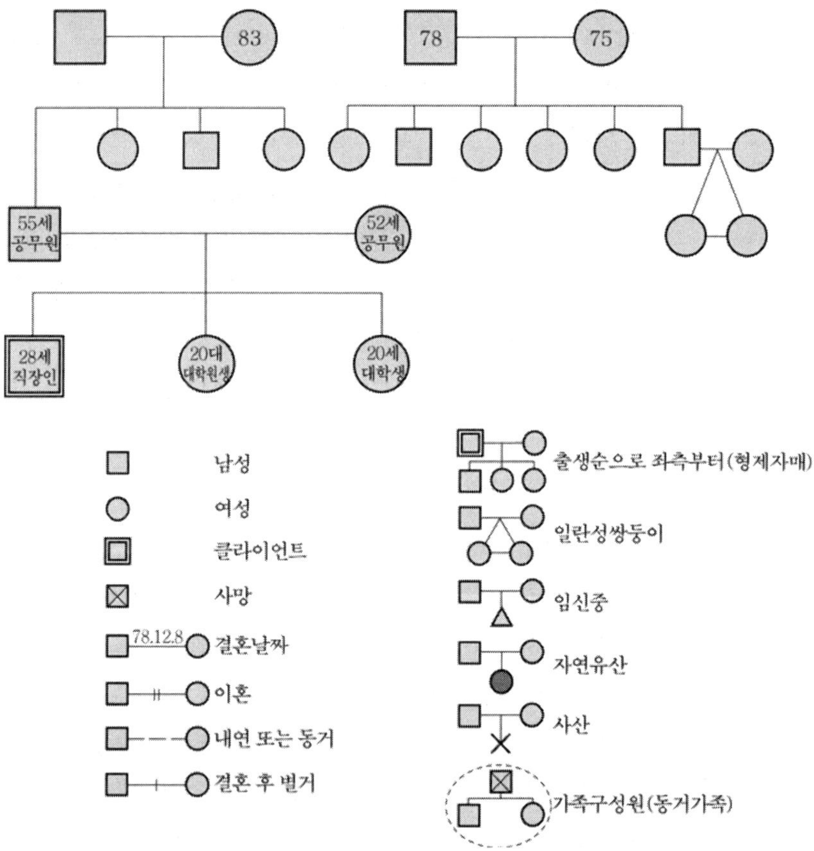

가계도는 각 가족구성원의 한 세대에서 다음 세대까지 생물학적 · 법적 · 정서적 관련성을 도표로 묘사하는 것으로 가족들 스스로 세대 간 반복되는 관계 유형을 찾고, 이에 대한 통찰을 하는데 매우 중요한 도구가 가계도이다(김유순 · 이영분, 1992, 박귀영 2012 재인용).

2) 생태도

생태도(ecomap)는 클라이언트의 상황에서 의미 있는 관계와 체계들을 그림으로 나타내어 특정 문제와 이에 대한 개입을 계획하는 데 중요한 도구로. 가계도와 마찬가지로 사회복지사와 클라이언트가 함께 그리는 것이다(Zastrow, 1995). 생태도는 가족들과 다른 체계들과의 관계를 선으로 표시한 것으로 클라이언트를 생태학적 관점에서 이해하는데 도움을 준다(박귀영, 2012, 사회복지현장실습 재인용).

〈그림 4-2〉 생태도

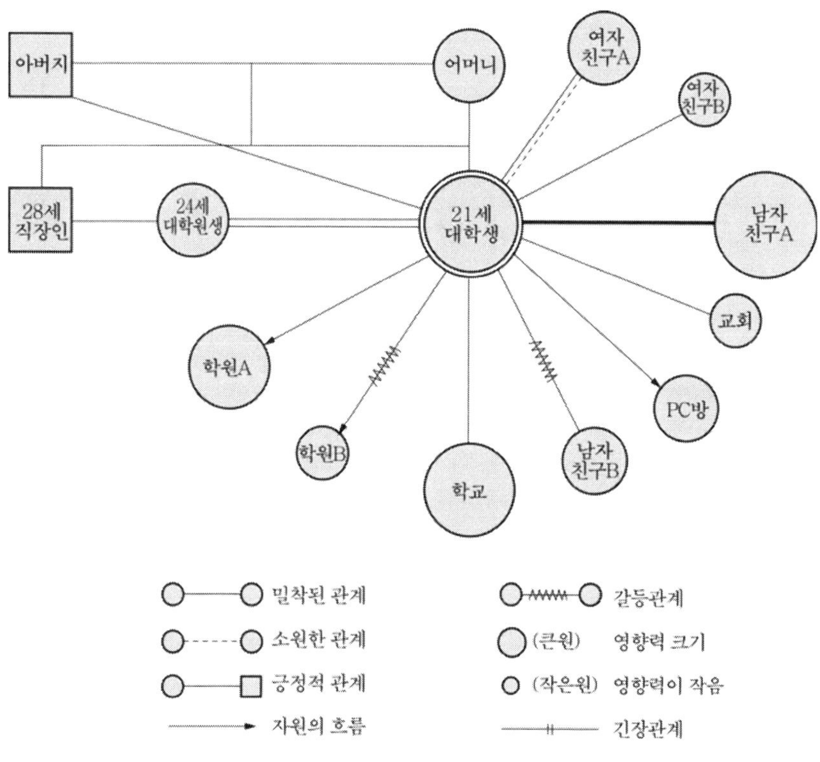

3) 소시오그램

소시오그램(socio-gram)이란 집단과 일하는 사회복지사가 집단 내의 소외 자, 하위집단, 연합 등을 파악할 수 있도록 한 도구이다(Toseland & Rivas, 1995). 소시오그램은 클라이언트의 주변에 생활하고 있는 호의적, 무관심, 적대적 관계들을 찾아서 그 문제점을 알아 치료하고자 하는데 사용되는 그림이다.

일반적으로 사용되고 있는 그림은 소시오그램과 같다(〈그림 4-3〉 참조)(박귀영, 2012, 사회복지현장실습 재인용).

〈그림 4-3〉 소시오그램

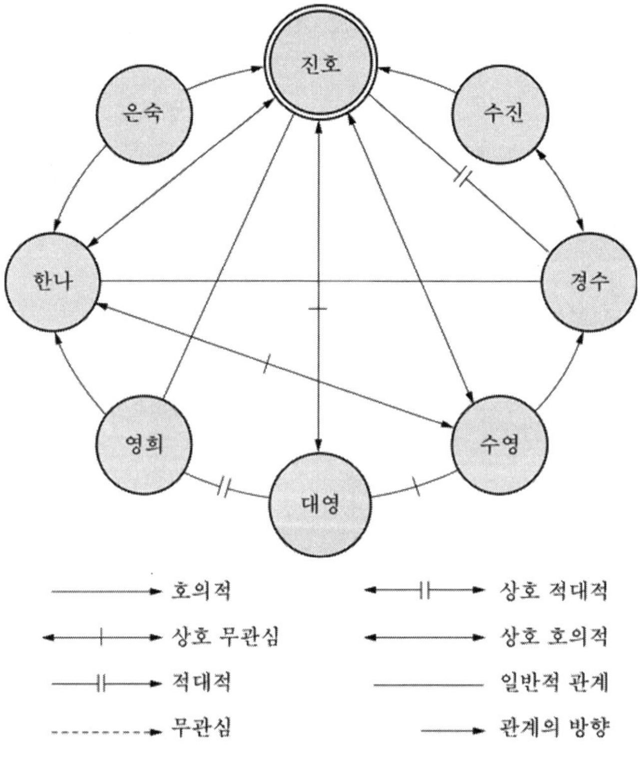

4. 사정의 방법과 관찰

1) 사정의 방법

사정은 자료수집보다 한 단계 더 진전된 것으로 사실적 자료를 해석하고 의미를 부여하여 실천적 개입을 위한 합의를 도출해 내는 활동이라 할 수 있다.

이러한 판단은 객관적인 증거에 의해 지지되어야 하는데 자료수집이 바로 객관적 증거를 확보하는 활동으로 사례관리자는 필요한 자료를 수집하기 위하여 장애인과 가족, 장애인과 관계가 있는 절친한 인물들과 상담하며, 장애인 및 환경에 대한 예리한 관찰력을 동원하고, 장애인을 전문적·객관적으로 볼 수 있는 사람이나 또는 기관을 통해서 자료를 얻으며, 기존의 기관 자료를 활용하기도 한다.

또한 사례관리자는 표준화된 사정도구를 활용하여 자료를 수집할 경우에 여러 가지 사정도구를 통찰력 있게 이해하고 활용할 수 있는 기술을 지녀야 한다. 이를 종합적으로 나타내면 〈그림 4-4, 4-5〉와 같다.

〈그림 4-4〉 사정방법

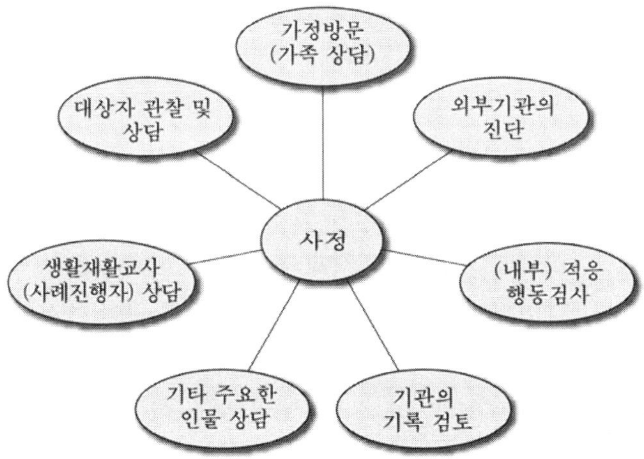

〈그림 4-5〉 진단절차

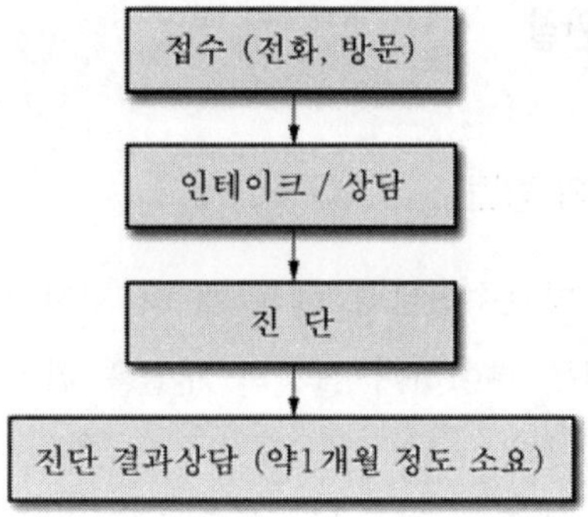

① 세부 진단 개요

- 의료진단 : 건강검진, 장애진단 등의 병원에서 실시하는 의료적인 진단이며, 장애인의 장애를 의료적인 측면에서 정확하게 진단, 처방하고 재활방향을 제시하는데 있다.
- 언어진단 : 장애인의 언어발달 기능의 정도를 평가하여 적절한 언어치료에 대한 방향을 제시한다. 또한 언어장애의 원인을 규명하고, 장애에 따라 적절하게 치료, 교육하기 위한 기본적인 자료를 수집하는데 있다. 언어진단의 경우 복지관 또는 재활병원, 사설치료기관 등의 언어치료사가 진단한다.
- 심리진단 : 장애인의 심리적 재활을 도모하기 위해 지적능력과 사회적 능력을 정확하게 측정하여 장애인의 재활방향을 설정하는데 있다. 심리진단은 복지관의 심리치료사 또는 재활병원, 사설치료기관의 심리치료사 진단할 수 있다.
- 교육진단 : 장애인의 현재 성취수준, 즉 발달수준, 학습준비도, 기초학습능력을 정확하게 파악하여 장애인에게 필요한 교육과 적합한 교육배치 등에 관한 정보를 제공하여 장애인의 능력을 향상시킬 수 있도록 도와주는데 있다. 주로 복지관, 재활병원, 사설치료기관의 인지학습치료사가 진단할 수 있다.
- 직업진단 : 장애인이 필요로 하는 직업적 특성에 대한 정보를 습

득하며, 직업적 이점과 제한점을 정확하게 파악하여 직업을 탐색할 수 있는 기회를 제공함에 있다. 주로 장애인복지관 직업재활교사가 진단할 수 있으며 고3학년이 되었을 때 취업지에 대해 정보를 얻을 수 있다.

② 시설내에서 검사

진단과 관련된 검사는 동일한 개념으로 볼 수 있으나, 진단은 외부기관을 활용한 객관적 자료 수집을 의미하고 검사는 시설 내에서 실시하는 장애인의 능력 파악으로 볼 수 있다.

따라서 본 글에서는 외부 전문기관에서 실시되지 못하는 정신지체장애인의 적응행동검사를 중심으로 설명한다. 또한 적응행동검사는 현재 장애인의 생애주기에 따라 성인용과 아동용으로 구분하고 있기 때문에 성인장애인은 미국정신지체인학회(AAMR)에서 제시한 ABS-RC:2를 중심으로, 장애아동은 김승국 교수가 발간한 K-ABS를 중심으로 기술한다.[1)]

③ 적응행동검사 절차

- 사례관리자는 재활계획수립 한 달 전에 적응행동검사를 실시할 장애인이 누구인지 사례진행자(생활재활교사)에게 통보한다.
- 사례진행자는 적응행동검사지의 문항을 숙지한 후 한 달 동안 장애인을 관찰한다.
- 적응행동검사를 실시하기에 앞서 피검사자인 장애인에게 재활계획수립을 위해 본 검사를 진행함을 알리고 당사자의 허락과 동의를 받는다.
- 한 달 후 사례관리자는 사례진행자와 적응행동검사를 위한 일정을 논의하여 일자 및 시간을 정한다.
- 적응행동검사를 실시하는 경우에 사례관리자는 주검사자인 사례진행자가 객관성을 유지하며 정확하게 검사할 수 있도록 지원한다.

1) 김승국, 『적응행동검사』, 중앙적성출판사.

• 검사이후 검사지를 중심으로 검사 결과를 분석한다.

2) 개별사정보고서의 작성

(1) 개별사정보고서의 개념[2)]

사정과정에서의 모든 방법을 수행하고 난 후에는 개별사정보고서를 작성하게 된다. 즉 개별사정보고서는 장애인의 현재 사회적 기능수행(장애인의 기능수행과 그의 상황에 관련된 사회적, 관계적 혹은 상호작용적 측면에 초점을 둠)에 대한 평가의 과정에 관한 보고서라고 할 수 있다.

이는 장애인의 욕구와 문제해결을 위해 필요한 자원을 조사하여, 계획을 세우기 위한 토대를 마련하는 것을 사정이라고 파악할 때, 장애인에게 직접적인 서비스를 제공하기 전의 개입계획을 세우기 위한 내용을 보고서화 함으로써 장애인을 구체적으로 나타내는 지표로써 활용 가능하다고 볼 수 있다.

(2) 개별사정보고서 작성 요건

좋은 보고서라고 말하는 것에는 몇 가지 특성들이 있다. 즉 ① 간결성, ② 평이성(독자가 알기 쉽도록 하며 복잡한 단어나 문구를 최소화), ③ 유용성(누가 보고서를 읽을 것이고, 그들이 알고 싶은 것이 무엇인지 등 보고서의 목적을 마음에 새긴다.), ④ 조직성(주제별로 정보를 찾기 쉽도록 분류), ⑤ 객관성, ⑥ 관련성(보고서에 포함되는 정보는 장애인의 현재 관심사와 사례관리자와 기관이 그 장애인에게 관여해야 하는 이유를 명백히 연결) 등이 그것이다.

따라서 개별사정보고서를 작성하는 데에 있어서 너무 장구한 나열식 기록을 하지 않도록 유의하여야 하며, 특히 비밀보장 및 장애인의 정보 접근이 용이하도록 하여야 한다.

---

2) 서울대 사회복지실천연구회 역, 『사회복지실천 기법과 지침』, 나남출판, 2001, pp. 385-390.

(3) 개별사정보고서 내용

개별사정보고서는 사정의 기본적인 목표인 장애인의 욕구사정, 장애인의 능력사정, 자원체계의 능력사정, 지원체계의 결함 사정에 대한 내용을 모두 포함하는 등 장애인 전 영역에 관심을 두고 정리하여야 한다.

또한 보고서 구성은 장애인 및 가족에 대한 정보, 장애인의 진단내용, 장애인 상담 및 관찰내용, 지원계획사항, 평가로 구분되어지며, 이러한 사정에 동원되는 방법으로는 위의 사정방법과 동일하다.

3) 대상자 관찰 및 상담

사정의 방법 중 하나인 장애인에 대한 관찰 및 상담은 직접적으로 서비스를 받게 되는 장애인의 기본적인 욕구를 파악하는 과정으로 매우 중요한 의미를 갖는다.

즉 '상담'은 대상자와의 논의의 결과로서 해당 대상자가 무엇을 보다 더 중요한 욕구로 표현하는지 찾아내는 것을 말하며, '관찰'은 구조화되거나 혹은 비구조화된 모습 속에서 대상자의 욕구가 무엇인지를 확인하기 위하여 다양한 세팅 속에서 이루어지는 것을 말한다.

정신지체장애인을 대상으로 하는 장애인주거시설에서는 상담보다는 주로 관찰에 의해 장애인의 욕구를 파악하는 방법을 택하고는 있지만, 잊지 말아야 할 것은 '장애인 중심'이라는 초점과 '개별화된 욕구'에 근거해야만 한다는 것이다.

관찰 및 상담방법은 앞서 제1장의 입소단계에서 언급된 '임시 거주공간 배치' 기간동안 사례관리자 및 담당 생활재활교사가 실시하는 바람직하다.

또한 관찰 및 상담되어야 할 주요사항은 ① 재활에 대한 장애인의 목적과 열망, ② 재활을 위한 장애인의 준비와 적합성, ③ 장애인의 장애가 그의 생활에 미치는 영향 등으로 볼 수 수 있다. 그리고 사정단계에서 장애인 의견만 보는 것이 아니라 그 의견에 뒷받침되는 배경, 정황, 환경적인 요소들도 같이 사정하여 정확하게 파악하는 것이 무엇보다 중요하다.

4) 관련자원에 대한 상담

사정 단계에서 관련자원에 대한 상담은 장애인에 대한 직접적인 상담과 동일한 과정으로 볼 수 있다. 특히 인지능력이 부족하고 의사소통에 어려움을 겪는 중증장애인일 경우에는 해당 장애인과 오랜 시간동안 함께 생활하여 당사자의 욕구를 충분히 대변해 줄 수 있는 주변 자원과의 상담은 장애인과 관련된 유용한 정보를 얻는데 매우 중요한 과정이다.

따라서 해당 장애인과 관련된 가족, 주변인 등을 대상으로 하여 상담을 실시하며, 위 장애인의 관찰·상담사항과 함께 장애인이 필요로 하는 서비스의 이용과 접근이 가능하도록 지원할 수 있는지 여부 등도 파악하는 것이 좋을 것이다. 학생의 경우 학교 담당교사와의 상담으로 학교에서의 학습능력, 대인관계 등의 관찰내용을 파악해야 하며 외부자원과의 활동에서 관찰된 내용 및 욕구 등에 대해서도 파악해야 한다.

5) 기관의 기록 검토

이것은 기관에 보관중인 장애인의 이력과 기록을 검토해 봄으로써, 해당 장애인이 과거에 어떤 욕구가 제안되었는지 그리고 그것에 수반되어질 수 있는 것들이 무엇이었는지를 확인할 수 있도록 해주는 과정을 말한다.

장애인주거시설의 경우 장애인은 오랜 시간 장기적으로 시설에서 생활하는 반면, 직원의 근속년수는 상대적으로 짧기 때문에 직원들이 해당 장애인의 과거력을 이해하고 서비스 진행에 따른 시행착오를 줄이기 위해서 반드시 필요한 과정이라 할 수 있다.

따라서 기록을 검토하는 사항은 ① 장애인에게 지원된 서비스의 내용과 방법, ② 지원된 서비스의 결과평가 및 보완사항, ③ 장애인의 만족도 및 변화도 등이다. 특히 무연고 장애인의 경우 기관에 입소되어 현재까지 남아 있는 개별관찰일지 등의 기록을 통해 10년, 20년 전의 관찰된 모습 등에 대해 파악하여 현재까지 연계하여 파악할 필요성 있다.

6) 가정방문

(1) 가정방문 목적

사정의 한 부분인 가정방문을 통해 해당 장애인 가족의 역동성과 권위관계, 의사소통, 갈등, 균형, 물리적 생활양식 등에 대한 정보 파악을 하며, 이러한 가정환경을 통해서 장애인의 성격과 행동을 이해하는데 도움을 얻기 위해 실시한다.

또한 서비스 진행에 있어서 활용되거나 방해가 될 수 있는 가족의 잠재적 요소와 장애인에 대처하는 가족의 능력, 그리고 장애인과 기관에 대한 부모의 욕구에 역점을 두고 이루어짐으로써 추후 장애인의 재활계획수립을 위한 기초자료로 활용될 뿐만 아니라 가족성원들의 적극적인 참여를 촉진시킬 수 있다. 대부분의 가정에서는 가정방문시 부담스러워하거나 혹 퇴소를 권유하지는 않은지 우려하는 경우가 있으니 정확하게 가정방문 목적을 설명하여야 한다. 또한 기관과 거리가 너무 먼 지역에 거주하는 가정이 있다면 시간상 방문의 어려움이 있으니 가정에서 시설에 방문하였을 때 상담을 하는 것도 하나의 방법일 수 있다.

(2) 가정방문 내용

장애인의 성장과정에서의 발달과업을 단계별로 진행되었는지 여부, 가족 내에 스트레스 여부, 가족의 경제적·사회적 상황, 형제·자매간의 갈등, 부모의 자녀에 대한 양육방법 및 태도 등에 대한 구체적인 정보를 수집하도록 한다. 또한 상담시의 의견과 함께 장애인이 원가정에 귀가 하였을 때 지역사회에 이용할 수 있는 자원망에 대해서도 파악할 필요가 있다.

(3) 가정방문 절차

① 원가정에 전화하여 가정방문 목적을 설명한 후 방문일자 및 시간을 의논한다.

② 가정방문자의 범위는 사례관리자와 사례진행자(생활재활교사)로 하며, 방문 전에 미팅을 통해 장애인에 대한 정보를 공유하고, 가정방문시에 필요한 점검내용을 확인한다.

③ 질문사항을 사전에 숙지하여 가정방문 당시 가족과 자연스런 대화로 응답을 유도한다.

④ 가정방문보고서 서식에 맞게 방문 결과를 작성한다.

(4) 가정방문시 유의점

① 상담 시간은 1시간 내외로 길지 않도록 한다.

② 전문적인 용어보다는 보편적이고 일반적인 용어를 사용하여 딱딱한 인상을 주지 않도록 한다.

③ 지나친 농담이나 상담 내용 이외의 이야기는 되도록 삼간다.

④ 가정방문보고서 기록전 가족의 양해를 구하고 기록하여야 하며 기록에 대한 내용은 사례관리 관련자 외에는 유출되지 않고 비밀유지가 됨을 설명하도록 한다.

⑤ 혹 방문시 수집되지 않은 정보는 사정보고서 작성중에 전화상담을 통해 보완한다.

(5) 진단

사정의 방법 중 진단은 장애인 개인에 대한 문제의 성질을 명확히 하며, 구체적인 의도와 목표를 가지고 문제를 평가하고, 그 평가를 행동지침으로 활용하는데 목적이 있다.[3)]

3) 전재일 · 김상규 공저, 『개별사회사업』, 형설출판사, 1998, p. 306.

① 진단대상

– 신규입소자

시설에 신규입소를 하는 장애인의 경우에는 앞장에 기술된 바와 같이 입소당시 관련 진단을 받아 진단서를 제출할 수 있도록 요청한다. 진단내용은 장애인의 개별적 특성(장애정도 및 생애주기 등)에 따라 달리 적용하며, 최대한 장애인의 잔존능력 및 수준을 확인할 수 있는 내용의 진단(심리, 언어, 교육, 직업 등)을 받는다.

– 기존 거주장애인

- 사례관리체계를 적용하기 이전부터 거주하는 장애인 중 과거에 각종 진단을 받은 경우에는 기존의 자료를 활용하며, 관련 직원들과의 회의를 통해 과거에 진단받은 기록이 현재 장애인의 수준과 비교 했을 때 차이가 있다고 판단되면 재진단을 받도록 한다.
- 진단의 종류에 따라 진단내용에 대한 유효기간이 있는 경우에는 해당 기간이 경과되었는지를 확인한다.
- 과거에 각종 진단을 받은 자료가 없는 경우 장애인의 생애주기에 맞는 진단을 받도록 하며, 경우에 따라서 장애특성을 고려하여 진단을 받도록 한다.

  예) 생애주기에 맞는 진단 : 학령기 - 교육진단, 성인기 - 직업진단
  장애특성을 고려한 진단 : 정서적으로 불안정한 장애인 - 심리진단
  언어적 장애를 갖고 있는 장애인 - 언어진단

② 진단기관

- 신규입소의 경우 장애인이 거주하고 있는 지역 내의 병원, 복지관, 사설치료센터 등에 사전 접수를 한 후 진단을 받도록 하며, 필요한 경우 본원에서 아웃소싱(outsourcing)하고 있는 진단기관을 소개해 주도록 한다.
- 기존 거주 장애인의 경우 본원이 거주하고 있는 지역사회 내의 아

웃소싱(outsourcing)하고 있는 진단기관을 이용한다.

③ 진단절차

진단기관마다 진단절차는 다소 상이하나, 진단의 처리과정을 살펴보면, 장애인의 현재 수준(기초선)을 파악하기 위해 장애·교육·심리·언어 등의 진단을 받은 후에는 진단받은 기관으로부터 진단 결과에 대한 보고서를 받아 사정 단계의 참고자료로 활용하고 원본은 장애인 개별 파일에 보관토록 한다.

따라서 사정은 진단적 차원에서 예방적 차원을 내포한 중요한 단계이다. 이 단계는 학생의 학습욕구, 학습능력, 개인적인 성격에 대한 사정이다. 교육적 사정은 사람들마다 다른 학습 스타일, 구체적 방법과 모호성에 대한 선호도, 자율성과 보호에 대한 개념적 접근, 학습 스타일 등을 고려해야 한다. 또한 다른 중요한 특징은 클라이언트에 대한 실습생의 원조활동 타입, 실천분야에 대해 이해의 폭을 넓혀 돕고자 하는 동기가 약화되지 않도록 한다.

펄만(Perlman, 1979)은 "사람을 돕는 전문직에 종사하는 사람은 다른 사람의 상처와 슬픔에 대한 공감적 이해를 할 수 있어야 하며, 그들의 잊어버리고 싶고 마치 아무 일도 없는 것처럼 행동하고 싶은 것도 이해해야 한다."고 하였다. 또한 "훌륭한 전문가는 클라이언트로부터 항상 좋은 관계만을 기대해서는 아니 된다. 실패에 대한 두려움이나 클라이언트의 반응에 대한 지나친 염려나 두려움을 갖지 않도록 하여 업무에 대한 개인적 안정감을 가질 수 있어야 한다."고 하였다.

이를 위해 실습교육에서도 이러한 주제에 대한 사정이 필요하다. 이를 위해 슈퍼바이저와 관계 맺는 방법을 관찰하여 심리적 전이의 문제가 있는지 사정하여 실습생이 가지고 있는 약점이 클라이언트에게 영향을 미치지 않도록 배려하고, 이와 관련된 주제에 대해서는 이전 실습지에서의 경험을 나누고 검토하는 것도 도움이 된다.

제 3 절 목표 설정과 계약

1. 목표설정

클라이언트와 사회복지사가 자료로 수집하고 클라이언트의 문제나 상황에 대한 초기 사정에 동의하게 되면 개입목표 설정과 계약단계에 이르게 된다. 이 단계에서도 사회복지사와 클라이언트와의 공동적인 노력이 강조 된다. 특히 개입대상이 되는 문제와 개입방법을 설정하는 단계이므로 사회복지사와 클라이언트사이에 의견 불일치는 문제해결에 미치는 영향이 크므로 사소한 의견차이라도 개입단계로 도달하기 전에 충분한 토의를 거쳐 합의점을 찾도록 해야 한다.

목적은 개입의 노력을 통해 얻고자 하는 장기적이고 궁극적인 결과이다. 효과적인 개입을 하기 위해서는 목표가 분명하여야 한다. 목표가 분명하지 않다면 원조과정은 방향을 잃을 것이고 바람직한 결과는 결코 얻지 못할 것이다. 대부분 목적(goal)과 목표(objective)를 비슷한 개념으로 사용하지만 두 개념은 서로 다른 의미를 가지고 있다. 목적은 추상적인 개념인 데 반해 목표는 세분화되고 구체적이며 추정 가능하다. 그러므로 목적에 도달하기 위한 많은 측정 가능한 단계들 중의 하나를 목표로 보면 될 것이다.

사회복지실천 과정에서 목적은 클라이언트의 '복지'나 '삶의 질 향상'이라고 할 수 있다. 사회복지실천과정에서의 단기 개입목표를 보는 것이므로 '목표'를 개입의 결과로 총칭하였다.

목표는 개입을 통한 바람직한 변화 또는 문제가 해결된 상태를 의미한다. 어떤 사태로의 변화가 가장 바람직한가가 목표이며 사회복지사와 클라이언트는 반드시 합의된 목표를 창출하여야 한다. 목표가 불일치한 상태에서의 사회복지실천과정은 사회복지사와 클라이언트 모두에게 만족스럽지 못한 결과가 된다.

1) 목표설정 지침

사회복지실천과정의 목표영역으로 관계유지, 구체적 행동변화, 관계변화, 방향변화로 나누기도 하고 또는 필요한 자원을 얻는 것, 주요 결정을 하는 것, 환경변화로 설명하기도 한다.

이와 같이 클라이언트들이 제시하는 목표들은 다양하다. 그러므로 원조 과정에서 사회복지사들이 목표들을 설정할 때 그들의 능숙함을 더해 줄 지침들을 다음과 같이 제시한다(Hepworth & Larsen, 1993).

(1) 목표는 클라이언트들이 추구하는 바람직한 결과와 관련되어야만 한다.

클라이언트가 동기화되기 위하여 달성되어야 할 선택된 목표가 그의 문제를 해결하여 그의 생활상황이 향상 될 것이라는 믿음이 있어야만 한다.

(2) 목표는 명백하고 측정 가능한 용어로 정의되어야만 한다.

원조과정에서 방향을 제시하기 위하여 목표가 바람직한 결과로 정의되어야만 모든 참여자들이 문제체계 내에서 달성되어야 할 변화를 명백하게 인식한다. 바꿔 말하면 각자(actor)가 변화될 환경적인 요소가 무엇이고 그가 다르게 해야 될 것이 무엇인지를 상세히 알아야만 된다. 이와 같이 목표는 일반적인 것이 아닌 명확한 용어로 정의되어야만 한다.

(3) 목표는 실행 가능한 것이어야 한다. 달성하지 못할 목표 설정은 클라이언트에게 용기를 잃게 하고, 패배감과 환멸을 느끼게 한다. 그러므로 목표를 설정할 때는 사회복지사는 목표를 달성할 수 있는 클라이언트의 능력과 목표 달성에 영향을 미치는 환경

적 압력 이 두 가지를 기본적으로 고려해야 한다.

(4) 목표는 사회복지사의 기술과 지식에 상응해야만 한다.

설정된 클라이언트의 목표는 사회복지사의 기술과 지식 내에서 달성된다는 것을 모든 사회복지사들은 인식하고 있다.

어떤 문제나 목표는 사회복지사들이 아직 성취하지 못한 높은 수준의 숙련성을 필요로 하는데 사회복지사는 그의 능력 부족으로 개입하지 못한다는 것은 전문가로서 클라이언트에 대한 사회복지사의 책임 이다. 예를 들면 어떤 문제는 가족치료, 성치료, 행동수정, 그리고 정서장애에 대한 특별한 지식과 치료기법 등의 능력을 필요로 한다.

(5) 목표는 가능할 때마다 성장을 강조하는 긍정적인 용어로 진술해야만 한다.

목표 달성은 클라이언트가 목표 성취의 결과로서 그의 생활에 일어날 유익한 변화나 이득에 중점을 둔 성장을 강조하고, 할 수 있다는 긍정적인 용어로 진술하는 방법으로 해야 된다.

(6) 중요한 조건에 관한 동의는 피하여야 한다.

예를 들면 때때로 어떤 목표를 달성하기 위하여 유리한 조건을 걸고 동을 요구할 때 동의하는 것은 윤리적이지도 현명하지도 않을 것이다

(7) 목표는 기관의 기능과 일치하여야 한다.

문제의 탐색과 클라이언트의 결핍(wants)은 때로는 기관의 기능과 부합되지 않은 변화목표일 때도 있다. 그러나 목표는 가관의 기능에 일치하는 목표로 되어야 한다.

2) 변화유형

사회복지실천과정의 목표, 즉 개입을 통해 일어나기 바라는 변화유형으로 존슨(Johnson, 1989)은 관계유지, 구체적 행동의 변화, 관계의 변화 등을 들었고, 재스트로(Zastrow, 1995)는 자원획득, 주요결정, 환경변화 등을 들었다. 공통적으로 지적된 변하유형에 우리나라 임상에서 볼 수 있는 몇 가지 유형을 추가하면 다음과 같다.

(1) 다른 사람과의 관계를 변화시키거나 그 사람에 대한 자신의 인식을 변화시키는 것이다(예 : 부부관계를 원만히 하는 것).
(2) 중대한 결정을 내리는 것이다(예 : 미혼모가 아이를 입양시킬 것인가 아니면 유산시킬 것인가를 결정하는 것).
(3) 자신과 타인에게 혹은 환경에 부정적인 행동(증상 포함)을 변화시키는 것이다(예 : 장애인을 위해 주거환경을 변화시키는 것).
(4) 필요한 자원이나 정보를 구하는 것이다(예 : 실업자가 공공근로에 대해 알아보는 것).
(5) 기능적인 사회적 역할 수행에 필요한 기술을 익히는 것이다(예 : 부모교육을 통해 자녀양육에 필요한 기술을 익히는 것)

3) 목표 우선순위

위에 제시한 지침대로 목표 설정이 잘 되었을 경우에도 목표가 다양한 경우가 발생 한다. 이러한 때는 목표에 우선순위를 정하여 사용하는 것이 바람직하다. 개입목표가 많은 경우 이러한 기준을 가지고 클라이언트와 의논하여 목표를 2-3개로 줄인 뒤 이것을 다시 우선순위대로 나열하여 우선되는 것부터 초점을 두어 개입한다. 그러므로 목표들 중 우선순위를 두고 정하는 것은 개입 시 목표의 중요성을 상기시키고 어느 것이 더 시급한 것인지를 인식하여 정확한 개입방향을 설정하기 위한 것이다.

우선순위를 결정할 때 사용하는 기준은 다음과 같다.

(1) 클라이언트에게 가장 시급한 문제이다.

(2) 가장 단기간에 성취하여 만족감을 느낄 수 있는 것이어야 한다.

(3) 클라이언트가 목표 달성에 전력을 다할 동기를 가지고 있는 것이다.

(4) 기관의 기능에 적합하고 사회복지사의 능력에 준해서 달성 가능한 것이다.

2. 계약

계약(contract)이란 목표 설정이 끝나면 문제의 정의, 목표, 클라이언트의 역할과 사회복지사의 역할, 미팅시간, 장소, 비용, 개입기법, 평가방법 등에 대해 사회복지사와 클라이언트가 동의를 하는 것이다.

웹워스와 라슨은 계약의 요소로 달성될 목표, 참여자 역할, 사용될 개입 기법, 세션(session)의 길이, 빈도 그리고 시간, 진행에 대한 평가방법, 계약의 재협상에 대한 계약 조항, 시작 날짜, 세션 취소 및 변경, 비용 등을 지시하고 있다(Hepworth & Larsen, 1995).

목표협상이 끝나면 계약을 하게 된다. 계약은 원조과정의 첫 단계의 구체적인 것이지만 계약은 전 과정을 통해서 계속된다. 목표는 계속적인 것이지만 상황의 변화와 새로운 정보 유입으로 확장되거나 수정될 수도 있다. 시간제한 사용될 개입방법, 세션의 횟수, 원조과정 참여자들은 각 사례의 상황변화에 따라서 변화될 수 있다.

계약은 서면으로 이루어지나 구두계약을 선호하는 경우에는 구두로도 이루어지고 있다.

서면계약을 할 때는 사회복지사와 클라이언트 사이에 가능한 한 오해를 최소화하면서 양쪽의 동의하에 이루어져야 된다. 서면계약은 법적 효력은 없으나 계약조항은 명확히 해야 된다. 그렇지 않으면 클라이언트들은 계약 목표를 달성하지 못하면 사회복지사의 잘못된 개입실천에 대한 소송을 제기할 수도 있다.

구두계약은 비공식적 계약으로 개인적이고 자발적인 교환에 근거하므로 사회복지사들이 선호한다.

계약의 요소들을 자세히 설명하면 다음과 같다. 달성될 목표에 대하여는 앞 절에 이미 설명하였으므로 이 절에서는 참여자의 역할, 활용될 기법, 시간의 조건 등을 설명하려 한다.

1) 참여자의 역할

문제해결과정의 성격과 마찬가지로 사회복지사의 역할과 클라이언트의 역할은 중요하므로 계약에서 이를 명확히 밝혀야 한다.

단순한 클라이언트, 특히 사회경제적인 지위가 낮은 사례는 원조과정에 대한 이해가 거의 없으며 그리고 원조과정을 해롭게 할 수 있는 사회복지사와의 불일치된 기대감을 가지고 있다. 그러므로 원조과정에 대한 클라이언트의 기대감과 개념을 표현하게 하고 기대감과 현실 사이의 불일치를 명확하게 밝혀야 한다.

클라이언트의 역할을 명확히 하기 위해서는 클라이언트의 비현실적 기대감과 긴급 감을 인정하고, 돕는 의도를 밝히고, 클라이언트의 비현실적 기대감은 충족되지 못할 것이라는 것을 설명하고, 그리고 돕는 과정과 한정된 활동은 협력관계이므로 클라이언트가 문제해결과정의 개입을 선택하고 적극적으로 참여해야 한다는 것을 밝혀야 한다.

재스트로(Zastrow, 1995)는 개인, 가족, 집단, 지역사회를 돕는 과정에서 사회복지사의 역할을 다음과 같이 제시하였다.

(1) 가능케 하는 자(enabler)

개인이나 집단이 그들의 욕구와 문제를 명확히 하고 해결전략을 탐색하며 좀더 효과적으로 문제에 대처하도록 그들의 능력을 개발하는 역할이다. 주로, 개인, 집단, 가족을 상담할 때의 사회복지사의 역할이다.

(2) 옹호자(advocate)

사회복지사는 기존 사회질서로부터 클라이언트가 불이익을 받을 때 그 집단을 위해 정보를 수집하고 요구사항을 분명히 하여 사회질서에 개선하도록 지도력을 발휘하도록 적극적이고 직접적인 역할을 하는 것이다. 이 역할의 목표는 기본질서를 비난하거나 비판하는 것이 아니라 정책을 개선, 변화시키려는 것이다.

(3) 중개자(broker)

사회복지사가 도움을 필요로 하는 개인이나 집단 즉, 클라이언트를 지역사회의 서비스와 연결하는 역할이다. 예를 들어 매 맞는 부인에게 쉼터를 소개해 주는 것이다. 이 역할을 수행하기 위해 사회복지사는 지역사회 내 자원에 대해 잘 파악되어 있어야 한다.

(4) 중재자(mediator)

사업주(상대)와 클라이언트간의 논쟁(노사 간, 이혼직전의 부부 등)에 개입하여 갈등의 조정 혹은 상호 만족스러운 합의점을 도출하도록 돕는 역할이다. 이때 중재자는 항상 중립을 지켜야 한다.

(5) 활동가(activist)

이 역할은 인간의 욕구에 좀 더 만족할 수 있도록 환경을 변화시키기 위해 지역사회의 욕구를 조사, 분석하고 그 결과를 알리며 대중의 힘을 동원하기 위해 많은 사람들을 조직하는 것이다. 여러 시민단체(NGO)와 기타 봉사단체들과도 함께 할 수 있고, 기본적인 사회질서의 변화를 추구하는 것으로 이들의 관심은 주로 사회 불평등, 사회적 박탈에 있다.

(6) 협상가(negotiator)

사업주(상대)와 클라이언트간의 논쟁(노사 간, 이혼직전의 부부 등)의 갈등에 간섭하여 사람들 사이에서 상호합의를 이끌어내기 위해 협상하는 것이다. 양쪽이 모두 다 승리하는 즉, 윈윈(win-win)하기를 바라는 점에서 중재와 유사하나 협상가는 때로는 어느 한쪽과 동맹을 맺어 결국에는 대등한 관계를 유지하도록 한다.

(7) 교육자(educator)

사회복지사는 클라이언트에게 정보를 주고 적응하고 문제를 해결하기 위해서 기술과 지식을 가르치는 역할로 클라이언트가 이해할 수 있도록 명확히 전달할 수 있는 능력을 갖추어야 한다.

(8) 창시자(initiator)

지금까지 문제를 해결하지 못하고 절절매고 있는 클라이언트에게 새로운 문제 해결방법을 찾아주고 해결해 주는 것으로 이전에 관심을 끌지 못한 문제에 관심을 집중시키는 역할이다. 그러나 단순히 관심만을 집중시키는 것이 아니라 관심은 물론 다음과정을 수행하기 위해 다른 해결방법을 같이 수행해야 한다.

(9) 조정자(coordinator)

보통 단기적으로 해결되지 못하거나 한 기관에서 다른 기관과의 연계에서 흩어져 있는 혹은 다양한 기관에서 산발적으로 주어지는 서비스들을 조직적인 형태로 정리하는 역할이다. 이때 사회복지사는 주로 사례관리자의 역할로 이를 통해 서비스의 중복과 상충되는 정보제공을 막을 수 있다.

(10) 연구자(researcher)

사회복지실천에서 모든 사회복지사는 연구자로서의 역할을 수행하게 된다. 즉, 관심 있는 주제를 선택하여 연구하고, 자신의 실무를 평가하며 프로그램의 장·단점을 사정하고 지역사회의 욕구를 조사하는 전문가 역할을 수행한다.

(11) 집단 촉진자(group facilitator)

사회복지사는 치료집단, 상담집단, 교육집단, 자조집단 등 모든 집단 상호작용을 촉진시키는 집단의 리더의 역할이다. 즉 집단 간 상호작용을 돕고 문제를 해결하기 위해 노력하는 촉진자가 되어야 한다.

(12) 대변자(public speaker)

사회복지사는 다양한 집단(사업가 집단, 공무원, 지역유지 등)에게 필요한 서비스의 유용성을 알리고, 만족되지 못한 욕구를 가진 클라이언트를 위해 서비스를 개발하는 역할이다. 클라이언트의 대변자의 역할을 수행하는 사회복지사는 필요한 서비스를 잘 소개할 수 있어야 하지만 무엇보다도 필요한 비용을 끌어올 수 있는 능력이 있어야 한다.

2) 활용될 개입기법

계약에는 목표를 성취하기 위한 기법들과 개입을 상세히 기록해야 된다. 초기 접촉에서 단지 개별, 공통 또는 가족 세션과 같이 보편적 수준의 개입을 구체화시킨다. 그러나 문제 상황에 대해 토론하고 활동의 치료적 대안 코스에 대해 고려하면서 궁극적으로 문제해결 노력을 하게 된다.

대체로 사정에 따라 개입이 구체화된다. 즉 이완훈련, 비합리적인 신념, 사고, 공포의 확인 및 제거 등의 인지 재구조화, 역할극과 행동시연(behavioral rehearsal), 자기관리기술 그리고 의사소통, 자기주장, 문제해결 및 갈등해결 등의 발달기술이다.

사정이 해결되어야 할 문제와 욕구가 분명히 정의되고 그 치료적 대안들이 명백하다면 초기 계약고정에서 개입기법을 구체적으로 제시할 수 있을 것이다(Hepworth & Larsen, 1986). 예를 들어 긴장해소법, 분노조절기법, 우울감정을 극복하기 위한 인지의재구조, 역할극과 행동연습 등 기법을 제시하고 계약할 수 있다. 그러나 이렇게 구체적인 기법까지 제시하기 어렵다면 대략적인 개별 개입, 부부치료, 집단개입 혹은 위기개입 등으로 개입방법을 제시하고 계약하게 될 것이다. 어떤 방법이 사용되는지 클라이언트에게 그 방법에 대해 상세히 설명하고 충분히 토론한 뒤 동의를 얻어 계약하게 된다.

3) 시간의 조건

계약의 또 다른 부분은 원조과정의 기간 그리고 세션의 길이와 빈도이다.

개입기간에는 기본적으로 단기 서비스로 알려진 시간제한서비스(time-limited service)와 시간제한이 없는 서비스(open-ended service)가 있다(Hepworth & Larsen, 1986).

시간제한서비스 형태는 최대한의 세션 횟수를 정하는 것이며 시간제한이 없는 서비스 형태는 시간을 구체화시키지 않는다.

일반적으로 정신분석과 정신치료에 입각한 치료에서는 개입을 정하지 않는 방법을 사용하나 최근 사회복지개입에서는 대략적인 개입기간을 정하는 형태를 선호하는 경향이 있다. 두 가지 기간 형태는 수십 년을 통해서 사용되어 왔다. 시간제한이 없는 서비스 형태는 프로이드의 정신분석이론에 뿌리를 둔 개별사회사업의 진단학파애서 사용되었으며, 시간제한서비스는 오토랭크가 소개했으며 1930년 출현한 기능주의 사회사업에서 채택한 것이다.

(1) 시간제한 서비스

일반적으로 시간제한적인 개입은 단기간에 정해진 목표를 달성하므로 사회복지사에 대한 신뢰도가 높아질 수 있고 비용, 시간 측면에서도 효과적이다. 또한 많은 문제가 종결단계를 처음부터 분명히 함으로써 효과적인 종결을 도모할 수 있다. 그러나 이처럼 시간을 정하는 형태에도 한계가 있다. 우선 시간 내에 달성하지 못한 목표가 있을 수 있고 인간의 상황은 항상 변화하므로 예기치 못한 변수로서 개입기간의 변화가 있을 수 있으므로 이에 대한 대책이 필요하다. 이외에도 세션의 빈도가 각 세션의 시간, 비용 등은 클라이언트의 상황과 기관의 상황을 고려하여 결정하되 가급적 클라이언트의 상황을 많이 반영하도록 사회복지사는 클라이언트의 자발성을 촉진시킬 수 있다.

사회복지사들이 시간제한서비스를 채택했을 때의 장점은 다음과 같다.

① 시간제한서비스는 비용 면에서 효과적이다. 즉 시간제한이 없는 서비스와 똑같은 결과를 적은 비용으로 달성할 수가 있다.

② 시간제한서비스 형태 하에서는 많은 클라이언트들이 서비스를 받을 수 있다. 기관에서 시간제한서비스를 선택했을 때는 대기명단이 줄어들게 된다.

③ 시간세한서비스 형태는 사회복지사가 단기간 내에 향상될 것이라는 확신을 보여줄 때 클라이언트를 안심시켜 낙관적으로 만든다.

④ 시간제한서비스는 초기 계약단계에서 시간제한을 알려 줌으로써 종결 과정을 쉽게 만든다.

⑤ 시간제한서비스는 문제해결 과정을 초기, 중기, 종결단계로 구별하게 만든다.

(2) 시간제한 없는 서비스

시간제한이 없는 서비스 형태는 시간을 구체화시키지 않는다. 일반적으로 정신분석과 정신치료에 입각한 치료에서는 개입을 정하지 않는 방법을 사용하나 최근 사회복지개입에서는 대략적인 개입기간을 정하는 형태를 선호하는 경향이 있다. 두 가지 기간 형태는 수십 년을 통해서 사용되어 왔다. 시간제한이 없는 서비스 형태는 프로이트의 정신분석이론에 뿌리를 둔 개별사회사업의 진단학파애서 사용되었다. 그러나 요즈음은 시간제한 서비스 위주로 사용되고 있다.

4) 계약서 작성

계획수립이 완료되면 계약서를 작성한다. 계획서 작성은 클라이언트와 사회복지사 상호간에 기대하는 내용과 수행할 과업내용을 문서화하고 서명 날인한다. 계약서에는 문제의 정의, 목표, 클라이언트와 사회복지사의 역할을 기록하고 상담 시간, 장소, 만남의 주기, 비용 같은 자세한 내용도 기록한다. 이와 같은 작성 이유는 서로 간에 무엇을 동의했고 동의하지 않았는지 명확히 할 수 있으며 책임성을 위한 작업으로 필요하다. 어떤 의미에서는 법적 의미도 지닌다. 그러나 사회복지실천 현장에서는 계약이라는 단어는 법에서의 개념과 유사하게 사용됨에도 불구하고 우리 복지현장에서는 법률적 속박과 법적 의미를 뜻하지는 않는다.

그러나 계약에 의해 조성된 서약을 분명히 하고 촉진하기 위해서는 사회복지사의 역할과 클라이언트가 문제해결을 위해 한계를 극복하고 할당받은 업무를 명확히 규정해야 한다.

계약은 양자가 도달할 합의를 가시화하고 정기적으로 개입과정을 점검하는 기본 틀을 제공하여 목표를 달성하기 위한 것이다. 그리고 계약은 개입과정에서 재교섭이 필요하가나 변경될 수 있다.

개입에 들어가기 전에 통상적으로 클라이언트에게 치료에 대한 구체적인 설명을 하고 동의를 구해야 한다는 윤리적 지침을 어기게 되는 경우가 많은데, 이러한 과오를 방지하기 위해서도 계약서 작성은 유용한 점이 많다. 사회복지사는 클라이언트의 알 권리, 고지의 의무, 동의 구하기 같은 윤리적 원칙을 고려해야 한다. 다음은 계약서 작성의 예다.

계 약 서

- 클라이언트 : 김○○
- 사회복지사 : 정○○

Ⅰ. 우리는 상황을 충분히 토의하였기에, 이 계약서를 통해 우리의 상황을 호전시킬 수 있는 확고한 목표를 달성하는데 협조할 것을 서약합니다. 이러한 목표를 달성하기 위해 우리는 나의 경험과 생활 사건들 그리고 이들에 대한 의견을 공유할 것을 동의합니다. 우리는 이러한 목표들을 이루기 위해 필요로 하는 과제들을 상호간에 계획하고 수행하는데 열심히 참여할 것을 동의합니다.

우리의 초기 목표를 다음과 같이 계획합니다.

1.

2.

3.

우리는 과제를 함께 수항하는 과정에서 이러한 목표들은 더 첨가될 수도 있고 바뀔 수도 있음을 인지합니다.

Ⅱ. 우리는 만남의 형식과 프로그램 내용은 아래와 같음을 동의합니다.

1. 만남의 형식: 개인, 부부 또는 가족 연합, 집단
2. 프로그램 계획
3. 만남은 2013 년 ○○월 ○○일로부터 시작하여 2013년 ○○월 ○○일까지 총 12회 만남으로 각 만남은 약 60분 동안 지속된다는 것을 약속합니다.

Ⅲ. 우리는 ______________을 통하여(측정방법을 기술) 각 _____회 때마다 우리의 발전에 대해 평가하는 데 참여할 것을 동의합니다. 우리는 모든 치료가 끝난 후에 있게 될 추후 평가에 참여할 것을 또한 동의합니다.

Ⅳ. 우리는 전문적 서비스에 대한 비용에 대해 토의한 바, 각 만남의 비용은 원에 찬성합니다. 그리고 클라이언트는 이 비용을 ○○으로 지불할 것을 약속합니다.

Ⅴ. 우리는 동의한 내용을 검토하였으며, 오늘 20○○년 ○○월○○일 이것을 지킬 것을 동의합니다.

- 클라이언트 : 김 상 숙 • 사회복지사 : 정 민 수

Ⅵ. 우리는 언제든지 동의한 내용에 대해 다시 협의할 수 있음을 약속합니다.

Ⅶ. 우기기관은 동의한 내용을 읽었고, 위에서 기재된 목표들을 클라이언트가 달성할 수 있도록 최선을 다해서 원조할 것을 서약합니다.

2013년 7월 20일

기 관 장 류 ○○인

3. 서비스 계획수립

1) 계획단계

이 단계는 개인적으로 실습계약을 하는 것이다. 실습지도자는 실습생의 기대, 전문적 발달을 위해 실습생이 원하는 경험을 확인하여 적극적으로 실습할 수 있도록 한다. 또한 학생에게 어느 정도의 도전이 필요한지, 실습기간 동안의 과제물을 어느 정도 주어야 하는지, 실습생이 새로운 클라이언트와 초기 상담과정에서 어느 정도 개입까지 할 수 있는지, 프로그램의 계획과 개입에 혼자 또는 팀으로 하는 것이 가능한지, 어느 정도의 업무가 실습생에게 적절한 학습이 될 것인지 등을 평가하여 계획한다. 실습생이 감당할 수 있는 업무를 부여하여 안정감과 자신감을 가지고 실습에 임할 수 있도록 계획하는 것이 실습지도자의 교육적 역할이다.

그러나 실습지도자가 슈퍼비전 시간을 통해 실습생의 개인적 문제가 업무수행에 계속 장애가 되는 것을 확인하였다면, 업무를 중단 혹은 변경시키거나 상담을 받게 하는 것이 원칙이다. 실습교육에서 실습의 중요한 도구인 모델링을 실습생에게 슈퍼바이저의 역할수행을 보여주고 슈퍼비전 시간에 토론하는 것도 하나의 방법이다. 또한 다른 부서의 업무에도 투입하여 다른 스텝의 업무수행을 모델링할 수 있도록 하는 것도 융통성 있는 방법이다.

(1) 계획수립의 개념

제3장에서와 같이 장애인의 욕구와 능력이 사정(assessment)되고 나면 사례관리자는 그러한 욕구와 능력에 따라 지원 가능한 자원을 연결시키기 위해 일련의 지원계획을 수립하게 된다.

따라서 서비스 계획수립은 사정단계에서 확인된 장애인의 문제, 성취되어야 하는 목표, 목표 달성에 요구되는 서비스에 관해 장애인, 사례관리자, 관련된 사람들 사이에 합의를 발달시켜 나가는 일련의 과정을 말한다.

즉 계획수립은 사례관리의 목적을 달성하기 위해 장애인에 대한 장단기의 목표를 설정하고, 그러한 목표달성을 위한 가장 적절한 해결방안을 모색하기 위하여 장애인에 대한 개별화된 지원계획을 수립하는 일이라 할 수 있다.

(2) 계획수립의 과정

서비스 계획은 장애인, 가족 성원, 다른 분야의 전문가, 사례관리자를 통합하는 팀워크 과정을 통해 발달된다. 따라서 사례관리자는 이들을 모두 계획 과정에 참여하도록 격려하는 것이 무엇보다 중요하다.

먼저 사례관리자는 장애인의 욕구와 강점을 확인하고, 욕구의 우선순위를 정하고, 관련된 서비스와 지지를 개발하는 전 과정에 장애인을 동반자로서 관여시켜야 한다. 그리고 장애인 당사자에 못지않게 장애인의 사회적 관계망에 포함되어 있는 구성원들을 계획 과정에 관여시키는 것 또한 중요한 한 측면이다.

때로 사례관리에서는 중증의 장애인으로 자기 결정 능력이 어려운 장애인을 대할 기회가 많다. 이 경우에는 장애인의 가족을 서비스 계획에 적극적으로 참여시키는 것이 필요하며, 동시에 장애인의 자기 결정 능력에 어떤 변화가 있는지를 지속적으로 평가해야 한다.

마지막으로 사례관리자는 하나의 계획 과정에 많은 전문가들의 다양한 관점을 조합·조정하는 노력을 수행해야 한다. 즉 장애인의 욕구에 관해 관련된 사람들이 검토·논의하고, 서로 간에 정보를 공유하는 통합적인 과정을 이끌어 가야 한다.[4)]

위와 관련하여 구체적인 서비스 계획수립 과정을 살펴보면 〈그림 4-6〉과 같다.

---

4) 장인협·우국희, 『지역사회기반 사회복지실천 케어·케이스 매니지먼트", 서울대학교 출판부, 2001, p. 156.

〈그림 4-6〉 서비스 계획수립 과정

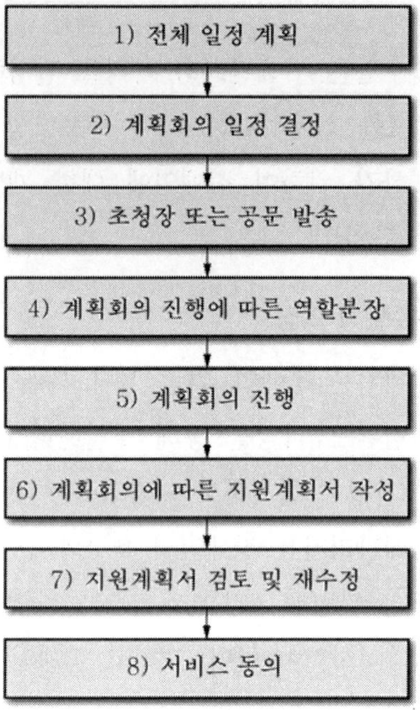

(3) 전체 일정 계획

① 개별 장애인의 계획수립을 위한 대략적인 전체 일정계획을 세운다.
② 계획회의를 기준으로 충분한 시간을 두고 회의 소집을 진행한다.

(4) 계획회의 일정 결정

① 참석자 명단을 작성하고 그중 누구를 초대할 것인지를 결정한다.

보통 적게는 5명에서 많게는 20명 정도의 회의 규모가 적당하다. 장애인 당사자와 가족일원, 가족과 연관된 사람들(친구, 친척), 직접적으로 서비스를 제공하는 사람들, 그 사람들과 연관된 사람들(영양사, 간호사 등), 또는 기본적으로 개별화된 계획구성에 참여한 사람들(부장, 팀장, 사례관리자 등) 모두가 참가 대상이 된다.

② 계획회의 2주전에 위의 참석자 명단을 중심으로 전화 또는 문서를 통하여 계획회의 참석 요청과 함께 일정을 조정해야 한다. 또한 지원계획의 시행과정과 그것이 장애인에게 미치는 영향 등에 대해서 간

략히 설명함으로써 이들의 참여를 유도한다.

③ 회의개최를 위한 회의실은 참석 인원수에 따라 크기, 소음 등을 고려하여 별도의 중립적인 장소를 선정하는 것이 바람직하다. 그리고 회의개최시간도 직원 중심으로 정하기보다는 가급적 장애인 가족들의 편리한 시간에 맞춰 회합시간을 정하도록 한다.

④ 초청장 또는 공문발송

계획회의 2주전에 참석자 명단을 중심으로 잠정적 안건, 목적, 일자, 시간(시작과 끝나는 시간), 그리고 주관자와 그 기관명이 포함된 초대장 또는 공문을 발송한다.

⑤ 계획회의 진행에 따른 업무분장

계획회의를 진행함에 있어 시설 내 직원간의 업무분장을 통해 아래 내용들에 대한 상호간의 역할을 정리하는 것이 바람직하다. 이는 회의 준비 및 진행의 효율성을 높이고 참여도를 높이는데 긍정적인 작용을 하기 때문이다.

2006년까지의 업무분장 내용은 〈표 4-7〉과 같다.

〈표 4-7〉 서비스 계획회의에 따른 업무분장

담당자	내 용	비고
재활팀장	- 회의진행(목표설정 및 전략수립, 우선순위 설정 논의) - 외부 자원 응대	
사례관리자	- 전체 서비스 계획수립 일정 계획 - 참석 명단 작성 후 회의 참석 요청 및 일정 조정 - 참석 자원 초대장 또는 공문 발송 - 회의 장소 선정 - 회의 자료 준비 및 회의 장소 세팅, 다과 준비 - 장애인 사정결과(개별사정보고서) 발표 - 사례회의록 작성	
생활재활교사 (사례진행자)	- 관련 자원 회의 참석 요청(생활실과 밀접한 관계가 있는 자원: 가족, 학교, 직장 등) - 장애인의 기초, 가정, 사회생활 등 영역별 현 수준(개별사정보고서의 "장애인의 관찰 및 상담" 부분) 발표	

(5) 계획회의 진행

① 계획회의에 대한 참석자원의 합의

회의진행자는 회의를 시작하기 앞서 회의진행에 따른 기본적인 규칙에 대해 참석한 사람들의 동의를 얻는 것이 회의진행에 있어 효율적이며, 그 내용은 다음과 같다.

가. 모든 사람은 자발적으로 발언자와 청취자가 동시에 되어야 한다. 참석자를 무시하거나 아무런 설명 없이 특수용어를 쓰는 등의 불손한 행위를 하지 않기로 동의하여야 한다.

나. 회의의 중점은 장애인을 위한 희망적인 생활방식에 맞추어져야 한다. 환경적인 결함이나 다른 사람의 능력부족에 대해 그 사람을 질책하지 않는다.

다. 상투적인 생각들('지역사회가 아직 준비되지 않았어!')이나 장애인의 미래와 관련이 없는 불평이나 지난날의 나쁜 감정으로 회의를 방해하지 않는다.

라. 많은 사항에 대해 동의하지 않을 수도 있지만 그러한 견해를 표현하는데 주저하지 않는다.

마. 이 회의는 그 누구에게도 무언가를 요구할 수 없다. 그러나 장애인을 위한 어떤 새로운 행위를 할지에 대한 의견을 제시할 수 있다.

바. 회의는 회의시간표에 따라 진행되고 합의된 시간에 회의를 종료한다.

② 계획회의 단계[5)]

공식적이고 구조화된 계획은 〈그림 4-8〉과 같다.

5) 김미옥, 『장애인복지실천론』, 나남출판사, 2003, pp. 148-149.

〈그림 4-8〉 계획회의 단계

① 욕구사정에 입각하여 상호간의 목적수립하기
↓
② 목적의 우선순위 정하기
↓
③ 전략수립하기
↓
④ 목적을 달성하기 위하여 최선의 전략 선택하기
↓
⑤ 방법을 실행하고 평가를 하기 위하여 시간과 척도 정하기

가. 욕구사정에 입각하여 상호간의 목적 수립하기

목적이란 장애인이 원하는 바람직한 결과나 상황으로 사례관리자는 장애인과 함께 목적을 수립해야 한다. 이때의 전제조건은 사례관리자와 장애인 사이의 신뢰관계 형성, 욕구, 요구사항, 능력 및 자원에 대한 충분한 사정을 통하여 장애인의 현재 상황에 관해 충분히 파악하고 있어야 한다.

이는 정신지체장애인의 경우 능력 정도에 따라 당사자의 욕구 상담을 통한 목적 수립 이외에 추가로 가족(부모)과 담당 사례진행자(생활재활교사)와의 상담을 통해서도 실시될 수 있다.

나. 목적의 우선순위 정하기

장애인이 가장 중요하다고 인식하는 욕구를 기본으로 하여 명확하게 문제를 파악하고, 그 목적들 중에서 우선순위를 정한다. 우선순위를 정함에 있어 기준이 되는 사항은 다음과 같다.

- 장애인 및 가족이 가장 중요하다고 인식하는 것
- 장애인의 삶의 즉각적인 위험을 미칠 가능성이 있는 것
- 달성하기 용의한 것

이외의 실행 가능성, 자원의 유용성 및 적합성 등을 고려하여 우선순

위를 결정하여야 한다.

또한 장애인의 변화를 촉진하는데 도움이 될 수 있도록 장단기로 구분하여 서비스가 적절히 안배되도록 한다.

다. 전략 수립하기

목적달성을 위한 방법을 선택하는 것으로 기법, 전략, 개입이라고도 한다. 즉, 장・단기적인 우선순위 목적들을 달성하기 위한 대안적인 방법을 산출하는 것이 필요하며, 이 때에는 브레인스토밍(brainstorming) 등의 방법을 활용하는 것도 효과적이다.

브레인스토밍을 실행할 때의 주의사항으로는 단순하고 명료한 문제에 사용하기 적합하며, 문제의 성격상 한번에 답을 얻을 수 있는 문제가 적합하다. 그러나 회합을 진행하는 리더자의 자질에 따라 성패가 좌우되기도 한다.

브레인스토밍의 기본규칙은 다음과 같다.

- 창출된 어떤 아이디어도 비판하거나 평가해서는 안된다.
- 자유분방한 분위기를 조성한다.
- 아이디어는 질보다 양을 추구한다.
- 아이디어의 결합과 조합을 통해 개선한다.

라. 목적을 달성하기 위하여 최선의 전략 선택하기

목적을 달성하기 위한 여러 가지 전략이 세워지면 어떠한 원조 세력이 강화될 수 있는지를 알아본다. 즉, 장애인의 현재 상황, 능력, 보유자원 등을 기초로 최선의 전략을 선택해야 한다. 이때에는 현실과 실현가능성을 고려한 선택을 하는 것이 중요하다.

마. 방법을 실행하고 평가를 하기 위하여 시간과 척도 정하기

목표는 서비스 그 자체라기보다는 서비스 제공으로 인한 결과를 의미한다. 따라서 개별장애인에게 지원되어야 할 각각의 목적은 이후 지원계획의 성공 여부를 평가할 때를 대비해 분명한 기준을 포함하고 있어야 한다.

또한 비현실적이거나 모호한 목표는 장애인의 전전 여부를 평가할

수 없게 되기 때문에 관찰 가능하고 측정 가능한 형태로 기술되어야 하며, 선택된 전략의 실행을 위해 시간과 평가 도구 등을 구체화하는 것이 좋다.

본원에서는 위의 계획회의 단계를 기준으로 본원의 서비스 계획회의 진행방식을 설정하였는데, 이는 〈표 4-9〉와 같다.

〈표 4-9〉 서비스 계획회의 진행방식

시간	회의내용	담당자
시작 전	- 사례회의에 대한 사전 논의(진행과정, 참석자 정보 파악 등) - 회의실 세팅, 다과 준비 - 관련 외부 자원 응대	사회자(팀장), 사례관리자
5분	- 개회 및 인사(장애인의 삶의 질 향상을 위한 회의의 목적에 대해 설명함) - 장애인 및 가족(부모), 관련자원 소개 - 회의진행 방식 및 종료시간에 대한 설명(먼저 사례관리자가 파악한 장애인의 대한 정보 및 자원들이 알고 있는 장애인에 대하여 설명하고 자원들의 의견과 사정보고서의 욕구 및 내용에 대해 서비스 계획을 세우는 과정을 설명함)	사회자(팀장)
5분	- 본원에 대한 간략한 소개 및 재활계획수립의 필요성 설명	
25분	- 장애인의 현재 삶의 경험의 질에 대한 설명 ·사정 결과(개별사정보고서) 발표 ·장애인, 가족, 직원의 욕구 진술 ·관련 자원들의 장애인에 대한 현 수준 발표	사회자(팀장) 사례관리자, 사례진행자 (생활재활교사), 가족(부모), 관련 자원
50분	- 사정 결과(개별사정보고서)를 근거로 장애인의 삶의 질 향상을 위하여 장애인과 가족(부모), 관련자원이 판단하는 서비스 목적 수립 - 제시된 의견을 토대로 목적의 우선순위 결정 및 장·단기 목표 설정 - 목적 달성을 위한 서비스 지원 방법과 전략에 대한 토론(브레인스토밍) 및 최선의 전략 선택 - 서비스 계획수립에 따른 역할 분장	
5분	- 논의된 내용 정리 - 폐회 및 인사	사회자(팀장)
종료 후	- 참석 자원들에 대한 감사 표현 - 회의실 정리	사회자(팀장), 사례관리자

③ 계획회의 기록

기록의 형태는 보통 이야기체, 문제 중심기록, 과정기록 등으로 나누어지지만 어느 하나의 기록형태만으로 주거시설의 모든 재활서비스 내용을 기록하기는 어렵다.

따라서 서비스의 내용과 기록양식에 따라 기록형태를 달리 적용하는 것이 바람직하며, 이 중 재활계획회의에 대한 기록은 문제 중심기록(Problem Oriented Recording)[6]으로 작성한다.

가. 계획회의 기록시 구성 요소

- 신원확인을 위한 정보
- 간략적이거나 또는 자세한 사회력
- 제시된 문제, 의뢰사유, 서비스 목적에 대한 설명을 포함하는 사례 개시 요약
- 내담자의 상황에 대한 사회복지사의 사정
- 지원서비스의 목표
- 지원서비스 계획
- 종결 요약

나. 문제중심기록의 장점

- 사회복지사, 기관감독자, 외부의 자문가, 또는 조사자들에게 사회복지사나 기관이 특정한 문제에 대해 접근해 온 방식을 살펴볼 수 있게 한다.
- 장애인이 경험한 문제의 복합성과 상호관련성을 보여주면서 각 특

---

6) 윤덕찬, "재활서비스와 기록사무", 국립재활원 강의원고, 2004, p. 14.
이 원고에 의하면 본 교남소망의 집에서는 서비스의 내용과 기록양식에 따라 기록형태를 달리 적용하고 있으며, 내용은 다음과 같다.
(1) 이야기체 : 개별적으로 발생되는 장애인・외부자원과의 상담, 개별 장애인의 특정행동이나 서비스진행과정에서 실시되는 사례회의, 생활운영일지의 관찰・상담
(2) 문제 중심기록: 개별 장애인의 재활계획수립회의, 장애인에 대한 사정(assessment), 집단프로그램 진행일지(양식에 따라 일부 내용만 포함)
(3) 과정기록: 사회복지 실습생 및 신입직원의 상담지도

정한 문제에 초점화된 관심을 갖도록 한다.

- 전문가 상호간의 의사전달과 지시의 명료성을 촉진시키기 때문에 사례조정이나 팀워크를 증진시킨다.
- 기관에서 직원교체가 있을 경우 특정한 문제에 대한 전문적인 관심이 지속될 수 있다.
- 간결한 기록을 장려한다. 특정한 문제에 초점을 두고 있기 때문에 적절하지 않은 정보는 기록에서 제외된다.

다. 문제중심기록의 4가지 구성 요소

문제중심기록은 4가지 요소로 구성되며, 이 요소들은 문제해결 과정의 기본적인 단계와 관련이 있다. 4가지 구성요소는 ㉠ 데이터베이스 설정, ㉡ 각각 분류번호가 매겨진 특정한 문제의 목록, ㉢ 각 문제의 언급된 행동 계획의 개발, ㉣ 계획의 실행(진행 노트; progress note) 등이다.

라. 문제중심기록의 SOAP 형식

각 문제에 대한 계획을 실행한 이후에 진행과 변화는 문제번호에 따라 기록되는데, 이때에는 SOAP라고 불리는 형식을 사용하는 것이 유용하며 일반적이다. 여기서 S는 주관적 정보(Subjective information), O는 객관적 정보(Objective information), A는 사정(Assessment), P는 계획(Plan)을 뜻한다. 주관적 정보는 장애인과 가족이 기술하는 문제로 장애인과 가족들이 상황을 어떻게 인식하고 느끼는가를 나타낸다. 객관적 정보는 전문가의 직접적 관찰, 임상적 실험, 체계적인 자료 수집 등을 통해 얻어진다. 사정은 주관적·객관적 정보의 검토를 통해 추론된 전문가의 견해(결론)를 뜻하며, 계획은 전문가가 특정한 문제를 제기하거나 해결하는 방법을 나타낸다.

바. 문제중심기록의 문제점

사회복지사가 문제 선택, 정보 수집, 사정과 치료 계획을 세우는데 책임을 갖기 때문에 기록이 주관적이며 장애인의 견해가 무시될 수 있다는 것이다. 또한 장애인의 문제를 상호 연관된 것으로 다루고 있기 않기 때문에 문제들을 파편화시키고 장애인의 강점보다는 결점과 문제의 시각에서 대상화함으로써 장애인의 문제를 장애인의 통제밖에 있는 것으로 간주한다는 비판을 받는다.

(6) 계획회의에 따른 지원계획서 작성

① 지원계획서 작성 기본원칙

가. 지원계획은 전 단계에서 실시한 장애인의 포괄적인 기능적 사정에 바탕을 둔다.

나. 지원계획서를 작성할 때에는 장애인 내지 가족구성원, 또는 대리인이 그 과정에 참가하도록 유도한다.

다. 지원계획은 미리 결정된 개별장애인의 목표를 추구하도록 한다.

라. 지원계획은 영속적인 것이 아니라 특정기간의 계획이다.

마. 지원계획에는 공식적 서비스와 비공식적 지원 등 모두가 포함되도록 한다.

바. 지원계획은 장애인 또는 가족의 부담액을 고려해서 작성한다.

사. 서비스 계획의 내용은 정형화된 계획용지에 문서화한다.

② 지원계획서 내용

재활계획회의에서 논의된 결과에 따라 장애인의 서비스 지원에 대한 지원계획서를 작성한다. 이에 따라 본원에서는 서비스 지원계획 및 결과 총괄표와 주간서비스 지원계획 및 결과표를 사용한다.

가. 서비스 지원계획 및 결과 총괄표는 개별장애인의 사정결과를 기초로 하여 장애인에게 지원되어야 할 전체 서비스의 지원내용을 계획하고 그 결과를 기록한다.

나. 주간 서비스 지원계획 및 결과표는 개별장애인에게 지원되어야 할 서비스를 일주일 단위로 정리한 계획서로써 장애인 스스로 개인 스케줄의 확인 및 사례진행자의 서비스 진행이 원활하게 이루어질 수 있도록 활용된다. 또한 사례진행자가 부재중인 경우에도 다른 직원들이 해당 장애인의 지원서비스를 파악하는데 용

이하도록 활용된다.

다. 지원계획서를 작성할 때에는 개별장애인의 개별적 문제나 욕구에 대해 바람직한 목표와 결과가 일목요연하게 나타나도록 작성되어야 한다. 다만, 개별장애인의 문제나 욕구가 너무 많이 있을 경우에는 어떤 문제나 욕구에 먼저 대응해야 할 것인지에 대한 우선순위를 정하도록 한다.

라. 지원계획서에는 서비스를 지원해 주는 지원주체, 시간 수, 횟수, 비용부담주체 등이 포함되도록 기록한다. 횟수, 시간, 기간 등 시기를 결정할 때에는 그 기간 내에 목표가 성취될 수 있는지 여부를 고려해야 하고, 목표를 성취하는데 충분한 시간을 배정해야 한다.

(7) 지원계획서 검토 및 재수정

① 사례관리자는 지원계획수립회의에 참여한 자원들을 중심으로 사례회의록 및 서비스 지원계획 및 결과 총괄표를 작성하여 지원계획 결과통보서를 우편 또는 팩스로 송부하거나 회의 참석자들을 개인별로 만나 내용을 검토할 수 있도록 한다.

② 관련자원들이 지원계획서를 1주일내 우편 또는 팩스로 받아보지 못할 경우에는 관련자원들과 전화상담을 실시하여 지원계획의 내용을 전하고, 수정되거나 보완되어야 할 사항이 있는지 여부를 확인한다.

③ 관련자원과의 상담을 통하여 작성된 지원계획의 내용, 전략 등이 누락되거나 추가되었는지 여부를 확인하여 재수정한다.

(8) 서비스 동의

① 위의 절차에 따른 지원계획서 검토 및 재수정이 이루어진 경우에는 지원계획수립회의에 참여한 사람을 중심으로 서비스 동의를 얻는다.

② 빠른 시일 안에 관련 자원들에게 서비스 동의를 얻지 못할 경우

에는 전화상담 등을 실시하여 지원계획서의 세부사항을 설명한 후 구두로 동의를 얻는다.

제 4 절 개입단계

이 단계는 적용 개입하는 단계로 실습계획이 적용되는 중요한 시기로 실습지도자는 실습생의 학습을 지도하고 평가하는 이중적인 역할을 수행하게 된다. 슈퍼비전은 정기적으로 주 1회 이루어지며 행정적인 슈퍼비전 뿐 아니라 실습생의 도약과 성장에 초점을 둔 실습교육이 바람직하다. 다양한 교육적 도구를 사용하여 실습생의 학습을 돕는 것이 효과적이다. 실습에서 사용할 수 있는 교육적 도구는 다음과 같다.

1. 과정기록

실무를 검토할 수 있는 중요한 도구로 실습생이 담당했던 실제적인 사건과 주관적인 반응을 기록하여 실습생의 반응, 행동, 판단 등에 의해 클라이언트가 어떻게 영향을 받는지 알 수 있는 장점이 있다. 목표성취에 도움이 되는 대인적 기술인 개인적 상담이나 소집단 접근을 계획하고 관리하는 직접적인 실천에 대해 과정기록이 이루어진다.

2. 역할극

실습지도에서 클라이언트나 동료에 대한 감정이입 능력을 향상시킬 뿐 아니라 개입기술의 발달에 도움이 되는 역할극(role playing)을 활용한다. 이 방법에 익숙해지면 다양한 실천적 상황에 대한 준비와 두려움 해소에 도움이 된다.

3. 직접 관찰

지도자가 함께 개입과정에 참여하거나 일방적으로 관찰하거나 녹음하는 것은 여과되지 않은 기록이 된다. 따라서 실습지도에 활용하면 좋으나 초기에는 학생에게 부담이 될 수 있다. 지도자는 이러한 자료를 토대로 학생의 개입활동 목표와 과정에 대한 토론을 하여 학습을 촉진할 수 있다.

4. 오디오/비디오 녹화

실습생의 긍정적인 역할수행과 클라이언트에 대한 반응과정들을 분석하여 학습자료로 활용할 수 있다.

5. 직접적 개입방법

개입과정은 사회복지사와 클라이언트가 상호 협의하여 결정한 문제를 해결하기 위하여 구체적인 행동을 실행하는 것이다. 이 과정을 통해 의도된 변화가 일어나는 실천단계이다.

개입방법은 문제와 목표에 직접적으로 관련된 것이 효과적이다. 따라서 직접적으로 관련되지 않은 사회복지사의 개입은 시간 낭비이고 실패할 가능성이 크다. 개입방법에는 직접적인 개입방법과 간접적인 개입방법 직간접적 혼용방법으로 구성되어 있다. 직접적인 개입방법은 개인, 집단, 가족을 대상으로 클라이언트에게 직접 개입하는 기술적 기법이며 간접적 개입방법은 클라이언트 욕구에 반응하도록 환경을 변화시키는 실천방법을 의미한다.

직간접 혼용방법은 양자를 함께 병행하는 개입방법이다.

1) 문제해결 능력을 향상시키는 기법

(1) 정보제공

정보제공(informing)은 클라이언트에게 의사결정이나 과업수행에 필요한 정보를 제공하는 것을 의미한다. 즉 클라이언트가 어떤 결정을 내리고 과제를 수행하는데 필요한 정보를 제공하는 기법이다.

사회복지사는 클라이언트에게 정보를 제공할 때 다음과 같은 지침을 명심해야 한다.

첫째, 클라이언트의 심리상태를 주의 깊게 고려한 후 정보를 제공한다. 클라이언트의 교육배경, 지적 수준, 언어구사력, 공포감 등을 고려하여 정보를 제공하여야 한다. 만약 클라이언트가 잘못 이해하면 클라이언트에게 중요한 타자에게도 똑같은 정보를 제공할 수도 있다.

둘째, 정보나 지시는 논리적·체계적·단계적으로 제공하여야 한다. 사회복지사가 두서없이 정보를 제공하면 클라이언트는 혼동될 것이다. 사회복지사가 말한 것에 대하여 클라이언트가 생각할 시간을 주고 명확하지 않은 것을 분명하게 하기 위하여 질문을 하도록 한다. 잘못 이해하고 있다는 비언어적 신호를 주의 깊게 살피고, 메시지를 정확히 이해했는지를 점검하는 것이 중요하다.

셋째, 복잡하고 다단계적인 지시사항은 서면으로 하는 것이 좋다.

넷째. '이것, 저것, 그들' 등의 대명사는 조심해서 사용해야 한다. 혼란을 주지 않게 정확한 단어를 사용하고 충분한 설명을 하여 실수가 없도록 최선을 다하여야 한다.

다섯째, 분명하게 말한다. 빠르게 말하거나 어려운 단어 사용은 피한다.

(2) 조언

조언이란 클라이언트가 해야 할 것을 주천하거나 제안하는 사회복지사의 진술을 의미한다. 조언이 적당하다고 느끼면 클라이언트는 사회복지사의 선호를 분명히 알아차릴 수가 있다. 조언은 반드시 클라이언트가 요구할 때 주어야 한다. 조언을 주는 것에는 많은 함정이 있으므로 사회복지사가 이 기술을 사용할 때는 매우 신중해야 한다.

조언 시 지침은 다음과 같다.

① 클라이언트의 입장에서 조언 받을 때의 느낌을 먼저 생각한다.

② 치료에서보다는 의뢰, 중개 또는 옹호를 할 때 주로 사용한다.

③ 클라이언트가 원치 않으면 제공하지 않는다.

④ 클라이언트에게 선택의 여지가 있도록 제시한다.

⑤ 조언을 활용할 때 따르는 법적 책임에 대해서 고려한다.

⑥ 사회복지사에게 책임을 지우는 조정적 클라이언트에 대해서는 조언 시 매우 주의한다.

(3) 격려

격려(encouragement)란 클라이언트의 가능성에 대한 확신을 표현하는 사회복사의 진술 형태를 띠고 있으며 클라이언트의 강점을 인정하고 지지하는 수단이 된다. 즉, 클라이언트의 행동, 태도, 감정을 칭찬하거나 인정해 주는 사회복지사의 언어적 표현이다.

이 기법은 클라이언트가 스스로 자신의 능력과 진도 그리고 지식을 보유하고 있는 클라이언트에게 문제해결 능력과 동기를 최대화시켜 주는 방법으로 매우 효과적이다. 이 기법은 클라이언트가 스스로 자신의 능력과 진도 그리고 기대 정도에 맞추어 문제를 해결해 나가도록 자유롭고 독립적인 분위기를 조성해 주는 것이다. 또한 사회복지사는 클라이언트의 기분과 생각, 행동을 존중하는 반응을 보여주어야 하는 조심스러운 기법이다.

(4) 재보증

재보증(reassurance)이란 클라이언트를 안심시키는 것으로 사실상은 합리적이고 현실적인 생각과 결정에 대해 클라이언트가 의구심을 갖고 있을 때 사용한다. 즉 클라이언트의 능력에 대해 사회복지사가 신뢰를 표현하여 자신감을 주는 것이다.

재보증을 통해 클라이언트가 직면하고 있는 문제는 부정하되, 그 문제에 따른 감정은 부정해서는 안 된다.

(5) 보편화

보편화(universalization)란 클라이언트의 생각, 느낌, 행동 등이 그와 비슷한 상황에 있는 다른 사람과 같다는 사회복지사의 진술을 의미한다. 부모를 요양시설에 보내고 죄책감에 괴로워하는 클라이언트에게 "나는 부모님을 요양소에 보내야만 했던 많은 사람들을 알고 있습니다. 그들도 당신처럼 똑같은 감정을 이야기했습니다."라는 예를 들 수 있다. 이 기법은 자신이 다른 사람과 다르다고 느끼는 클라이언트의 감정을 중단시키고, 클라이언트의 긍정적인 인간적 특성, 강점, 성과물 등을 인식시켜 주는 기회를 마련한다.

2) 행동변화를 위한 기법

(1) 강화와 처벌

강화(reinforcement)와 처벌(punishment) 기법은 스키너(Skinner)의 조작적 행동학습이론(operant learning theory)을 기초한 기법이다. 강화란 표적행동이 과거보다 빈번하게 일어날 가능성을 증가시키는 사건이나 행동을 의미한다. 초등학교 학생이 숙제를 해 왔을 때 선생님이 칭찬을 한다거나 상품을 줌으로써 숙제하는 행동을 계속 유지시키는 것이 좋은 예이다. 이때 칭찬이나 상품을 강화물이라고 한다. 강화에는 정적강화(positive reinforcement)와 부정적 강화(negative reinforcement)가 있다. 정적강화란 강화물을 제공하는 것이며 부적강화는 행동 자가 원하지 않거나 싫어하는 것을 제거해 주는 것이다. 즉, 선생님의 칭찬이나 상품은 정적강화이고 숙제를 해 옴으로써 청소를 면제해 주는 것은 부정적강화이다.

(2) 행동연쇄

행동연쇄(chaining)란 옷 갈아입기와 같이 여러 단계를 거쳐야 하는 복잡한 행동을 몇 개의 분리된 단계나 요소로 나누어, 한 번에 단 한 개씩만 가르치는 절차를 의미한다. 즉 하나의 행동을 배우게 하는 데 있어 전체 행동을 보다 작은 단위행동으로 분리하여 연쇄적으로 배워 가는 과정을 말한다. 즉, 서로 연결된 단위행동들은 각각 선행된 단위 행동에 대해 일종의 강화물로 작용함으로써 하나의 완성된 행동을 배워 나간다는 것이다.

(3) 용암법

한 행동이 다른 상황에서도 발생할 수 있도록 그 상황을 점차적으로 변경하여 가는 방법을 말한다. 대인관계에 미숙한 클라이언트에게 대화법을 학습시키고자 할 때 우선은 사회복지사와의 관계에서 대화법을 익힌 후에 점차 다른 상황의 대인관계에까지 확대시켜 나가는 방법이 바로 용암법을 적용한 행동학습이다.

(4) 모델링

모델링(modeling)이란 클라이언트가 유사한 행동을 할 수 있도록 특정 행동의 예를 제시하는 절차를 의미한다. 즉 타인이 하는 행동을 보고 모방하도록 하는 방법이다. 클라이언트에게 이 기법을 적용하여 의도하는 행동을 학습시키기 위해 비디오테이프 같은 자료를 활용하기도 한다.

(5) 타임아웃

문제행동이 어떠한 상황으로 인해 강화되는 경우 행위자를 상황으로부터 격리시키는 방법을 의미한다. 예컨대 청소년집단에서 본드흡입이 일종의 용감함, 남성다움으로 간주되는 경향이 있기 때문에 일탈행동이 지속되는 경우가 있는데 이럴 때 행위자를 또래 집단에서 분리시켜 놓는 것을 타임아웃(time-out)이라고 한다.

(6) 행동시연

행동시연(behavioral rehearsal)은 행동주의치료로부터 도출된 기법으로 클라이언트가 특정한 상황에 놓이게 될 경우 그 상황에 맞추어 다른 사람과의 상호작용에서 적절한 행동을 할 수 있도록 미리 연습시키는 기법 이다. 이러한 연습을 통하여 직면할 상황에 대한 클라이언트의 두려움을 해소시키고 상황에 적절히 대응할 수 있는 자신감을 향상시키는 효과가 있다.

(7) 행동계약

행동계약(behavioral contract)이란 클라이언트의 행동변화가 일어나도록 고안된 서면화된 동의를 의미한다. 계약은 두 사람 이상의 사람들 사이에서 일어나는 보상 또는 정적강화의 교환을 포함한다.

행동계약에는 조건부계약(contigency contract)과 상호적 행동계약(reciprocal behavioral contract)이 있다. 조건부계약은 한 사람이 다른 사람의 행동과 관련된 결과를 설정하여 동의를 얻는 것이다. 예를 들면 아버지가 아들에게 일주일을 연속으로 일찍 일어나면 일요일에 만화영화를 보여 주겠다고 하는 것이다.

상호적 행동계약은 행동계약 2개 군(남편과 아내) 사이의 동의를 말하며, 각자는 상대방의 바람직한 특정 행동에 대한 보상을 동의한다. 예를 들면 남편은 아내가 자신의 차를 세차해 주면 아내가 좋아하는 목걸이를 사주겠다고 하고, 한편 아내는 남편이 집을 청소해 주면 남편이 좋아하는 요리를 하겠다고 동의하는 것이다.

(8) 과제부여

과제부여란 클라이언트가 상담 세션들 사이에서 수행할 구체적인 과제나 활동을 부여함으로써 새로운 행동을 학습하도록 하는 것이다. 새로운 기술을 습득하고 새로운 행동패턴을 개발하는 것은 사회적 기능상의 많은 문제들을 해결하는 데 중요하다.

과제란 상담 세션들 사이에 클라이언트가 수행하도록 부여된 것을 의미 한다. 과제는 클라이언트와 사회복지사의 계약, 개입과 목표 등과 직접 관련된 것이어야 하며, 클라이언트와 사회복지사는 함께 과제를 선택하고 계획하여야 하며, 또한 과제는 반드시 클라이언트가 이해 가능한 것이 바람직하다.

3) 자아인식 및 자긍심 향상을 위한 기법

(1) 자기대화

자기대화(self-talk)란 우리가 스스로에게 주는 메시지를 의미하며 우리가 우리 자신에게 말하는 것은 우리가 경험한 것에 대한 독특한 해설을 반영하는 것이다. 인지치료를 고수하는 사회복지사들은 자기대화는 감정적 반응을 일으키고 이후에 행동을 야기한다고 강조한다.

사회복자사가 자기대화에서 왜곡을 수정하기 위한 5단계 접근방법은 다음과 같다.

첫째, 현재 자신의 생각과 느낌을 명확히 하게 된다.

둘째, 자신의 자기 대화를 되뇌어 본다. 극단적인 사고에 주의를 집중하고, 절대 아니다, 할 수 없다, 완전히, 모든 사람 등의 단어 사용에 주의를 기울인다.

셋째, 자신의 상황을 객관적인 현실로 보게 된다. 사실이 확인되면 긴장을 풀고 깊은 호흡을 하게 사실들을 3번 큰소리로 반복한다.

넷째, 자신의 현실을 직시하고 부적절한 용어를 피한다. 그리하면 다르게 느낄 것이며 상황이 전처럼 나쁘지 않다는 것을 알게 될 것이다.

다섯째, 상황에 대한 사실을 명심하고 자신이 할 수 있는 것이 무엇인가 고려한다.

(2) 도전

도전(challenge)이란 자기 패배적이고 타인에게 해로운 내적 또는 외적 행동을 검토하고, 이러한 행동을 변화시키는 것이다(Egan, 1994).

도전은 클라이언트의 자기기만이나 회피에 초점을 둔다. 즉 합리화, 회피, 왜곡, 게임, 자신의 행동결과인식 회피, 클라이언트의 언행불일치, 문제를 교정하려 조치를 회피, 또는 중요한 이슈를 다루려 하지 않는 것 등에 초점을 둔다.

(3) 자아 존중감 향상

자아 존중감(self-esteem)이란 자기 자신에 대한 개인적 가치이며, 자신의 상(self-image)을 좋아하는 것이다(Hjelle & Ziegler, 1981). 낮은 자아존중감은 불행과 사회적 기능상의 문제를 초래하는 중요한 원인이 된다. 자신에게 가치를 부여하지 않거나 자신을 존중하지 않은 사람은 자기 확신이 결여되어 있으며, 스스로 부여한 많은 장애와 한계로 고통 받고 있는 사람이다. 자아 존중감 향상은 시간이 많이 필요하다.

(4) 환기법

환기법(ventilation)이란 클라이언트의 문제와 상황에 관련된 감정을 클라이언트로 하여금 표출하도록 하는 기법이다. 클라이언트는 대부분 문제와 관련되어 다양한 감정을 경험하게 되는데, 어떤 경우에 분노, 증오, 슬픔, 죄의식, 불안 등의 감정이 제대로 표출되지 않거나 혹은 강하게 억압되어 그것 자체가 문제이거나 혹은 문제해결을 방해하는 경우가 있다. 사회복지사는 클라이언트가 미처 의식하지 못하거나 혹은 억압하려는 이러한 감정들을 인식하고 클라이언트가 자신의 감정을 자유롭게 표출하도록 격려함으로써 감정의 강도를 완화시키거나 정서적 분출을 바람직한 방향으로 유도할 수 있다(Woods & Hollis, 1990).

4) 대인관계 향상을 위한 기법

(1) 역할전환

역할전환(role reversal)이란 한 사람이 다른 사람의 역할을 맡아 다른 사람의 관점에서 사물을 보도록 하는 방법이다.

이 기법은 특히 성원 간의 갈등이 문제인 가족을 대상으로 면접을 실시할 때 활용하기에 적당하다. 이 기법을 통해 동일 상황에 대해 다른 가족 구성원의 이해와 느낌에 대한 이해를 증진시킬 수 있다.

역할전환은 사회복지사 앞에서 실시하는 것이지만 간혹 집에 돌아가서 가족들끼리 실행해 보도록 과제로 제시할 수도 있다. 이러한 과제수행을 통해 다른 사람에 대한 이해의 증진은 물론 다른 사람에 의해 시연되는 자신의 해동을 바라보며 자신에 대해 기회를 갖게 한다.

(2) 빈 의자

빈 의자(empty chair) 기법은 게슈탈트치료(Gestalt Therapy)에서 도입되었으며, 이중의자기법(double-chair technique)이라고도 한다.

이 기법은 현재 치료 장면에 나와 있지 않은 사람과 상호작용할 필요가 있을 때 사용되며 이때 클라이언트는 그 사람이 맞은편 빈 의자에 앉아있다고 상상하고 그와 대화한다. 의자는 클라이언트와 갈등상태에 있는 사람이다.

(3) 가족조각

가족조각(family sculpting)이란 집단 세션 내에서 클라이언트나 클라이언트의 가족이 가족행동의 중요한 측면을 재연하여 완화시키도록 돕기 위해 고안되었으며 치료뿐만 아니라 사정의 도구가 된다.

가족조각기법은 공간을 이용하여 가족성원들을 다양한 신체적 자세로 배열시킴으로써 가족 구조를 시각적으로 묘사하는 기법이다(Goldenberg & Goldenberg, 1985).

(4) 재구조화

재구조화(reframing)란 클라이언트가 특정 사건, 행동 또는 인생 경험에 부여하는 의미를 수정하기 위하여 사용되는 기법이다. 이 기법을 통해 클라이언트는 다양하고 긍정적 시각으로 사건이나 행동을 볼 수 있다.

재구조화는 재부여(elabeling) 또는 재 규정화(redefining)라고도 불리며 부부와 가족 간에 대인갈등을 갖고 있는 대상에게 유용하다.

(5) 이완훈련

이완훈련(relaxation training)은 클라이언트들이 중요한 근육 부위를 집중적으로 이완시킬 수 있도록 사회복지사가 원조하는 것이다.

이완훈련은 아주 간단한 방법에서부터 교육 후에 사용하는 방법 등 다양하다. 사회복지사가 사용할 수 있는 방법으로는 클라이언트가 눈을 감게 한 후 천천히 복식호흡을 하게 한다. 즉 천천히 코로 숨을 들여 마시고 내쉴 때는 천천히 입으로 내쉬게 하고, 이것을 몇 분 동안 계속 하면 긴장 및 불안이 완화된다. 만성적인 긴장상태의 클라이언트에게는 4-8시간의 근육 이완과 관련된 강의를 받은 후 조용한 환경에서 깊고 규칙적인 호흡과 함께 근육을 이완시키며 동시에 즐거운 상상이나 생각을 하는 과정을 반복한다.

6. 간접적 개입방법

간접적 실천이란 사회복지사가 클라이언트와의 개인적인 접촉이나 즉각적인 개입을 하지 않는 행정, 연구조사, 정책개발, 교육 등과 같은 사회복지사의 활동이며, 간접적 치료는 클라이언트를 대신해서 환경을 변화시키는 개념이며, 조정, 교육, 옹호 그리고 자원개발 등을 포함한다.

1) 프로그램 평가

프로그램을 원하는 개인적·사회적 변화를 달성하기 위한 계획된 활동 절차이므로 프로그램 활용 시 그 목적과 목표들을 성취하고 있음을 판단하기 위하여 시험하는 것이 프로그램 평가이다

2) 교육과 훈련

사회복지사는 교육과 훈련을 통해서 클라이언트에게 정보, 지식, 기술의 습득을 지도하고 원조하는 것이다.

사회복지사들은 자녀양육, 대인간의 의사소통, 스트레스 관리, 직업을 구하는 것, 일상생활 등의 기술들을 가르치고 클라이언트, 자원봉사자, 동료 또는 관심을 가진 시민에게 직접 교육하기도 한다. 이것은 공식적인 교육, 워크숍 또는 일대일의 관계를 통해서 이루어진다. 또한 사회

복지사가 클라이언트와 직접 활동도 가르침(teaching)이다. 그러므로 사회복지사에게는 교사로서 효과성을 높이는 지침들이 필요하다.

3) 계급옹호

계급옹호(class advocacy)란 클라이언트 옹호와는 대조되는 것으로 전체집단이나 계층의 사람을 대신하는 행동을 의미한다.

계급옹호는 지역이나 국가 수준에서 법적 변화 그리고 공공정책에서 변화를 추구하기 때문에 고급행정가와 선출된 관리들의 의사결정에 영향을 미치는 것을 목적으로 하는 정치적 과정이다. 이것은 사회적 쟁점에 관해 관심을 공유하는 기관과 여러 조직들과의 연합구축을 요구한다. 이때 사회복지사는 독립된 실천가라기보다는 조직의 대표로서 참여한다.

4) 사회정책 분석

사회정책의 분석은 어렵고 시간이 많이 소요된다. 여러 가지 훌륭한 분석 모델들이 사회사업문헌들에 나와 있으나 사회복지사의 역할과 분석을 위한 준비 여하에 따라서 접근이 가능하다. 지역사회 변화활동에 전임으로 종사하고 있지 않은 사회복지사들은 대부분 복잡한 모델들을 적용할 시간이나 자원이 없다. 복잡한 정책분석 모델을 사용하든 단순한 모델을 사용하든 간에 중요한 것은 정확한 자료를 사용하는 데 대해 양심적이어야 하고 결론을 도출해 내는 데 신중해야 한다는 점이다. 사회복지사들이 사용하는 사정모델이 한계가 있는 경우보다는 도전을 받았을 때 결론이 충분한 지지를 받지 못하는 경우가 더 많다

5) 사회행동

사회행동(social action)이란 사회복지사가 사회복지의 목적 달성을 위하여 행하는 합법적이고 조직적인 여론 환기와 정치적 활동으로서 입법조치 및 사회운동의 과정을 의미한다.

최일섭과 류진석(1997)은 사회행동을 실행하는 효과적인 전략을 다

음의 5가지로 보았다.

(1) 대상 집단을 이기기 위해 힘을 갖기 위한 전략으로 현재 일어나고 있는 사태에 관한 지식을 정부당국이나 정치인들에게 제공하거나, 반대집단에 불편과 손해를 입힐 수 있는 힘이 있음을 과시할 수 있다. 또한 상대방의 약점을 들추어내거나 집단행동에 많은 사람을 동원하여 힘을 과시함으로써 대상 집단을 이기려 할 수도 있다.

(2) 사회행동 캠페인의 합법성을 확보하는 전략으로 자체의 조직원과 일반주민은 물론 때로는 상대조직에게 일반적으로 수용될 수 있는 전략을 선택하는 것이다. 어떠한 전술도 기존의 법질서를 해치는 것이어서는 안 된다.

(3) 지역사회의 타 조직과 협력하는 전략으로 한 사회행동조직이 수적으로 힘을 얻기 위해서는 다른 조직들과 협조, 연합, 동맹하는 것이다.

(4) 캠페인에 전술을 연결시키는 전략으로 압력전술, 법적 전술, 항의 전술, 등이 개별적으로 혹은 여러 가지가 동시에 사용된다.

(5) 협상전개의 전략으로 협상의 성공을 위해 사전에 충분히 협상에 대한 준비가 있어야 한다는 것이다. 이를 위해서는 갈등(이슈)의 범위를 저소득층의 특정 임대아파트의 난방 공급문제로 볼 것인지 아니면 저소득층의 주택문제로 확대하여 볼지 여부가 있다. 갈등범위가 좁을수록 협상은 쉬우나 여러 번 협상해야 하는 번거로움이 있다. 따라서 해결이 가능할 정도로 적절하게 갈등의 범위를 정해야 한다.

7. 점검

일반적으로 계획을 세우고 수행하다 보면 클라이언트의 진전 상황을 점검하고, 문제가 있다면 대안을 개발하며, 성취한 것은 지지하고 강화하며, 장애물을 사정하고 극복하도록 도우며, 목적성취에 대한 초점을 유지하도록 해야 한다. 항상 계획된 대로 잘 진행되는 경우도 있지만 수행이 난관 없이 진행되는 일은 오히려 드물다. 목표 달성을 위한 개입이 시작되면 사회복지사는 이러한 활동이 목표 달성을 위해 진전되고 있는지 여부를 평가해야 한다. 개입과 동시에 지속적으로 이루어지는 이러한 평가는 개입활동의 타당성, 정확성, 효율성을 검토하는 것이다(Wood, 1978). 사회복지사의 점검에 의해 계획된 개입활동의 지속 또는 변경 여부가 결정된다.

과제를 수행하는데 주저함이나 저항이 있다면 그 원인을 찾아보아야 한다. 클라이언트가 정말로 힘들어한다면 다른 과제를 개발할 필요가 있다. 점검은 기관의 서비스가 제대로 제공되고 있는지를 확인하는 것도 포함된다. 약속된 서비스가 제대로 전달되고 있는지를 확인하고 또한 클라이언트가 서비스를 사용하고 있는지도 관찰한다. 서비스에 대한 클라이언트의 불만을 들어볼 필요도 있으며 서비스 제공자에게 격려, 지지 및 상담을 제공하기도 한다. 한편, 점검을 하다 보면 기대하는 변화에 진전이 없는 경우를 보게 된다. 변화에 대한 장애물이 늘 있게 마련인데 이를 극복하는 방법을 알아보자

1) 변화에 저항

변화에 저항이 따르는 것은 흔한 현상이다. 개인 클라이언트의 저항도 문제이지만 클라이언트의 변화노력을 방해하는 외부요인들이 문제다. 생태도를 통해 클라이언트 환경 속에서 발생하는 스트레스와 갈등을 알아보고 변화를 증진시키거나 방해하는 세력을 분석해 본다면 왜 클라이언트가 저항을 보이거나 부정적으로 반응하는지에 대해 그 이유를 알게 될 것이다. 확대가족성원, 친구, 이웃, 지역사회 또는 종교 지도자를 조언자 자격으로 초빙해서 이야기를 들어 보는 것은 매우 유용하다.

2) 저항 받아주기

만일 클라이언트가 저항하는 것이라면 받아주어야 한다. 클라이언트의 저항의 이유를 존중하며, 동시에 그 정항이 어떤 기능을 하는지 이해해야 한다. 클라이언트의 동기가 이해된다면 그 저항을 긍정적인 목적으로 재명명하는 것이 가능하다. 예를 들어, 비행청소년의 부모는 청소년에게 비난하고 화를 내는 것을 일상화한다. 부모가 자신의 행동을 변화시키지 않으려 하는 것은 자녀의 미래에 대한 두려움이나 부모로서의 조그마한 자존심이다. 즉 부모가 지속적으로 그러한 행동을 보이는 목적이 청소년의 안전한 미래를 확보하는 것이라는 것을 이해해야 한다. 그렇게 할 때 부모의 목적을 성취하기 위한 모든 가능한 방법에 대해 논의 하면서 비생산적인 비난과 논쟁을 피하도록 이끌 수 있다.

3) 목적과 과업 나누기

목적과 과업을 더 작게 나누는 조치를 취할 필요가 있다. 아동들에게 과제가 너무 부담이 되어서는 안 된다. 문제 행동의 변화가 너무 느리거나 변화가 없을 때 부모들은 화를 내거나 좌절하고 치료에 저항을 보이는 경우도 있다. 이때 치료시작부터 부모에게 아동의 문제행동이 재발되거나 아동이 과제를 수행하기를 원치 않는 경우가 있을 수 있다는 것을 미리 알아두는 것이 좋다. 이러한 점은 치료 상에 어려움이 있는 모든 클라이언트에게 중요하다(corwin, 2002).

제 5 절 종결과 평가

1. 종결단계

슈퍼바이저는 실습생이 클라이언트나 기관스텝 및 함께 일했던 관계자들과의 종결을 계획하도록 돕는다. 종결요약기록과 과정기록과 같은 자료를 정리하고 구두 보고를 통해 종결을 준비한다. 종결은 앞으로도 지속될 수 있는 실습동료들과 만남의 관계로 또 다른 시작이기도 하다. 실습교육의 주된 보상은 이전에 실습생이었던 실무자들의 업무수행과 경력을 보며 자신의 비전과 전문가로서의 도약을 꿈꾸고 앞날에 대해서 설계하는 기회를 갖는 것이다. 또한 실습교육을 통해서 보람을 가지고 성취하였음을 축하하고 성장한 것을 확인하며, 앞으로 전문적 발전을 위해 노력해야 할 방향을 설정하는 계기를 갖는다.

1) 종결단계

사회복지실천과정의 최종단계는 종결이다. 종결은 개입을 끝마치는 것이므로 간단하게 보이지만 사실은 사회복지실천과정에서 매우 중대한 단계이다. 종결작업은 클라이언트의 사회적 기능을 강화시키는 동시에 사회 사회복지사와 클라이언트가 개입의 전 과정을 통해 같이 발전시켜온 성과를 이해시키는 과정이기도 하다. 어떤 관계이든 관계의 종결은 강렬한 정서적 반응을 동반하게 되는데 이러한 감정들은 성장의 수단으로 쓰이기도 하고 거부되거나 억압되어 차후의 사회적 기능을 방해할 수도 있다. 그러므로 사회복지사는 최종단계에서 종결을 잘 다룰 수 있는 기술이 필요하다.

(1) 종결 시 수행과제

① 사회복지사는 클라이언트가 원조과정에서의 경험을 평가하도록 돕는다.

② 종결에 대한 감정처리를 돕는다.

③ 종결 후에도 유익한 변화를 계속 유지하도록 돕는다.

④ 필요하다면 새로운 서비스를 모색하도록 돕는다.

(2) 종결의 유형

종결은 클라이언트와 사회복지사 모두에게 이별과 관련된 복잡한 감정을 갖게 된다. 이때 클라이언트가 보이는 반응은 사회복지사에 대한 애착정도, 목표의 성취정도 그리고 어린 시절 이별경험에 따라 다양한 반응으로 나타날 수 있다. 그러나 일반적으로 클라이언트는 일정기간 자신과 관련된 모든 이야기를 들어주고 자신을 수용하며 헌신적으로 돌보아준 사회복지사와의 이별을 큰 상실과 슬픔으로 느낄 수 있다.

헵워스와 라슨(Hepworth & Larsen, 1986)은 종결이 다음가 같이 일정 기간만 제공되는 계획된 종결, 시간제한이 있는 종결, 시간제한이 없는 종결, 클라이언트의 일방적 종결, 사회복지사의 이동으로 인한 종결로 다양하게 여러 가지상황에서 나나날 수 있다고 했다.

① 일정 기간만 제공되는 계획된 종결(planned endings)

정해진 기간만 제공되는 계획된 종결에는 학기 중에만 서비스를 제공하는 학교 프로그램, 입원기간만 제공되는 병원서비스, 실습기간에만 사례를 다루는 실습생의 경우가 이에 해당된다.

처음부터 종결시간을 정하고 종결하는 경우로 미리 알려진 것이므로 클라이언트 입장에서는 갑작스럽게 종결을 맞는 것보다 충격이 적고 그에 대한 대비를 할 수 있어 종결에 따른 감정을 해소할 충분한 시간을 갖게 된다. 그러나 때로는 만약 그 시간 내에 문제가 해결되지 않았을 때 클라이언트는 진행 도중에 서비스가 중단되었다고 생각할 수 있고 사회복지사는 종결에 대한 감정처리 이외에 남아 있는 문제를 해결하기 위해 다른 기관에 의뢰해야 하는 이중부담을 가지게 된다. 이런 경우 사회복지사는 기관의 특성상 가지는 한계를 잘 설명하여 신뢰관계가 손상되지 않도록 노력하고 적절한 기관에 의뢰한다.

② 시간제한이 있는 종결(anticipated endings)

시간 제한적인 방식에 의한 종결은 초기부터 사회복지사와 클라이언트가 개입의 시간을 미리 제한하고 시작하는 것이다. 이렇게 시간을 제한하는 방식은 정서적 애착과 의존을 줄여주고 종결에 따른 상실감도 줄여준다. 물론 시간제한을 두지 않는 방법에 비해 상대적으로 애착과 상실감이 적다는 것이지 상실감이 전혀 없다는 것은 아니다. 시간 제한적인 방식에서도 나름대로의 종결에 대한 반응은 나타난다. 사회복지사는 이러한 반응에 민감하게 대처하여 적절히 다루어야 한다. 이런 종결에서 사회복지사가 할 업무는 첫째, 클라이언트가 개입을 통해 얻는 것을 분명히 하고, 둘째, 지속적인 개입이 필요한 경우 또 다른 계획을 세우며, 셋째, 개입기간에 배운 바를 클라이언트가 일상생활에 어떻게 적용할 것인지를 확인한다. 그리고 넷째, 사후 세션을 계획한다.

③ 시간제한이 없는 종결(unanticipated endings)

시간제한이 없는 방식에 의한 종결에서는 언제 종결할 것인가를 결정하는 것이 중요하다. 일반적으로 사회복지사와 만남을 통해 클라이언트가 얻는 것이 줄어들 때 즉, 세션에서 얻는 이득이 점차 줄어들어 중요성이 없어질 때가 종결할 때라고 한다. 그러나 이런 경우 클라이언트는 매우 강한 정서적 반응을 보일 수 있다. 언제 끝날지 모르는 상황이란 클라이언트로 하여금 두려움과 지루한 감정을 유발하여 조기에 포기하는 경우가 생길 수 있다. 이럴 경우 클라이언트는 장기간의 개입과정에서 의존심이 증가되고 전문적 관계를 통해 얻는 이득에 만족하는 경우 종결은 어려워진다.

④ 클라이언트의 일방적 종결

클라이언트가 일방적 종결을 하는 경우가 있는데, 그 이유는 다양하다. 가장 평범한 이유는 클라이언트에 의한 일방적인 종결로 클라이언트가 갑자기 약속을 어기거나 이런저런 이유로 올 수 없음을 핑계되고 더 이상 자신의 문제를 노출시키지 않으면서 종결을 원할 때 이루어진다. 이때 사회복지사는 종결이 상당히 중요한 문제이므로 신중히 생각할 것을 권하지만 종국에는 클라이언트의 자기결정을 존중하는 것이 좋다. 클라이언트에 의한 일방적인 종결은 대부분 해결되지 못한 저항 때문이거나 문제가 이미 해결되었다는 비현실적인 믿음 때문일 수 있다. 따라서 이런 것들은 직면하여 토론하는 것이 좋다. 그러나 계속 진행할 것을 강요해서는 안 되며, 언제든지 다시 올 수 있는 여지가 있음을 분명히 알려야 한다. 이렇게 할 경우 클라이언트는 부가적인 서비스 때문에 다시 올 수 있고 다시 올 때는 전보다 더 많은 동기를 가지고 오게 된다.

⑤ 사회복지사가 이동함으로써 이루어진 종결은 클라이언트와 사회복지사 모두에게 힘든 것이다. 이전에 중요한 관계에서 거부당한 경험이 있는 클라이언트는 특히 상처받기 쉽고 자존심이 약해진다. 사회복지사는 떠나는 죄책감을 보상하기 위해 지나치게 잘 대해 주거나 재보증(reassurance)을 해주어 클라이언트로 하여금 부정적 감정을 표현하기 어렵게 만든다. 따라서 이런 경우 사회복지사는 시간이 허락하는 한 감정표현을 허용하고 다른 사회복지사에게 의뢰하는 것을 수용하도록 도와야 한다. 사회복지사가 기관으로 옮기는 준비를 잘 하도록 도와주어야 한다.

(3) 종결판단 시 고려사항

셰퍼와 호레이시(1991)는 종결할 때가 되었는지를 판단할 때 고려해야 할 몇 가지 기준을 다음과 같이 제시하였다.

① 개입목적의 달성 정도

② 서비스의 시간 내 제공 완료 여부

③ 클라이언트 문제 상황의 해결 정도

④ 사회복지사와 기관의 투자 노력

⑤ 이득체감에 대한 사회복지와 클라이언트의 합의 여부
⑥ 클라이언트의 의존성
⑦ 클라이언트에 대한 새로운 서비스의 적합성 여부 등이다.

2) 정서적 반응의 상호 해결

(1) 사회복지사가 떠나갈 때 생기는 정서관리

사회복지사가 기관을 그만두기 때문에 일어나는 종결에서 클라이언트가 슬픔을 경험하기 전에 다른 반응들을 보일 때가 있다. 종결이 계획된 것도 아니고 사전에 알려준 것이 아니므로 다른 갑작스러운 위기 유형에서 나타나는 반응과 유사할 때도 있다. 그래서 클라이언트는 상실을 거부함으로써 아무것도 일어나지 않은 것처럼 반응한다. 클라이언트가 평소와 똑같이 처신하는 것을 클라이언트가 종결을 쉽게 극복하고 있는 표시로 해석할 수도 있는데, 그 까닭은 평온한 외모가 폭풍전야의 정적을 나타내는 것일 수 있기 때문이다. 클라이언트의 일시적 감정 거부는 직면해야 하는 고통스러운 현실과 관련된 정신적 고통을 피하려는 시도이다. 때때로 클라이언트들은 사회복지사의 떠남에 대한 분노와 고통을 사회복지사를 거부하는 것으로 표현한다. 청소년집단 성원들이 사회복지사를 무시하거나 더 이상 필요가 없다고 주장하는 것은 결국 '최선의 방어는 훌륭한 공격'이라는 전략을 사용하고 있기 때문이다.

(2) 실패와 결과에 대한 종결

사회복지사가 어려움을 극복하기 위해 최선의 노력을 함에도 불구하고 클라이언트가 절망적으로 궁지에 빠져 있을 수 있다. 이와 같은 클라이언트에게 사간제한이 없는 서비스에서도 사회복지사는 종결을 강요해야 한다. 실패 결과로 집단들도 종료될 때가 있으며, 이로 인해 성원들은 지도자나 다른 성원들에 대해 좌절감이나 실망감, 또는 분노를 느낄 수 있다. 돕는 과정이 실패로 끝났을 때의 종결 시에 첫째, 개인, 집단이 더욱 바람직한 성과를 성취하지 못하게 하는 요인들에 대해, 둘째, 앞으로 추가 도움을 구하는 데 대한 클라이언트의 감정에 대해 토의해야 한다.

(3) 긍정적인 종결 반응

개인, 부부, 가족 및 집단 치료에서 대부분의 클라이언트들은 종결단계에서 긍정적인 정서를 경험하게 된다. 성취된 이득의 혜택은 대개 '돕는 관계의 상실'이 주는 충격보다 훨씬 크다. 클라이언트들은 종종 주인의식이 증가되었음을 느낀다고 말하며, 사회복지사와 클라이언트 모두 성취의 즐거움을 경험할 가능성도 있다. 이러한 가능성은 특히 사회복지사가 강점 중심적이고, 문제해결 접근법을 사용했을 때 그러하다 더욱이 참여자들이 깊이 있고도 개인적이며 신뢰할 만한 인간적 만남일 경우 서로가 만족감과 성숙을 경험한다. 진정한 의미에서 각자의 자아는 타인과의 접촉에 의해 성장하고 발달하기 때문이다.

(4) 사후관리

사회복지사는 클라이언트가 변화를 유지할 수 있도록 여러 방법으로 도울 수 있다. 즉, 사회복지사는 클라이언트의 변화들을 명확히 확인하며, 그리고 실제 환경 속에서 클라이언트가 여러 사람들과 부딪치면서 발생하는 문제를 어떻게 극복할 것인지를 계획하는 일을 한다. 또한 사회복지사는 클라이언트가 개입을 통해 얻은 변화들을 유지·강화할 수 있는 방법을 찾도록 도와줄 수 있다. 또한 서비스를 종결하기 전에 클라이언트가 새로이 얻은 유익한 기술을 한 번 더 연습해 보도록 고무할 수도 있다.

사후관리란 개입을 통해 클라이언트가 얻은 이득을 강화하기 위해서는 클라이언트로 하여금 문제해결의 기본 원칙을 파악하도록 도와주는 것이다. 개입과정에서 얻은 이득을 유지·강화하기 위해 시도되는 또 다른 방법은 사후관리이다. 사후관리는 종결이 이루어진 후 일정 기간이 지나서 클라이언트가 잘 적응하고 있는지를 점검하는 과정이다. 대개 1개월에서 6개월 사이에 진행하는데, 전화로 확인하기도 하고, 면접을 실시하기도 한다.

(5) 의뢰

종결이 서비스의 완전한 중단을 뜻하는 것이 아닐 때도 종종 있다. 사회 복지실천 현장에서 개입과정은 한시적인데, 그 제한된 기간 동안 클라이언트의 문제나 욕구가 충분히 해결되기를 기대하기도 어렵고, 한 기관이 클라이언트가 요구하는 서비스를 다 제공하지 못하는 경우도 많다. 이런 경우 사회복지사의 중요임무중 하나는 다른 기관이나 외부의 자원들과 클라이언트를 연결시켜 주는 것이다. 이를 의뢰서비스라 한다. 사회가 복잡해지고 클라이언트의 문제 상황도 복잡해짐에 따라 점차 의뢰서비스의 중요성이 부각되고 있다.

2. 종결에 대한 감정처리

종결에 대해 클라이언트는 어떤 감정을 갖곤 한다. 이런 감정은 목적을 이루게 된 것에 대한 기쁨이나 사회복지사와 헤어지게 되는 슬픔 또는 목적을 이루지 못하게 된 것에 대한 분노의 감정일 수도 있고, 앞으로 클라이언트가 이런 감정들을 표현하도록 돕고 그런 감정을 잘 처리하도록 도와야 한다. 클라이언트가 이러한 원조과정으로부터 배운 것을 잊지 않도록 도와주는 길이며 또한 클라이언트의 일생을 통해 일어날 수 있는 부득이한 종료과정을 잘 처리할 수 있도록 도와주는 길이다.

1) 종결에 대한 반작용

(1) 부정(denial)은 클라이언트들은 사회복지사가 종결에 관해 이야기 했다는 것을 기억하지 못한다. 매우 놀란 듯이 행동하며 언제 다시 집단이 시작하는지를 묻는다.

(2) 퇴행은 대인관계나 어떤 과업을 수행하는 능력 면에서 이전의 단계로 후퇴한다. 사회복지사에 대한 의존욕구가 증대한다.

(3) 욕구의 표현은 클라이언트들은 자신들이 서비스를 필요로 한다고

보여준다면 사회복지사가 계속 치료를 진행할 것이라고 느낀다.

2) 종결의 기술

(1) 종결 알리기

마지막 회합 얼마 전에 종결을 준비하는 조치를 취한다. 즉, 종결시간이 처음부터 정해져 있으면 그 날짜를 환자에게 회상시킨다. 목표가 성취되었다면 사회복지사와 클라이언트가 상호 합의하여 종결날짜를 결정한다. 때로는 클라이언트는 종결날짜를 잊어버리거나 무력감의 표현, 의존적 행동, 새로운 문제와 욕구의 제시, 주제를 회피하는 등의 반응을 보이기도 한다.

(2) 클라이언트의 간접적 표현(부정적 행동)에 직접적으로 반응하기

종결이 거절의 형태로 받아들여질 때 클라이언트는 노여움 같은 부정적인 감정을 간접적으로 표시하여 적대적인 코멘트나 질문(예: 퇴출되셨나요?) 또는 부적절하고 파괴적인 행동, 약속을 어기거나 늦는 행동을 한다. 어떤 클라이언트는 자신이 무가치하다고 느낀다. 이런 경우 사회복지사는 클라이언트의 노여움의 표현을 비방어적으로(즉, 당연히 그럴 수 있다고) 받아들이고, 간접적으로 표현된 감정을 직접적으로 표현하도록 고무해야 한다.

(3) 종결에 대한 감정을 함께 공유하기

그동안의 관계의 의미를 서로 감사히 표현하고 헤어져야 한다는 사실에 대한 아쉬운 감정을 공유한다. 사회복지사가 종결에 대한 자신의 감정을 잘 파악하고 있어야 이러한 과정을 잘 통제할 수 있다.

(4) 클라이언트의 성취인정과 평가 시행

그동안 성취한 것을 식별하고 다음 단계를 계획한다. 초기에 합의한 바 있던 목표와 과제를 회상시키고 성취한 것을 다시 한 번 인식시켜 클라이언트의 자존감과 능력을 확고히 한다. 또한 어떤 점이 효과적이지 못했는지, 그리고 왜 그랬는지도 함께 살펴본다. 후속조치의 필요 여부도 결정한다(Shulman, 1992).

3) 종결에 대한 반응

레빈슨(Levinson, 1977)은 전형적으로 나타나는 종결의 반응을 다음과 같이 4가지로 보았다(양옥경 외, 2006).

(1) 사회복지사에게 매달리는 반응

의존심이 증가하여 전문적 관계에서 얻는 이득을 포기하지 못할 경우 클라이언트는 사회복지사에게 계속 만나줄 것을 요구하며 매달릴 수 있다. 이럴 경우 사회복지사는 클라이언트에게 독립적으로 문제를 해결하는 것이 목표였음을 강조하여야 한다.

(2) 과거의 문제가 재발했음을 보고한 경우

한동안 잘 조절되던 문제가 다시 발생했음을 보고하는 경우이다. 이럴 경우 사회복지사는 문제에 초점을 두지 말고 종결 이후 삶에 대한 불확실성, 두려움에 초점을 두어 세션을 진행하며 감정보다는 클라이언트가 세션을 통해 획득한 자원과 장점을 강조하여 자기효율성을 높여준다.

(3) 새로운 문제를 가지고 오는 경우

종결단계 들어가 새로운 문제가 발생했다고 하거나 이제까지 말하지 않았던 비밀을 밝히는 경우가 있다. 이런 경우 새로운 문제를 가볍게 다루어서는 안 되지만 우선 사회복지사는 그 문제를 다루기 전에 먼저 종결에 따른 감정을 담색 하여야 한다.

(4) 사회복지사를 대치할 대상을 찾는 경우

사회복지사를 대신하고 그 상실을 보상해 줄 수 있는 대상을 찾는 것은 의존심을 지속시키고자 하는 욕구 때문이다. 이런 경우 사회복지사는 클라이언트로 하여금 그 역할을 인식하도록 돕고 그 결과가 어떻게 될지 생각해 보도록 한다.

3. 평가

마지막 단계인 결과의 평가는 대안 실행 후 문제가 해결되었는지, 해결되지 않았다면 무엇이 해결되지 않았는지를 평가한다.

평가란 사회복지실천에서 개입활동의 결과가 효율적·효과적이었나를 사정하는 것을 의미한다.

종결에는 개입활동 전반에 걸친 마지막 평가가 병행된다. 평가는 사회복지실천의 전 과정에서 계속적으로 일어나는 일로서 사회복지실천의 목적과 목표의 달성 정도를 결정하며, 동시에 목적과 목표를 성취하기 위해 사용된 수단의 적합성을 심사하는 과정이기도 하다. 평가는 개입의 전 과정에서 지속적으로 시행되지만 특히 개입이 끝날 때 더욱 중요하다. 종결단계에서의 평가는 해결 가능하도록 기대되었던 일들이 정말로 일어났는가를 보는 것이다.

평가란 클라이언트의 진전 상황과 목적성취 여부를 점검하는 마지막 단계이다. 무엇이 변화되었고 변화하지 않았는가? 왜? 클라이언트가 이 시점에서 그 문제를 어떻게 보는가? 사회적 기능은 향상되었는가? 왜 역기능적으로 되었는지 전반적으로 볼 때 진전 정도는 어떠한가? 다른 개입이 필요한가? 평가에 기초하여 개입이 지속되어야 하는지 변경되어야 하는지를 결정한다.

평가과정을 진행하다 보면 초기 계약 때 제시되지 않았던 문제가 대두되는 경우가 있을 수 있다. 이럴 경우는 초기 단계에서 클라이언트가 표현하고 싶지 않았던 문제가 대부분이다. 따라서 사회복지사와 클라이언트 사이에 신뢰가 형성되었다면 다시 문제해결과정을 시도해 볼 수 있다. 평가에는 일반적으로 결과평가, 과정평가, 사회복지사 평가로 3가지가 있다(Hepworth & Larsen, 1986).

1) 결과평가

결과평가(outcome evaluation)는 설정했던 목표들이 얼마나 달성되었는가를 평가하는 것이다. 여기에는 개입과정을 통해 기대했던 변화가 일어났는가 하는 평가이다. 여기서 중요한 것은 그 결과가 개입으로 인해 일어났다는 것을 검증해야 한다. 왜냐하면 클라이언트의 변화는 개입 외에도 다른 여러 가지 변수들에 의해 영향을 받을 수 있으므로 결과가 개입의 순수한 효과라고 보기 어려운 경우도 있다. 따라서 이러한 문제점을 극복하기 위해서 주로 사용하고 있는 방법에는 일반적 진전 평가방법, 사전, 사후로 하는 평가방법, 통제집단과 실험집단의 비교방법 등 3가지가 있다.

(1) 일반적 진전 평가

일반적 진전(general progress)을 사정하기 위하서는 클라이언트들이 각자가 성취해야 할 진전 정도에 관하여 클라이언트의 의견을 유도해 내고, 동의했던 목표를 참조하는 것이다.

사회복지사는 클라이언트에게 다음과 같은 척도를 사용하여 목표 달성의 정도를 질문한다.

5. 완전 성취했음
4. 거의 성취했음
3. 보통 정도 성취했음
2. 어느 정도 성취했음
1. 진전 없음

이러한 척도를 사용한 후 결과를 간단히 토론한다. 이것은 사회복지사와 클라이언트들이 성취를 증명하는 기회가 되므로 높은 만족감과 신뢰를 얻게 된다.

(2) 사전-사후(pretest-posttest) 비교

개인이나 집단에 대한 결과 평가로서 문제나 표적행동의 빈도를 측정할 수 있다면 최근의 측정치에 기초선을 비교하는 객관적 방법인 사전-사후 비교 방법이 있다. 이 방법은 사회복지실천 과정을 평가하는 데 흔히 사용되고 있으며, 개입하기 전에 문제나 표적행동 그리고 측정도구를 정확히 밝혀야 된다. 개입하기 전에 문제나 표적 행동에 대한 기초선을 측정하고 개입 후에 다시 반복 측정하여 비교한 후 그 결과를 개입의 효과로 측정하는 것이다.

(3) 통제집단 전후비교(the before-after control group design)

통제집단 전후 비교는 실험집단과 통제집단의 차이를 전후 비교하여 그 차이를 변화로 측정하는 것이다.

실험집단이란 사회가 개입을 하는 집단이며 통제집단이란 사회복지 개입을 하지 않은 집단을 의미한다.

실험집단에는 자기주장 프로그램을 실시하고 통제집단에는 실시하지 않는다. 실시하기 전에 실험집단과 통제집단에 자기주장척도 수준을 조사하고, 실시한 후에 다시 두 집단의 척도를 조사하여 차이를 개입의 결과, 즉 변화로 보는 것이다.

2) 과정평가

과정평가는 개입과정을 클라이언트가 어떻게 지각하는가를 평가하는 것이다. 즉, 과정이 자신에게 도움이 되었다고 느끼는지 아니면 자신에게 오히려 나쁜 영향을 주었다고 생각하는지를 평가하는 것이다. 특히 과정평가란 원조과정에 대한 클라이언트의 인식(client's perception)을 포함한다. 즉 원조과정이 클라이언트에게 유용하였는지 또는 손해를 보게 했는지에 대한 클라이언트의 평가이다. 다시 말해서 사회복지사의 기법, 어떤 기술이 진전을 시켰고 또 어떤 기술은 효과가 없었는지, 또 다른 기술은 문제를 제거했는지, 그리고 어떤 특별히 구별된 기법을 사용했는지에 관한 클라이언트의 피드백(feedback)이다. 이는 결과 평가와는 좀 다른데, 목표가 달성되어 결과평가는 긍정적이라 하여도 목표달성을 위해 사용한 방법에 대해 클라이언트가 부정적인 평가를 할 수 있다(Hepworth & Larsen, 1986). 예를 들어 자발적으로 금주를 도와달라고 청한 알코올중독환자에 대한 개입방법으로 한 달간 폐쇄병동에 입원하여 알코올과 관련된 신체적 치료와 집단프로그램에 참여하도록 하였다면 결국 금주를 하여 목표를 달성하였으나 클라이언트는 폐쇄병동에서의 입원생활이 자신에게 매우 불쾌한 경험이었으며 앞으로 어떠한 일이 있어도 사회복지사의 도움은 요청하지 않겠다면 결국 사회복지사의 개입을 부정적으로 평가될 수 있다.

이러한 평가는 사회복지사에게 자발적으로 도움을 요청한 클라이언트와 그렇지 않은 클라이언트에 대한 개입방법은 달라야 했음을 알려준다. 과정평가를 통해 사회복지사는 반드시 부정적인 피드백만을 듣는 것은 아니고 반대로 사회복지사 때문에 긍정적이고 도움이 많이 되었다는 클라이언트의 평가는 사회복지사에게 자신감과 능력을 향상시켜 전문가로서의 정체감을 강화시키는 계기가 된다.

3) 사회복지사 평가

사회복지사에 대한 평가는 긍정적이거나 부정적인 원조과정에 영향을 받는 클라이언트 태도, 행동, 특징에 대한 피드백에서 보여 주는 평가이다. 사회복지사는 이와 같은 피드백에서 비판을 받게 된다. 사회복지사는 비판을 기꺼이 수용하면서 건설적으로 반응할 준비를 해야 한다.

피드백 결과는 가치가 있는 것이며 클라이언트들은 부정적 요인보다는 긍정적 요인을 언급한다. 이와 같은 피드백은 사회복지사에게 자신의 강점에 더 많은 인식을 하게 해 주고, 미래에 이러한 강점을 많이 개발하게 자극한다. 부정적인 피드백은 때로는 고통을 주지만 주의를 산만하게 하거나 비 치료적일 수 있는 사회복지사의 버릇, 태도, 행동들에 대한 자각을 하게끔 해 준다. 사회복지사에 대한 비판은 사회복지사가 성장하는 지름길이 되기도 한다.

사회복지사에 대한 평가는 그의 행동, 태도, 속성 등이 개입과정에 어떤 영향을 주었는지에 대한 피드백을 요청하는 것으로 사회복지사는 어떠한 비판도 각오해야 한다(Hepworth & Larsen, 1986). 이때 사회복지사는 사회복지실천가로서 갖는 장점과 단점을 솔직히 지적해 주도록 요청함으로써 스스로를 잘 알 수 있는 기회를 갖는다.

클라이언트는 사회복지사의 태도를 '말이 빠르다', '무시하는 말투이다', '건방지다', '쌀쌀맞다', '다정하다', '편하다' 등으로 평가하기도 하고 사회복지사 자신이 모르는 버릇, 즉 '왜 그렇게 볼펜을 물어뜯느냐', '머리를 너무 긁적거린다' 등의 평가를 한다. 부정적인 평가는 고통스럽기는 해도 사회복지사가 자신의 태도와 행동이 개입결과에 어떤 영향을 미치는가를 지각하는 데 매우 중요한 의미를 갖는다.

4) 실습평가관련 조언

위의 교육 자료들을 활용하면 평가가 용이하다. 공식적인 평가는 계획에 의해 진행하는 것이 좋고, 피드백은 지속적으로 이루어져야 한다.

평가과정에 대해 토론하는 것도 좋으며, 실습 배치 시 주어진 실습지침이나 도구를 활용하여 평가하는 것도 좋다. 이를 위해 1주일 전에 검토하고 평가하는 것이 필요하며, 갑자기 공식적인 평가에서 문제를 제기하거나 부정적인 피드백을 주는 것은 올바르지 않다.

중간평가를 통해 학습계약의 성취정도를 평가하고 성취를 위해 변화를 검토해야 할 부분이 있는지 살펴본다. 종결평가는 실습에 대한 학습목표성취와 학습전략에 대하여 실시한다.

실습은 학생의 사회복지실천에 대한 능력을 측정할 수 있는 보편적인 수단이다. 실습생의 사회복지사로서 능력이나 윤리적 매너를 좋지 않게 평가해야 하는 경우도 있다. 슈퍼바이저는 부정적인 성취를 보이는 실습생에 대해 가능한 초기에 학교의 실습지도교수와 의사소통을 통해 실습생이 긍정적 태도로 실습에 임함으로써 좋은 평가가 나올 수 있도록 돕는다.

제 5 장

사례관리론

제 1 절 사례관리의 개념

1. 사례관리의 개념

사례관리는 여러 사람의 원조자로부터 동시에 도움이 필요한 다양한 문제가 있기 때문에, 삶이 만족스럽지 못하거나 생산적이지 못한 사람들을 돕는 하나의 과정이다. 한편, 사례관리는 지지망을 개발하거나 증진시키는 것에 노력을 집중한다. 사례관리란 클라이언트의 지식, 기술, 태도를 증진시킬 뿐 아니라 지지망을 활용할 수 있는 클라이언트의 능력을 강화하는데 초점을 두고 있다.

사례관리는 보호관리(care management), 사례조정(case coordination), 자원조정(resource coordination), 서비스통합, 서비스관리라는 말로도 불리운다. 사례관리는 보건 및 사회 서비스 분야의 다양하고 복잡한 문제에 대한 해답으로 폭넓게 받아들여지고 있으며 보건 및 사회 서비스를 제공하는데 있어서의 일반적인 문제는 질적인 서비스 확보, 비용절감으로 나누어 볼 수 있다. 또한 사례관리는 다양한 문제와 복잡한 욕구들로 인해 여러 종류의 도움을 동시에 필요로 하는 클라이언트에게 종합적인 서비스를 연계해 제공하기 위한 실천방법이며 이는 재가서비스영역, 정신보건영역, 직업재활영역, 요양시설서비스영역, 의료보험서비스영역, 발달장애영역 등에서 활용되고 있다.

그리고 사례관리는 전통적인 사회사업방법론과 전혀 다른 실천형태가 아니라 통합적인 접근 혹은 모델로서 클라이언트에게 좀 더 포괄적이고 지속적인 사회복지실천 서비스를 제공한다. 사례관리는 클라이언트의 욕구중심으로 지역사회 차원의 적극적인 서비스 제공과 점검을 강조한다는 점에서 구별이 되며, 클라이언트 중심철학이며 지역사회보호를 강조하는 특징이 있다. 클라이언트 중심 철학이란 클라이언트 욕구에 기초한 서비스 개발과 제공을 하는 것이며 지역사회보호란 단편화되고 분산된 지역사회서비스를 조정하고 통합하는 것이다.

2. 사례관리의 기능

- 상담자 : 사례관리자의 업무는 클라이언트에 대한 이해를 발전시키고 클라이언트가 스스로 지지망을 개발하고 유지하는 방법을 알 필요가 있다는 사실을 가르치는 것이다.
- 조정자 : 사례관리자는 클라이언트의 문제와 원조자들로부터 도움이 필요한 욕구를 사정한다. 필요하다면 사례관리자는 갈등을 감소시키고 지지망의 효과성을 증진시키기 위해서 원조자들과 의사소통을 한다.
- 옹호자 : 때때로 필요한 자원이 존재하지 않거나 어떤 클라이언트에게 제공되지 않는 경우가 있다. 사례관리자는 옹호자로서 필요한 도움이 유용하도록 만든다. 이러한 경우 사례관리자는 그 요구사항을 완화시키고 그것에 드는 비용을 줄이기 위해서 옹호자로서 활동한다.

3. 사례관리의 여러 정의

◈ Johnson &Rubin(1983) - "사례관리자가 클라이언트를 복잡한 서비스 전달체계와 연계시켜 적절한 서비스를 받을 수 있게 하는 책임을 지는 것"

◈ o'connor(1988) - 클라이언트의 욕구에 알맞는 서비스 제공을 위하여 지역자원을 효과적으로 조직하고 조정하는 행정적, 관리적 특성과 개별사회사업에서 진보된 실천방법으로 전문적 관계 속에서 지속적 보호와 상담 및 치료를 제공하는 직접적 개입의 특성을 지님.

◈ moxley(1989) - 복합적 욕구를 가진 사람들의 기능화와 복지를 위해 공식적 비공식적 지원과 활동의 망을 조직, 조정, 유지하는 것.

◈ 마에다(1990) - 허약하고 장애가 있는 노인 등 중복욕구를 가진 사람들, 정신적이고 신체적인 장애 때문에 현대사회의 고도로 전문화된 각종서비스나 민간단체 이웃 친구들의 지원을 스스로 적절하게 할 수 없는 사람들에게 욕구에 맞게 하는 서비스를 받게 하고 민간단체 친구 이웃으로부터 가능한 범위의 지원을 받을 수 있게 하는 것.

◈ Barker(1991) - 사례관리를 클라이언트의 이익을 위해 다양한 기관과 직원들로부터 제공받을 수 있는 서비스를 계획하고 수행하며 점검하는 일련의 절차.

◈ 한국 사회복지협의회- 복합적 원인으로 요보호 상태에 있는 클라이언트에게 유효하고 다양한 지역사회자원을 연결시켜 관리하는 원조대책으로 복지, 의료, 보건 간의 독립된 체계를 없애며 될 수 있으면 재가복지봉사를 계속하는 것.

4. 사례관리기법의 등장배경

1) 탈시설화의 영향

1950년대 이후 정신장애인들을 병원이나 시설에 수용하지 않고 지역사회 내에서 치료하고 관리하는 탈시설화 정책이 전개되면서 클라이언트가 생활상의 곤란을 해결하기 위해 이제까지 살아오던 가정과 지역사회와는 분리되어 생활시설 혹은 병원시설을 이용하던 방식에서 해방되어 다시 가정과 지역사회에 거주하게 되었고 그 결과 분산된 서비스를 통합하는 관리체계의 전문적 필요성이 대두되었다.

2) 복잡하고 분산된 서비스 체계

클라이언트에 대한 생활전반에 걸쳐 서비스를 제공함에 있어서 여러 가지 다원화된 서비스들이 필요하게 됨으로써 제각기 특정한 서비스를 매우 한정된 범위의 특정 인구에게만 제공하는 서비스의 단편적 성격이 나타나게 되었다. 특히 서비스전달체계가 공공부문에서 민간부문으로 이양되면서 서비스 중복을 막기 위해 조정하고 연계하는 기능이 필요했다.

3) 클라이언트와 그 가족에게 부과되는 과도한 책임

지역사회 내 이용할 수 있는 자원이 부족해서 가족들은 가정생활에서 부담을 느꼈으며, 자원에 대한 정보부족과 연결 능력이 부족함에 따라 클라이언트와 그 가족들이 자원을 활용하고 연결할 수 있도록 돕는 서비스 기능이 필요해졌다.

4) 다양한 문제와 욕구를 가진 클라이언트의 증가

지역사회에 거주하는 클라이언트가 신체 및 정신장애인을 비롯하여 소년소녀가장 · 미혼모 · 재가노인 등이 다양하게 증가하면서 지역사회에 적응하는데 필요한 서비스를 조직하고 욕구를 충족시킬 수 있는 활동이 필요했다.

5) 사회적 지지체계(social support system)와 지원망(support net-work)의 중요성에 대한 인식의 증가(재가 복지 강조)

사회적 지지체계(social support system)와 지원망(support net-work)의 중요성에 대한 인식의 증가는 가족, 친족, 친구, 이웃 등의 비공식적인 지지체계와 사회적 유용성에 대한 필요성을 인식함을 의미한다. 실제로 대인 복지 서비스에서는 클라이언트의 삶의 질을 높이기 위한 사회적 지원체계와 지원망의 영향은 매우 폭넓다. 그러나 사회적 지지체계와 지원망이 공적인 서비스와의 통합이나 조정이 이루어지지 않을 때에는 그 효과를 거두지 못할 수도 있다. 따라서 공적인 서비스와 비공식적 지지체계간의 통합, 조정의 서비스 전달체계가 필요하게 되었다.

6) 서비스 비용 억제

한 기관에서의 서비스 간 중복을 피할 뿐만 아니라 복지기관 간 서비스의 중복을 피하여 비용효과를 높일 수 있는 전문기술이 요구되었다.

7) 한국에서의 사례관리의 등장

① 복합적인 서비스 욕구를 가진 각 계층의 증가 - 노인인구, 저소득층, 아동, 정신질환자 집단 등의 증가와 현존은 다양하고 포괄적이며 적절한 서비스 제공을 요구하게 되었다.

② 기존의 서비스의 단편성, 비효율성, 중복성 등의 시정 필요성 - 서비스간의 조정과 통합, 연결이 요구되게 된 것이다.

③ 치료 및 보호장소의 변화(시설중심에서 재가중심으로 서비스 전환) - 상대적으로 비공식서비스, 사회적 지지, 지원체계 및 연결망을 중시하는 경향과 공적서비스와 비공식서비스의 및 사회 간의 조정, 통합 · 개발이 필요하게 되었다.

④ 공적서비스와 비공식적 서비스와의 연계, 조정, 통합이 필요하게

되었고 잠재되어 있는 지역사회내의 자원개발의 필요성이 강조되게 된 것이다

제 2 절 사례관리의 역사와 발달

사례관리의 출현은 1960년대 민간봉사 프로그램의 확장과 연관이 있다. 그 당시 서비스에 대한 막대한 정부지원이 시행되었으나, 서비스들이 분파적이고 중복적이고 조정되지 못한 채 제공되는 결과를 낳았다. 서로 다른 많은 프로그램들이 클라이언트들의 문제를 좁게 규정하고 프로그램을 제공함에 따라 복잡한 문제와 욕구를 가진 개인들이 적절하게 서비스를 받지 못한다는 인식이 싹트게 되었다.

1970년대 초 보건, 교육 및 복지부에서는 각종 서비스 프로그램을 조정해서 제공하는 일련의 시범 프로젝트를 시행하였다. 이 서비스 통합 프로젝트는 클라이언트 추적체계, 정보 및 의료체계, One-stop 서비스 센터, 상호기관연계체계 구축과 같은 특징을 띠었다. 이런 프로젝트는 사례관리자를 두어 클라이언트에 대한 자원을 조정하도록 하고 서비스 전달에 대한 책임을 맡겼다.

또 하나 사례관리 발전에 기여한 요인은 정신보건 분야에서의 탈 시설화 운동이다. 즉, 정신보건에서 사례관리의 발달은 1960년대 미국에서 정신장애인 들을 입원기관에서 지역사회로 내보내는 일로부터 시작되었다. 지역사회갱신 보건센터가 퇴원한 정신 장애인들을 적절히 추후지도하는 데 실패하였고 정신 장애인들은 적절한 지원(주거, 수입, 직장, 정서적 지원)을 받지 못했다. 정신 장애인을 위한 서비스의 통합된 네트워크의 부재가 사례관리를 부상시키는 원인이 되었다.

이로 인해 사례관리는 미국 정신보건국립연구소(NIMH)의 지역사회지지 프로그램(Community Support Programs: CSP)의 핵심이 되었다.

현재 미국에서 사례관리는 1975년 제정된 발달장애법(Developmental

Disability ACT)으로 인하여 발달장애 분야에서 의무적 사회복지사업으로 시행되고 있다.

우리나라에는 이윤로 교수가 성규탁 교수와 함께 1992년 사회복지신문과 1993년 사회복지협의회의 학술지 「계간 사회복지」 가을 호에 사례관리를 소개하면서 본격적으로 논의되기 시작했다. 법적인 조항에 사례관리 개념이 등장한 것은 1995년 정신보건법이 통과되면서 시작되었다. 그러나 아직까지 우리나라에서는 사례관리가 노인이나 장애인에 대한 의무조항으로 자리 잡지는 못하고 있지만 활발히 연구되고 있다.

사례관리는 상대적으로 새로운 용어지만 사회복지사업이나 간호학에서는 뿌리 깊게 자리 잡고 있다. 사회사업을 재창조(reinventing social work)한다고 명명될 정도로 사례관리는 사회복지실천에 막대한 영향을 미친 것이 사실이다(Austin, 1987). 사례관리가 사회사업방법론으로 자리를 잡은 배경을 살펴보자. 사회복지사들은 전형적으로 '환경 속의 인간(the person-in-the environment)'에 초점을 두어 왔다. 클라이언트가 개인적 변화를 이룩하도록 돕는 심리치료나 상담에 덧붙여 사회복지사들은 종종 물리적 또는 서비스 환경이 클라이언트에게 유리하게 변화하도록 노력한다. 사회복지사들은 개인과 가족에 대해 포괄적인 견해를 취하기 때문에 자신이 속한 기관을 초월하여 다른 서비스에까지도 클라이언트를 의뢰한다. 예를 들어, 의료사회복지사는 퇴원후의 계획을 세우고 그에 상응하는 서비스를 클라이언트를 대신하여 알아본다. 그러므로 사례관리는 사회복지의 개념에 매우 적합한 실천이론이라고 할 수 있다.

그러나 사례관리는 기본적으로 전통적인 케이스워크와 다른 점이 있다. 사회복지사들은 클라이언트들을 사무실에서 약속을 정하여 만난다. 또한 사회복지사들은 클라이언트의 장애를 심화시키는 요인으로서 사회적 영향력을 별로 강조하지 않는 경향이 있다.

사례관리의 특징은 지역사회의 조직이나 기관 등 체계에 개입하는 것이다. 전통적으로 훈련받은 사회복지사들은 사무실에서 벗어나 클라이언트들의 환경에 개입하는 도전적인 과제를 수행하고 있다.

사례관리는 심리치료에 깊이 관여하지 않는다. 설제적인 생활문제나 지역사회에서의 생존에 관련한 문제를 잘 다루도록 도와준다. 치료보다는 자립과 예방 즉 변화에 초점이 모아진다.

사례관리자로서 사회복지사는 개별지도, 집단지도, 가족치료, 지역사회조직을 통합하여 활용할 수 있어야 한다.

제 3 절 사례관리의 원칙

1. 참여, 임파워먼트 및 상호적 계획수립

이 원칙의 목표는 개인이나 가족 등 클라이언트가 자신에게 가장 잘 부합되는 목표와 케어재활 계획을 세울 수 있도록 그 과정에 참여시키는 것이다. 언제든지 이들에게 서비스에 대한 선택의 권한을 부여하여 통제력을 회복시킨다. 사례관리자는 케어재활 서비스의 통제자가 아니라 파트너다. 더욱이 사례관리자는 원조제공과정 전반에 걸쳐 클라이언트에게 서비스 체계와 협상하는 방법에 대하여 교육해야 한다.

2. 옹호

사례관리자의 목표는 무엇보다도 먼저 클라이언트들의 욕구 및 선택을 옹호하는 것이다. 사회복지사는 개인 및 가족을 옹호해야 하며(사례옹호) 힘이 없는 집단을 옹호(집단옹호)해야 한다. 클라이언트는 문제자가 아니라 환경의 영향으로 잠시 외출 나와 있다는 것을 인식하여 클라이언트를 죄인시하지 말고 클라이언트도 인격체요 권리자임을 명심해야 한다.

사회복지사의 역할이 옹호자임을 명심하여 주변 자원을 적극적으로 활용함에는 클라이언트의 옹호자가 되어야 한다.

3. 적절하고도 높은 질의 보호

원조를 요청하는 클라이언트들의 욕구를 잘 파악하고 수용하여 가장 이상적이고 효과적으로 대응하여 높은 질의 케어를 해야 한다. 주변 자원을 최대한 활용하기 위한 사전 관계를 잘 유지하여 자원의 질과 활용가능한 분야를 잘 파악하고 있어야 하겠다.

4. 케어의 연속성

클라이언트의 욕구는 지속적으로 변화하는데 이에 따라 포괄적인 서비스를 제공함으로써 클라이언트가 한 기관에서 다른 기관으로 이동한다든지 또는 다른 힘든 상황에 빠지지 않게 해야 한다. 한번으로 끝나는 것이 아니고 지속적이고 연속적으로 이어져 나가야 한다.

1회성의 케어로 끝나지 않고 종결된 클라이언트라 할지라도 현재 상태를 파악하는 것이 다음에 더욱 질 높은 관계유지를 함으로 클라이언트의 욕구 해결에 전문가가 될 것이다.

5. 서비스에 대한 접근

서비스에 대한 접근은 가능한 한 쉽고 공정해야 한다. 가능하다면 언제든지 단일통합체계를 두어 개인들이 불편하게 여러 기관이나 사회복지사와 접촉할 필요가 없도록 하는 것이 좋다. 서비스를 요청한 개인들은 평등한 처우를 받아야 하고 어떠한 편파성/차별도 있어서는 안된다.

6. 서비스의 통합

많은 개인들은 복잡한 욕구를 기지고 있기 때문에 다양한 자원이 필요하다. 서비스 통합의 목표는 서비스가 잘 조정되어 중복되지 않고 적절하고 높은 질을 유지하도록 하는 것이다. 주변 자원의 파악과 지속적인 현황파악이 중요하다. 이는 서로 상호교환도 필요하고 서비스의 소비를 줄이는 역할을 할 수 있다.

7. 포괄적인 관점

사례관리의 목표는 개인의 사회적 관계, 경제적 상황, 사회, 문화, 직업, 영적 은혜 그리고 정신적 · 신체적 건강을 포함하여 한 개인의 삶을 구성하고 있는 모든 측면을 고려하는 데 있다. 이를 위한 한 가지 중요한 과업은 비공식적 지원망(가족, 친구 및 자원봉사자)을 증대시키는 것(많은 사회복지사들은 비공식적 지원망을 배제하고 공식적 서비스만 계획하는 오류를 범하는 경우가 종종 있음)이다.

8. 평가 및 모니터링

사례관리자는 계획의 적절성, 서비스 전달체계가 계획대로 움직여 주는지, 클라이언트의 진전 상황, 욕구의 변화 등을 정기적으로 재사정하고 평가하면서 지속적인 사후관리를 제공하여야 한다. 클라이언트 및 서비스 기관과의 지속적인 접촉을 통하여 사례관리자는 케어의 질 및 적절성올 모니터링 해야 한다.

제 4 절 사례관리자의 역할

사회복지의 모든 방법을 활용하는 사례관리 접근은 사회복지사들이 광범위한 지식 기반을 갖출 것을 요구한다. 예를 들어, 정신건강 영역에서 사례관리자는 법, 정신병리, 약물, 집단치료, 위기개입, 사회체계이론, 옹호와 같은 주제에 대해 잘 알고 있어야 한다.

1. 조정자

사례관리자는 개인이나 그의 가족에게 직접 서비스를 제공하지는 않으며 주로 서비스 전달상황을 파악하고 조정한다. 서비스 세팅(setting)에 따라 사례관리자는 서비스를 정하는 권한을 가질 수 있고, 직접적으로 어떤 서비스를 통제할 수도 있다(Steniberg & Carter, 1993).

2. 옹호자

흔히 클라이언트를 위한 서비스 전달에 필요한 자원이 전혀 없거나 어떤 클라이언트에게는 이러한 자원이 제공되지 않는 경우가 있다. 그래서 사례관리자는 클라이언트에게 적절하고 질이 좋은 서비스가 전달되도록 힘써야 한다(Ballew & Mink, 1986).

3. 상담가

사례관리자는 클라이언트와 그의 가족이 그들 자신의 문제와 욕구를 스스로 파악하고 인식하도록 돕고, 서비스의 질과 적합성을 판단하는 방법을 교육시키며, 클라이언트의 문제해결에 대한 책임을 어느 정도 분담하도록 격려해 주어야 한다(downing, 1985).

제 5 절 사례관리의 구성 및 적용사례

1. 사례관리의 절차

1) 클라이언트의 확인 또는 발견

사람들은 다양한 방법을 통해서 기관에 찾아온다. 기관에서 공익광고나 안내책자를 통하여 홍보를 하기도 하며 자원봉사자, 실습생들이 지역사회를 방문할 수도 있다(이러한 활동을 'outreach'라고 함). 또한 전화번호부, 안내전화나 전화상담 서비스를 통하거나 사람들끼리 서로 소개하여 프로그램에 참여하기도 한다.

2) 심사, 접수상담 및 등록

클라이언트의 문제가 무엇인지를 식별하고, 클라이언트가 서비스를 받을 자격이 있는가를 판단한다. 아울러 클라이언트의 재정적 능력도 평가한다.

기관의 고객접수 담당자들은 고객의 성명, 연령, 가족상태, 소득, 기타 사항을 참고로 하여 클라이언트의 서비스 수혜자격을 결정한다. 클라이언트와 가족에게 기관이 제공하는 서비스, 기관이 고객에게 요구하는 사항 그리고 기관이 갖는 제한점에 대하여 설명해 준다. 기관에서 사례관리를 하는데 적절하다고 판단되지 않으면 다른 기관에 의뢰한다.

3) 문제 상황 사정

사정을 통해 개인, 부부 또는 가족으로부터 정보를 얻어 충족되지 않고 있는 시급한 욕구와 우선순위를 결정한다.

측정에서는 클라이언트와 그 가족이 제시한 문제 외에 신체적, 인지적, 사회적 및 정서적 욕구뿐만 아니라 재정적, 환경적 욕구를 파악해야 한다. 또한 공식적 서비스 제공자와 가족이나 친구와 같은 비공식적 서비스 제공자로부터 클라이언트가 받을 수 있는 지원에 대하여 자세한 검토를 한다. 클라이언트와 가족의 케어에 관련되었던 의사나 다른 전문가들로부터 정보를 얻는다. 이때 클라이언트는 문제를 어떻게 보고 있는지 또한 문제해결에 대해 어떤 정보를 가지고 있는지를 파악하는 것도 중요하다.

측정은 다음의 3단계로 요약될 수 있다.

- 클라이언트 자신을 돌볼 수 있는 능력과 서비스에 대한 욕구
- 클라이언트의 사회적 지원망과 그 지원망이 클라이언트의 욕구를 충족할 수 있는 정도
- 공식적 서비스제공자들과 그들이 클라이언트의 욕구를 충족할 수 있는 정도

이러한 측정은 고도의 기술을 가진 전문가팀에 의해 수행되는 것이 바람직하다. 표준화된 도구를 사용하는 것 역시 중요하다.

※ 종합적 측정을 위해서는 다음 사항들을 포함해야 한다.

- 건강문제
- 일상생활활동(목욕, 쇼핑, 걷기 등)
- 인지적 기능(혼동, 기억장애, 방향감각 등)
- 현재 활용되는 서비스
- 수입과 재산
- 비공식적 지원체계
- 현재 거주상태(어디에 누구와 함께)
- 의료보험

- 재정적 운영능력
- 학대의 증거
- 의사들과의 접촉상황(환자의 순응, 빈도, 접촉방식 등)
- 전체적 위급함

4) 케어계획

측정을 통해서 얻은 자료를 바탕으로 사례관리자는 적절한 서비스의 유형, 케어에 필요한 시간 그리고 지역사회기관과 가족구성원이 취할 역할들을 구체화하는 계획을 수립한다. 적절한 케어를 위한 계획은 사례관리의 핵심이 되기 때문에 케어 계획에 대하여 잘 알고 있어야 한다. 클라이언트를 위해서 장기간 서비스를 제공하는 사례를 관리하는 경우 일반적으로 다음과 같은 기본 원칙을 지켜야 한다(Schneider, 1988).

- 케어계획은 클라이언트의 기능을 포괄적으로 측정한 결과를 바탕으로 수렴한다.
- 고객과 보호자를 계획과정에 참여시킨다.
- 구체적 보호기간을 정한다.
- 공식적 서비스와 비공식적 서비스를 모두 계획한다.
- 비용을 의식하고 있어야 한다.
- 보고서를 꼭 작성한다.

다음은 완벽한 케어계획을 세우는 과정이다.

- 포괄적으로 문제의 목록을 작성한다.
- 다루어야 할 문제 하나하나를 어떠한 상태로 변화시킬 것인지 목표를 정한다.
- 바람직한 결과를 성취하기 위해 필요한 도움의 형태를 파악한다.
- 도움을 제공하는 제공자와 서비스의 목록을 정한다.
- 제공될 각 서비스의 양을 기록한다.

• 서비스비용을 지불해 줄 기관이나 단체를 기록하고 구체적 기간 동안 서비스를 제공하는 데 소요되는 비용을 계산한다.
• 고객과 보호자가 합의한 바를 기록한다.

5) 서비스 조정/전달

서비스를 조정/전달하는 작업은 보호계획수립 단계에서 필요하다고 판단한 서비스들을 배열·정리하여, 서비스 제공자들로부터 서비스를 (필요하다면 서비스 수수료 지불을 약속하여) 구입하고 클라이언트와 보호자를 구입된 서비스와 연결시켜 주는 것이다.

만약 사회복지사가 속해 있는 기관 외부의 프로그램이 필요하다면 클라이언트를 외부 기관에 의뢰하고 안내하여 다른 서비스 세계와의 연계를 촉진한다. 서비스를 잘 조정하여 서비스 중복을 피하고 클라이언트가 수혜 가능한 서비스 중 최상의 서비스를 받을 수 있도록 한다. 현재 지역사회 내에서 제공되지 않는 특정한 유형의 서비스가 필요하다면, 이러한 서비스를 창출하고 그에 대한 재원을 마련하기 위해 옹호자의 역할이 필요하다.

6) 옹호

옹호는 클라이언트를 대신해서 클라이언트의 권리를 보호하고 클라이언트에게 서비스에 대한 자격이 주어지도록 중재하는 과정이다. 사례관리자는 위기개입 및 결핍상태에 놓여 있는 개인들의 입장에 서서 그들의 우방이 되어 각종 관련기관과 협상을 벌이게 된다.

남편으로부터 구타를 당한 주부가 가정법원 출두에 대비하여 구금명령에 대한 법적 청구 준비를 원조하는 것, 한 노인이 자의와 상관없이 요양원에 비자발적으로 입소되는 것을 항변하는 데 도움을 주는 것, 약물사용으로부터 회복된 한 여성이 아동복지기관에 대하여 자신의 아이들을 데려가겠다고 청구하는 데 도움을 주는 것 등이 그 예다.

7) 모니터링

모니터링(점검)의 목적은 서비스가 적절한가, 서비스의 질이 높은가, 클라이언트의 욕구를 충족하고 있는가를 평가하는 것이다. 클라이언트와 그 가족에게 전화로 서비스 전달상태를 점검하거나 직접 만나서 상담한다. 이 때 점검리스트 작성은 자주 할수록 좋으나 처음에는 일주일 후에, 그리고 매월 정기적으로 하는 것이 좋다.

8) 재측정

사례관리자는 욕구의 변화를 판단하기 위해서 정기적인 재 사정을 하는 것이 좋다. 사람들이 처해 있는 상황은 정체되어 있는 것이 아니라 늘 변화가 예상되는 것이다.

재측정은 클라이언트의 상황과 기능이 처음에 세운 케어계획의 목적과 비교해서 서비스 전달 후 차이 또는 변화가 발생하였는지를 판정하기 위해 클라이언트의 조건과 상태를 다시 측정하는 과업을 말한다. 재측정은 보통 3개월마다 실시한다.

9) 종결

원조관계는 다양한 이유로 인하여 종결된다. 사례관리가 항상 마지막 단계까지 가지 않을 수도 있다. 클라이언트가 종결을 요청하거나 클라이언트가 사망하거나 이사를 가거나 또는 상태가 개선되어 더 이상 서비스를 필요로 하지 않을 때 종료될 수 있다.

어떤 사례는 서비스에 자금을 제공하는 기관에서 사례중단 지시로 인하여 종료되는 경우도 있다. 이러한 경우 클라이언트가 여전히 원조를 필요로 한다면 다른 여타의 서비스와 연계할 수 있도록 최선을 다해 원조해야 한다.

2. 사례관리의 점검과 평가

세심하게 마련된 계획이라 할지라도 변화, 수정, 개선을 필요로 한다. 점검은 계획애서 정해진 서비스와 지원의 전달과정을 확인하는 방법이다. 점검은 클라이언트에게 제공되는 서비스의 효과성, 적절성 및 연속성을 보장하기 위해서 서비스 제공자를 포함한 클라이언트 지원체계의 서비스의 전달과 실행을 확인하고 재 사정을 실시하는 과정이다.

계획한 내용의 진행상태에 대한 합리적이고 객관적인 모니터링을 통해 실제로 서비스가 어떻게 전달되고 있고 클라이언트에게 얼마나 도움이 되는지를 알아내야 한다. 점검의 준거 틀로 계획안과 계약서 내용을 정규적으로 검토하여 계약내용과 실제 간의 차이점을 표시해 나갈 수 있다.

1) 사례관리 점검의 목적

사례관리 점검의 목적은 다음과 같다.

① 서비스 계획이 적설하게 이행되고 있는지 그 정도를 검토한다. 클라이언트의 지원망에 속한 구성원들이 계획상에 정해진 실재적 서비스를 이행하도록 보장하기 위한 것이다.

② 클라이언트에 대한 지원계획의 목표가 성취되고 있는지를 검토한다. 사례관리자는 목표에 따라 진행과정에서 이상이 없는지, 실패한 것은 없는지의 여부를 검토한다.

③ 기존 계획과 서비스의 수정이 필요한지를 검토한다.

클라이언트 서비스와 지원계획을 이행했는데도 클라이언트의 욕구충족을 가져오지 못하거나 불만이 많아진다면 그 계획을 수정하기 위한 조치를 강구하게 된다.

④ 서비스 개획의 변화를 필요로 하는 클라이언트 새로운 욕구를 알아낸다.

새롭게 나타나는 클라이언트의 욕구를 알아내고 클라이언트 지원망의 구성원들이 이러한 욕구변화를 알 수 있도록 한다.

⑤ 클라이언트와 지원망의 구성원들에게 격려와 지지 및 상담을 제공한다.

2) 점검 시 고려해야 할 차원

사례관리자는 점검 시 다음과 같은 차원을 고려해야 한다.

① 노력 : 클라이언트 지원망의 구성원들이 자신이 맡은 특정 활동을 책임 있게 실행하고 있는지를 살펴본다.

② 적정성 및 질 : 클라이언트에게 제공되는 서비스와 지원이 클라이언트의 욕구를 충족시키기에 충분한가를 살펴본다. 특히 클라이언트의 환경이나 욕구변화에 대해 신속하고 적절하게 반응할 수 있는 능력이 있는지를 파악하는 것이다.

③ 과정 : 서비스와 지원계획이 얼마나 잘 이행되고 있는지 그 정도를 살펴보아야 한다.

④ 결과 : 사례관리의 계획이 성공적 인지 아니면 역행적 결과를 가져오고 있는지를 살펴본다.

3) 점검의 도구 및 방법

사정 이후 클라이언트의 상황이 일정기간마다 공식적으로 재검토된다. 이러한 점검은 클라이언트, 가족, 서비스 제공자들을 매월 또는 분기별로 전화나 가정방문을 통해 수행하게 된다. 점검활동을 위해 사례관리자가 클라이언트나 사회망의 구성원, 서비스 제공자와의 면담이나 비공식적 모임, 전화접촉 등을 활용한다. 구조화된 설문을 활용할 수도 있고 클라이언트에 대한 기록을 검토할 수도 있다. 현장방문과 관찰을 활용할 수도 있다.

점검을 시행하기 전에 점검에 참여할 사람, 자료를 모으기 위해 이용할 도구나 접근방법, 점검활동 시간계획을 마련해 두는 것이 좋다.

이러한 방법을 통해 사례관리자는 클라이언트의 상태에 변화가 있는지, 보호계획이 수정될 필요가 있는지를 결정한다. 처방된 서비스가 제대로 전달되고 있는지, 클라이언트와 가족이 만족하고 있는지를 파악한다.

4) 재사정

재사정은 보통 3개월이나 6개월 단위로 시행되는 공식적 점검의 일환으로 볼 수 있다. 초기 사정에서 수행된 내용을 바탕으로 클라이언트의 상태를 전과 비교하고 재평가하는 것이다.

보통 재사정에서는 초기사정에서 다루어진 다음의 7단계를 검토하게 된다. 건강(예: 새로운 질병이 발병하였는지, 이전의 질병이 나아졌는지, 복용하고 있는 약의 종류와 양을 기록), 기능상태(일상 활동과 도구적 일상 활동을 검토하고 변화를 기록), 인지능력(인지능력과 그 변화를 기록), 행동/정서(클라이언트의 감정 상태와 문제행동 여부를 평가), 지지체계, 환경, 재정상태.

5) 평가

클라이언트의 케어계획평가는 클라이언트에 대한 케어목적에 대한 효과성과 진전을 사정하는 것이다. 평가에는 과정평가와 성과평가 요소를 포함해야 한다.

① 서비스가 계획된 시간에 적당 양으로 제공되고 있는가?

② 클라이언트의 상태에 대해 서비스 제공자는 분명하게 기록하여 보고하는가?

③ 서비스 제공자는 서비스 비용을 과도하지 않게 정확하게 요청하고 있는가?

④ 성과(outcomes)는 어떠한가?

⑤ 만족도는 어떠한가?

케어계획이 클라이언트의 성과에 좋은 영향을 미쳤는지는 반드시 평가되어야 한다. 클라이언트의 목적에 비추어 보아 결과를 평가하고 피드백을 얻어야 한다. 예를 들어 보자. 클라이언트의 문제가 사회적인 접촉을 유지할 수 없는 것이었다면 보호계획은 규칙적으로 바람직한 사회적 접촉을 유지하는 것이다. 케어계획에는 친구방문, 지역사회 연계활동 참석, 교회활동, 주간보호 참여, 전화통화를 포함시킬 수 있다. 이때 사례관리자는 클라이언트가 실제로 사회적 접촉을 가져왔는지 그리고 욕구가 충족되었으며 만족했는지를 따져 보아야 한다. 사례관리자는 클라이언트, 가족, 서비스 제공자에게 피드백을 얻어야 할 것이다.

만일 클라이언트가 만족하지 못한다면 사례관리자는 그 이유를 파악하고 필요한 조치를 취해야 한다. 예를 들어, 클라이언트가 낯선 사회복지사에게 서비스를 받는 것을 원치 않았는지도 모른다. Kane과 Kane(1991)에 따르면, 클라이언트는 자신이 친숙한 사회복지사에게 적절한 케어를 받는 것이 낯선 사회복지사에게 매우 뛰어난 케어를 받는 것보다 낫다고 지적한다.

사례관리자는 클라이언트의 욕구에 변화가 있는지 여부를 평가, 또한 비공식 자원활용면에서 보호자가 케어를 계속 제공할 수 있는지도 평가해야 한다. 평가에는 의료적 및 심리적 상태의 평가도 포함된다.

3. 사례관리 실제(입소와 퇴소)

1) 입소

[서식 5-1]

입 소 접 수 대 장

① 번호: ②접수일자: ③상담자:

<table>
<tr><td colspan="4">장애인</td><td colspan="3">보호자</td><td rowspan="2">⑪입소유형</td></tr>
<tr><td>④성 명</td><td>⑤생년
월일</td><td>⑥성 별</td><td>⑦요양/등급</td><td>⑧성 명</td><td>⑨관 계</td><td>⑩연락처</td></tr>
<tr><td></td><td></td><td></td><td></td><td></td><td></td><td></td><td>___수급자
___실 비</td></tr>
<tr><td colspan="4">⑫ 특성 및 기타사항
-신변처리 :
-눈맞춤 :
-착석 :
-인지수준 :
-의사소통 :
-입소희망사유 :</td><td colspan="4">⑬ 상담결과
1. 입소상담 결과
□입소 희망 □입소 거부 □타기관 입소 □기타
( )
2. 입소심사회의 결과
□본원 입소 □입소 불가 □입소 대기 □기타
( )</td></tr>
</table>

[서식 5-1] 입소접수대장 작성방법

①번호	입소접수대장에 전화 또는 방문을 통해 접수된 일련 번호 기재
②접수일자	전화 또는 방문을 통해 상담한 날짜 기록
③상담자	전화 또는 방문 상담을 실시한 상담자의 이름 기록
④성명	입소를 희망하는 Ct의 이름 기록
⑤생년월일	입소를 희망하는 Ct의 생년월일 기록
⑥성별	입소를 희망하는 Ct의 성별 기록
⑦요양/등급	입소를 희망하는 Ct의 등급 기록, 중복장애가 있는 경우 중복장애명 기록
⑧보호자	입소의뢰자의 성명 기록
⑨관계	입소의뢰자와 입소를 희망하는 Ct의 관계(부, 모, 교사 등) 기록
⑩연락처	입소의뢰자의 연락처(집, 핸드폰) 기록
⑪입소유형	입소를 희망하는 Ct의 입소유형(국민기초생활보장수급자, 실비) 기록
⑫특성 및 기타사항	입소를 희망하는 Ct의 신변자립(대소변, 의복착탈, 식사, 세면 등), 보행, 의사소통, 건강(건강상태, 약복용 및 질환여부) 및 정서상태 등을 파악하며, 더불어 가정환경을 조사하여 입소의뢰사유를 확인함. 입소사유에 대한 시급성, 필요성을 중요하게 파악함. (예: 현재 특수교육기관인 ○○학교 5학년에 재학중임. 장애인 스스로 대소변, 의복착탈 등 신변처리가 가능함. 언어구사능력이 있음에 따라 대화의 어려움이 없으며, 건강한 편임. 현재 부의 사망으로 모의 양육이 어려워 입소의뢰하게 됨.)
⑬상담결과	본원에 결연이 발생하여 입소상담을 실시한 결과를 해당란(입소 희망, 입소 거부, 타기관 입소, 기타)에 표시하며, 이후 입소심사회의를 통한 최종 결과를 해당란(본원 입소, 입소 불가, 입소 대기)에 표시하고, 필요시 사유를 기재함.

[서식 5-2] 초기면접지

초 기 면 접 지

Ⅰ. 클라이언트 기본 현황

<table>
<tr><td colspan="2">①접수 및 상담일자</td><td></td><td>②상담자</td><td></td><td>③
내담자</td><td></td></tr>
<tr><td rowspan="14">클라이언트
인적사항</td><td>④성명</td><td></td><td>⑤성별</td><td>□남 □여</td><td>⑥연령</td><td></td></tr>
<tr><td>⑦생년월일</td><td colspan="2">년 월 일
(□양 □음)</td><td>⑬주민등록번호</td><td colspan="2"></td></tr>
<tr><td>⑧요양/등급</td><td colspan="2"></td><td>⑭주소</td><td colspan="2"></td></tr>
<tr><td>⑨진단기관</td><td colspan="2"></td><td rowspan="3">⑮
전화
번호</td><td>집</td><td></td></tr>
<tr><td>⑩등록일자</td><td colspan="2">년 월 일</td><td>비상연락1</td><td>클라이언트와의 관계:</td></tr>
<tr><td>⑪원인 및 발생 시기</td><td colspan="2"></td><td>비상연락2</td><td>클라이언트와의 관계:</td></tr>
<tr><td>⑫건강상태</td><td colspan="2">□양호 □보통 □허약</td><td>질병명</td><td>약복용 여부</td><td></td></tr>
<tr><td rowspan="3">학력</td><td>초등과정</td><td colspan="4">□재학 □중퇴 □졸업</td></tr>
<tr><td>중등과정</td><td colspan="4">□재학 □중퇴 □졸업</td></tr>
<tr><td>고등과정</td><td colspan="4">□재학 □중퇴 □졸업</td></tr>
<tr><td rowspan="4">타기관
이용경력</td><td>기 간</td><td colspan="4">기 관 명</td></tr>
<tr><td></td><td colspan="4"></td></tr>
<tr><td></td><td colspan="4"></td></tr>
<tr><td></td><td colspan="4"></td></tr>
<tr><td></td><td>취미 및 특기</td><td></td><td>일과내용</td><td colspan="3"></td></tr>
</table>

<table>
<tr><td rowspan="6">가족사항</td><td>성명</td><td>성별</td><td>관계</td><td>생년월일</td><td>학력</td><td>직업</td><td>건강
상태</td><td>결혼</td><td>동거</td><td>종교</td></tr>
<tr><td></td><td></td><td></td><td></td><td></td><td></td><td></td><td></td><td></td><td></td></tr>
<tr><td></td><td></td><td></td><td></td><td></td><td></td><td></td><td></td><td></td><td></td></tr>
<tr><td></td><td></td><td></td><td></td><td></td><td></td><td></td><td></td><td></td><td></td></tr>
<tr><td></td><td></td><td></td><td></td><td></td><td></td><td></td><td></td><td></td><td></td></tr>
<tr><td></td><td></td><td></td><td></td><td></td><td></td><td></td><td></td><td></td><td></td></tr>
<tr><td rowspan="3">경제상황</td><td colspan="10">□국민기초생활보장수급자 □실비</td></tr>
<tr><td colspan="2">주소득원</td><td colspan="8">□생활보호수당 □연금 □저축 □월급 □자녀용돈 □기타( )</td></tr>
<tr><td colspan="2">가구 월 총소득</td><td colspan="8"></td></tr>
<tr><td>주거상황</td><td colspan="10">□자가 □전세 □월세 □무료임대 □기타( )</td></tr>
<tr><td>입소상담
경로</td><td colspan="10">□행정기관 □가족 및 친척 □지인소개 □기타( )</td></tr>
<tr><td>입소의뢰
사유</td><td colspan="10">□경제적 문제 □교육문제 □직업훈련/취직 □양육문제
□가족간의 관계문제( ) □기타( )</td></tr>
<tr><td>입소희망
기간</td><td colspan="10">□단기(년) □중기(년) □장기(년) □영구</td></tr>
</table>

Ⅱ. 클라이언트 기초 능력 수준

구분	항목	수준	항목	수준
신체적 기능	보행	□자립 □약간의존 □보통 □많이의존 □완전의존	식사	□자립 □약간의존 □보통 □많이의존 □완전의존
	용변	□자립 □약간의존 □보통 □많이의존 □완전의존	착탈의	□자립 □약간의존 □보통 □많이의존 □완전의존
	세면	□자립 □약간의존 □보통 □많이의존 □완전의존	목욕	□자립 □약간의존 □보통 □많이의존 □완전의존
인 지 적 기능	사물인지	□아주높음 □약간높음 □보통 □약간낮음 □아주낮음	문자해독	□아주높음 □약간높음 □보통 □약간낮음 □아주낮음
	의사소통	□아주높음 □약간높음 □보통 □약간낮음 □아주낮음		
정서적 기능	불안	□전혀없음 □약간있음 □보통 □많은편임 □심각함	공격	□전혀없음 □약간있음 □보통 □많은편임 □심각함
	우울	□전혀없음 □약간있음 □보통 □많은편임 □심각함	상동행동 및 과잉행동	□전혀없음 □약간있음 □보통 □많은편임 □심각함
	흥분	□전혀없음 □약간있음 □보통 □많은편임 □심각함	자학행동	□전혀없음 □약간있음 □보통 □많은편임 □심각함
	성적이상 행동	□전혀없음 □약간있음 □보통 □많은편임 □심각함	성격	□사교적 □비사교적 □활동적 □비활동적

Ⅲ. 종합 의견

보호자의 욕구			
추가 상담 내용			
상담자 의견			
입소심사회의 결과	□ 입소 가능	사유	
	□ 입소 불가		
	□ 입소 대기		

(1) 입소목적

입소관련법의 규정에 의거 생활시설에서 각종 서비스를 제공받을 수 있는 대상자의 자격기준과 입소절차를 마련하여 입소 대상을 명확히 하고, 입소조치 과정에서의 제반 필요사항을 규정하여 시설입소 욕구를 원만하게 해소코자 한다.

(2) 입소 대상

장애인복지법에 의하면 입소대상을 다음과 같이 규정하고 있다.

① 국민기초생활보장수급자로 법정 등록장애인

② 국민기초생활보장수급자가 아닌 경우는 법정 등록장애인으로 부양의무자가 없거나 부양의무자가 있어도 부양능력이 없거나 부양을 받을 수 없는 자

- 부양의무자 및 부양능력 유무는 관할 시장, 군수, 구청장이 구체적으로 판단한다.

③ 입양기관 보호아동

- 입양아동 소재지 복지실시기관(시, 군, 구)에서 시설 관할 복지실시기관에 입소의뢰한 입양기관 보호아동에 한한다.

④ 국민기초생활보장수급자가 아닌 장애인으로 시설입소가 필요하여 실비를 납부하고 시설에 입소하여 생활하기로 결정된 자

이와 관련하여 본원에 입소할 수 있는 장애인은 법정 등록된 정신지체인으로서 국민기초생활보장수급자 및 실비이용자, 입양기관 보호아동으로 하며, 필요한 경우 일시보호자를 제한적으로 입소받을 수 있다.

(3) 입소 절차

장애인복지법에 의하면 입소 의뢰절차는 입소대상 자격기준에 합당한 자로서 복지실시기관이 직권 또는 장애인이나 그 가족 등의 입소신청에 의하여 당해 장애인을 입소 의뢰하고자 할 때에는 검진, 상담 또

는 가정실태조사 등을 행하고 장애인복지법시행규칙 제35조에 의한 장애인복지시설입소(통원) 의뢰서를 작성하여 해당 시설장에게 입소 의뢰하여야 하며, 실비 입소인 경우 장애인 또는 보호자 등의 입소 신청 또는 복지실시기관의 실비입소 의뢰가 있어야 한다.

다라서 전문적인 재활서비스 제공을 위하여 시설종류에 적합한 입소대상자를 선정 입소시키기 위하여 아래와 같은 입소절차를 마련하여 실시하고 있으며, 위의 법상 언급되어 있는 입소절차와 다소 상이한 점이 있을 수 있음을 밝혀둔다.

① 국민기초생활보장수급자의 입소

〈그림 5-1〉 입소절차

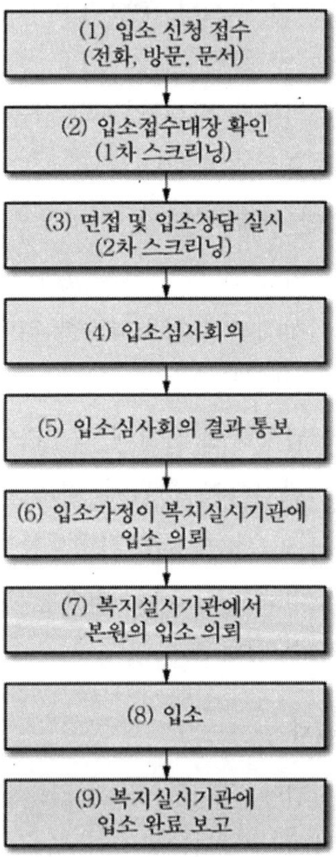

가. 입소 신청 접수(전화, 방문, 문서)

(가) 입소 신청

문서 및 전화, 방문에 의해 시설에 입소요청이 이루어지면 시설의 입소 담당자는 입소의뢰자와 상담을 실시하여 입소의뢰 장애인의 기초정보(성명, 성별, 연령, 장애등급, 특성 등)를 파악한다.

(나) 입소자격기준에 합당할 경우

상담을 통해 다음과 같이 입소자격기준에 합당할 경우 입소의뢰자의 동의를 얻어 입소접수대장에 기록한다.

- 입소의뢰 장애인이 법정등록된 정신지체장애인인 경우
- 6세 이상인 경우
- 장애정도가 정신지체를 수반한 중증·중복장애인이 아닐 경우
- 입소의뢰자의 서비스 욕구가 합당할 경우

(다) 입소자격기준에 합당하지 않을 경우

입소 기준에 적합하지 않을 경우 그 사유(연령, 장애종별의 부적합, 입소자의 서비스 욕구와의 불일치 등)를 문서 또는 구두로 통보하고, 입소의뢰자가 희망하는 경우 타기관으로 알선해 준다.

- 6세 이하인 경우 : 장애인영유아시설로 알선한다.
- 장애정도가 정신지체를 수반한 중증·중복장애인인 경우 : 장애인복지법에 의거 장애인요양시설로 알선한다.

(라) 입소접수대장 관리

- 입소 신청 접수시 대기자가 많을 경우 대기 순위와 기간에 대한 정보를 제공한다.
- 1년마다 입소접수대장에 기재되어 있는 각 장애인의 상황을 점검하여 결원시 신속하게 입소처리를 할 수 있도록 한다.

나. 입소접수대장 확인(1차 스크리닝)

(가) 입소의뢰 장애인 적격여부 확인

본원에 결원이 발생하여 입소가 필요한 경우 입소접수대장에 기록된

대기자 중에서 연령, 성별, 입소유형, 장애특성 등 본원의 입소대상 적격기준에 합당한 장애인을 1차적으로 파악하여 리스트를 작성한다.

(나) 입소상담 통보

입소대상 적격기준에 합당한 입소의뢰장애인 명단을 취합한 후 입소상담 일정과 장소, 준비서류 등을 전화로 통보한다.

다. 면접 및 입소상담 실시(2차 스크리닝)

(가) 면접 및 상담 대상

1차 스크리닝을 통해 취합된 명단의 입소의뢰 장애인, 보호자 및 후견인, 기타 관련자 등을 대상으로 면접·상담을 실시한다.

(나) 면접 및 상담 실시

- 위 상담대상자와의 상담을 통해 장애인의 기본 정보와 가정환경(가족사항, 경제·주거상황 등), 보호자의 욕구 등을 파악한다.
- 장애인의 기능평가를 실시하여 기초능력 수준을 확인한다.
- 입소 담당자는 위의 정보를 종합하여 초기면접지를 작성한다.

(다) 기본서류 검토

국민기초생활보장수급자 증명서, 종합건강진단서(전염성 질환 여부 등 확인), 장애인복지카드, 주민등록등·초본, 호적등·초본 등의 서류를 통해 적격성 여부를 검토한다.

(라) 시설 소개 및 라운딩 실시

- 입소의뢰장애인과 보호자에게 시설 현황을 설명한 후 시설라운딩을 실시하여 시설의 이해를 도모하고, 입소의뢰장애인이 본 시설의 입소를 희망하는지 여부를 명확히 확인한다.
- 필요에 따라 시설에서 하루, 이틀을 생활해볼 수 있도록 함으로써 입소의뢰장애인이 주거시설에서의 생활이 어떤 것인지를 경험할 수 있게 해 주며, 직원과 다른 입소자간의 이해를 돈독히 할 수 있는 기회를 마련해 준다.

라. 입소심사회의

입소사유발생시 상담 및 면접, 서류 등 1·2차 스크리닝을 통해 확인된 자료를 토대로 입소심사회의를 다음과 같이 진행한다.

(가) 참석자 범위

관련부서의 부장, 팀장, 입·퇴소 담당자, 해당 생활실 주임생활재활교사, 간호사 또는 물리치료사 등 입소와 관련된 모든 자가 참석토록 한다.

(나) 입소심사회의 절차

- 참석자는 입소의뢰대상의 기본 서류를 중심으로 시설입소의 적격여부, 서비스지원의 내용, 시설여건 등을 고려한 회의를 실시한다.
- 입소심사회의 결과에 대해 3일 이내에 교남통합서비스위원회[1]에 심사를 요청한다.
- 교남통합서비스위원회의 심사결과에 이의가 있을 경우 3일 이내에 재심의를 요청한다.
- 교남통합서비스위원회의의 심의결과를 포함한 전체적인 사항을 종합적으로 검토하여 7일 이내에 입소여부를 확정한다.
- 장애인을 긴급 및 일시 보호하는 경우에 위의 절차를 사후에 처리

1) 2002년부터 교남소망의집에서는 본원의 큰 가치이념인 '소중한 장애인 한사람'이 지역사회 속에서 존중받는 삶을 살 수 있도록 개별적이고 종합적인 재활서비스 및 행정지원체계를 긴밀하게 구축하고자 「교남중장기종합발전계획」을 수립하여 진행하고 있습니다. 이에 따라 현재 교남과학경영위원회, 교남장애인통합서비스위원회, 교남장애인인권보장위원회, 교남직원복지위원회, 교남지역사회복지위원회 등 5개의 위원회가 구성되어 있다.

이 중 '교남장애인통합서비스위원회'에서는 기관간·부서간·서비스간 및 지역사회와의 연계성을 높이고 장애인의 욕구에 부응하며 그 처해진 환경에 적합한 체계를 갖춤으로써 서비스의 고급화와 다양화를 통한 개인별 맞춤서비스를 구현함에 그 설치목적이 있다.

이러한 위원회 사업의 일환으로 입소심사회의시 입소 심의과정을 하나의 역할로 규정하고 심의내용은 다음과 같다. 이와 같은 심의를 통하여 기관간, 부서간 또는 일부 직원의 일방적인 입소 결정에 대한 견제기능을 하고자 한다.

1. 장애인의 현재 삶의 질보다 향상될 수 있는가?
2. 장애인을 둘러싼 지원환경 및 체계는 어떻게 구성되어 있는가?
3. 장애인에게 불이익을 줄 수 있는 사항은 무엇이 있는가?

한다.

(다) **회의자료**

- 초기면접지, 자체심사회의 자료

마. 입소심사회의 결과통보

(가) 의뢰기관 : 문서에 의한 회신(입소가 불가능할 경우에는 그 사유를 기록한 내용으로 통보)

(나) 의뢰인 통보 : 전화를 통한 구두 회신

바. 입소가정이 복지실시기관에 입소 의뢰

입소가정이 거주지역의 복지실시기관에 방문하여 복지대상자시설입소(이용)신청서를 작성·제출토록 한다.

사. 복지실시기관에서 본원으로 입소 의뢰

복지실시기관은 복지대상자시설입소(이용)신청서를 해당 시설의 시설장에게 송부하여 장애인의 입소를 의뢰한다.

아. 입소

(가) **입소시기**

입소 담당자는 해당 장애인의 보호자와 연락하여 입소시기 및 방법을 결정한 후, 서류 및 물품 등을 준비하여 입소토록 한다.

(나) **준비 서류 및 물품**

- 기본서류 : 장애인복지카드, 장애인증명서, 주민등록증(만18세 이상일 경우), 주민등록등·초본, 호적등·초본, 국민기초수급자증명서, 최종학교 졸업(재학)증명서, 건강진단서(전염성질환이 있는지 확인해야 하며, 전염성질환이 확인되었을 시에는 완치 이후에 입소하도록 함), 반명함 사진 및 필름, 도장
- 진단서류 : 장애인의 입소 여부가 결정되면 해당 장애인은 관련기관에서 진단을 받아 진단결과를 입소시에 제출하여야 한다. 진단내용은 장애인의 개별적 특성에 따라 달리 적용하며, 최대한 장애인의 잔존능력 및 수준을 확인할 수 있는 진단이 실시되어야 한다.

- 준비물품 : 개인생활용품, 장애인이 소중하게 생각하는 물품 등

(다) 전신사진 촬영

입소 담당자는 입소시 장애인의 전신사진(전면, 측면, 후면)을 촬영한다.

(라) 입소(이용)계약서 체결

- 입소계약의 내용 : 해당시설의 서비스 지원의 의무 및 한계, 장애인 및 보호자의 권리, 실비입소인 경우에는 비용의 수납금액 및 지불방법, 기타 상호간의 이해와 관련된 사항 등
- 입소계약서의 작성·보관 : 입소계약서를 본원 시설장과 보호자가 계약서를 작성한 후 상호 한 부씩 보관한다.

(마) 위임장 작성

- 위임장의 목적 : 장애인의 장애정도 및 인지능력 등을 고려하여 스스로 금전관리를 하기 어려운 경우에 있어 해당 장애인의 금전 및 개인용품의 자율적 소유와 관리에 대한 권한을 시설에 위임하여 금전 및 개인용품의 원활한 지도와 만일의 경우 발생할 수 있는 재산권으로 인한 분쟁의 소지를 최소화하고자 한다.
- 위임장의 작성 및 보관 : 위임장을 본원 부서장[2]과 보호자가 작성한 후 상호 한 부씩 보관한다.

(바) 임시 거주 공간 배치

- 장애인의 욕구사정 및 재활계획이 수립될 때까지 장애인의 거주공간을 임시로 배치하여 개인관찰을 할 수 있도록 한다.

(사) 다른 거주장애인과 직원 소개

- 장애인과 보호자가 함께 시설을 라운딩하면서 동료 거주장애인과 관련 직원들을 소개한다.
- 입소 담당자는 임시로 거주하는 해당 생활실 담당교사에게 장애인

2) 통상적으로 입소/이용계약서와 동일하게 시설장이 작성하여도 무방하나, 본원에서는 위임전결규정에 의거하여 '생활장애인의 금전관리 및 통장관리 업무'가 재활사업부장에게 위임되어 있음.

과 보호자를 소개하고, 장애인에 대한 정보를 제공한다.

(아) 전입신고

입소 담당자는 장애인의 거주지가 시설로 옮겨올 수 있도록 보호자와 함께 관할 동사무소에 방문하여 전입 신고한다.

(자) 개별화일 제작 · 보관

개별파일을 제작하여 위의 기본서류 및 진단서, 물품목록부, 계약서, 위임장 등 입소시 서류를 영구 보존한다.

자. 복지실시기관에 입소완료 보고

(가) 입소 담당자는 장애인의 입소가 완료된 후에는 복지실시기관에 입소완료 보고를 한다.

(나) 입소완료와 함께 기관내에서 활용하는 장애인 현황자료를 수정하고 해당 자료를 관련 부서에 공람토록 한다. (예를 들어, 결연 후원관련, 영양급식팀의 식수인원, 생계비 지원의 산출인원 등)

② 실비이용자의 입소

장애인복지법에 의거 국민기초생활보장수급권자 및 무연고자가 아닌 장애인으로 시설입소가 필요한 경우에는 일정비용을 납부하고 시설에 입소하여 생활할 수 있는데, 이 경우를 흔히 실비이용자라고 부른다.

이러한 실비이용자에 대한 입소절차는 국민기초생활보장수급권자와 거의 동일하지만 다소 차이가 있는 것을 중심으로 설명하고자 한다.

또한 실비이용자의 입소비용은 보건복지부에서 매년 제작 · 배포하는 장애인복지사업안내에 의한 금액으로 하며, 입소대상 및 자격에 대한 심의 · 의결은 기관에서 주관한다.

가. 입소신청 접수(전화 · 방문 접수) : 국민기초생활수급자와 동일함.

나. 입소접수대장 확인(1차 스크리닝) : 국민기초생활수급자와 동일함.

입소대상 적격기준에 합당한 입소의뢰장애인 명단을 취합한 후 입소상담 일정과 장소, 준비서류 등을 전화로 통보하며, 추가로 실비납부능력을 확인하기 위하여 세목별과세증명서를 요청한다.

다. 면접 및 입소상담 실시(2차 스크리닝) : 국민기초생활수급자와 동일함.

(가) 입소 담당자는 1차 스크리닝을 통해 작성된 대상자를 중심으로 상담을 통하여 입소의뢰가정의 실비비용 부담능력과 입소의 시급성 여부 등을 파악한다.

(나) 기본서류 검토

종합건강진단서(전염성 질환 여부 등 확인), 장애인복지카드, 주민등록등·초본, 호적등·초본, 세목별 과세증명서 등을 통해 적격성 여부를 확인한다.

라. 입소심사회의 : 국민기초생활수급자와 동일함.

마. 입소심사회의 결과통보 : 국민기초생활수급자와 동일함.

바. 입소가정이 본원에 입소의뢰

입소가정이 본원에 방문하여 장애인복지시설 입소의뢰서를 작성한다.

사. 입소

(가) 국민기초생활수급자 증명서를 제외한 모든 서류는 국민기초생활수급자와 동일하며, 추가로 관할 동사무소에서 세목별 과세증명서를 발급받아 본원에 제출한다.

- 입소시 건강보험증은 장애인 개인으로 만들거나 가족에 속해 있는 건강보험증을 사용해도 무방하다.
- 장애인 전입신고는 보호자의 의사에 따라 결정한다. 그러나 원내 행정처리가 필요한 경우 보호자의 협조가 요구된다.

(나) 시설에서는 실비입소자 명단, 상담평가기록부, 비용수납대장을 별도 작성 관리해야 한다.

아. 복지실시기관에 입소 완료 보고

국민기초생활수급자와 동일하되 복지실시기관에 문서 접수시 장애인복지카드 사본과 함께 장애인복지시설 입소(통원)의뢰서를 제출한다.

[서식 5-3] 입소심사요청서

입 소 심 사 요 청 서

1. 대상자 인적사항

①연번	②성명	③성별	④생년월일	⑤장애명/등급	⑥학력	⑦학교/직업	⑧입소유형

2. ⑨대상자 선정 사유

본 소속기관에서는 위 대상자의 입소와 관련하여 입소 심사를 요청합니다.

일 자 : ⑩
소속기관 : ⑪
담 당 자 : ⑫ (인)

* 첨부자료 : 초기면접지, 자체심사회의 자료

[서식 5-4] 입소(이용) 계약서]

장기요양급여 이용 표준약관
(시설급여)

표준약관 제10068호

이용자, 제공자 및 대리인(보호자)은 장기요양급여 중 시설급여 이용에 대하여 다음과 같은 조건으로 계약을 체결한다.

<table>
<tr><th colspan="5">계약당사자</th></tr>
<tr><td rowspan="4">이용자
(갑)</td><td>성 명</td><td>(인)</td><td>등 급
(인정번호)</td><td></td></tr>
<tr><td>생년월일</td><td></td><td>연락처</td><td>자택)</td></tr>
<tr><td>주 소</td><td colspan="3"></td></tr>
<tr><td>기 타</td><td colspan="3">□ 일반 □ 50%경감대상자 □ 국민기초생활 수급권자</td></tr>
<tr><td rowspan="3">제공자
(을)</td><td>시설명</td><td>아름다운복지재단
행복한요양원</td><td>시설종류</td><td>노인전문요양시설</td></tr>
<tr><td>시설장 성명</td><td>이 정 희 (인)</td><td>연락처</td><td>031-564-2300</td></tr>
<tr><td>주 소</td><td colspan="3">경기도 남양주시 호평동 638번지 성보빌딩 7층</td></tr>
<tr><td rowspan="3">대리인
또는
보호자
(병)</td><td>성 명</td><td>(인)</td><td>관 계</td><td>'갑'의 ( )</td></tr>
<tr><td>생년월일</td><td></td><td>연락처</td><td>자택)
이동전화)</td></tr>
<tr><td>주 소</td><td colspan="3"></td></tr>
</table>

제1조 【목 적】 노인성질환 등으로 혼자서 일상생활을 하기 어려운 노인(장기요양급여수급자)에게 시설급여서비스를 제공하여 노후의 건강증진 및 생활안정을 도모하고 그 가족의 부담을 덜어줌으로써 삶의 질을 향상시키고자 한다.

제2조 【계약기간】

① 계약기간은 _____년 _____월 _____일부터 _____년 _____월 _____일까지로 한다.

② 1항의 기간은 당사자 간의 협의에 의하여 변경할 수 있다.

③ '을'은 계약기간 만료 1개월 전에 '갑'(또는 '병')에게 재계약 여부를 확인하여야 하며, '갑'(또는 '병')은 이후 15일 이내에 '을'에게 회신 하여야 한다.

④ 3항의 규정에도 불구하고 '갑'(또는 '병')으로부터 계약만료 전까지 별도의 회신이 없을 경우 계약은 1년간 자동연장 된다. (단, 시설 정원이나 갑의 장기요양 등급이 변경되었을 경우는 그렇지 아니하다.)

⑤ 계약내용 변경사항(장기요양 인정등급, 장기요양 급여비용, 비급여비용 등) 발생 시 이를 즉시 반영한다.

⑥ '갑'(또는 '병')이 계약기간 만료 또는 그 이전에 계약을 해지하고자 할 경우에는 해당일 또는 계약기간 만료일로부터 15일 전에 신청해야 한다. 다만, 부득이한 경우에는 유선으로 통보할 수 있다.

제3조 【입소·이용료 납부】

① '갑'의 입소당월 이용료는 _____년 _____월 _____일에 납부하기로 한다. 입소당월 이후 매월 이용료는 매월 _____일 납부하기로 한다.(_____일이 공휴일인 경우 그 익일로 한다)

② '갑' (또는 '병')은 본인일부부담금과 비급여항목에 대한 비용을 전액 지불하여야한다.

③ '갑'의 이용료 납부방법은 ________________________________로 한다.

④ '갑' 또는 '병'의 요구에 의한 개별적인 물품 · 용역의 구입과 개별적인 희망에 의해 외부 서비스 제공자가 개인을 대상으로 제공하는 프로그램 · 서비스에 따른 실비는 '갑' 또는 '병'이 별도 부담한다.

◇ 시설급여 (1일)

<table>
<tr><th colspan="2">구 분</th><th>1등급</th><th>2등급</th><th>3등급</th></tr>
<tr><td rowspan="4">요양급여</td><td>노인요양시설(구 노인복지법)</td><td rowspan="4">52,640원</td><td rowspan="4">48,850원</td><td rowspan="4">45,050원</td></tr>
<tr><td>노인요양시설(단기보호에서 전환)</td></tr>
<tr><td>노인전문요양시설(구 노인복지법)
노인요양시설(개정법)</td></tr>
<tr><td>노인요양공동생활가정</td></tr>
<tr><td rowspan="4">비급여</td><td>상급침실 이용료</td><td colspan="3"></td></tr>
<tr><td>식재료비(1식)</td><td colspan="3"></td></tr>
<tr><td>간식비(1회)</td><td colspan="3"></td></tr>
<tr><td>이/미용료등</td><td colspan="3"></td></tr>
</table>

※ 요양급여비용은 매년 장기요양위원회(위원장 : 보건복지부 차관)가 결정, 고시하는 『장기요양급여비용 등에 관한 고시』(보건복지부 고시)에 따름

〈(안내) 수급자 자격별 본인일부부담 비율〉

구분	시설급여	재가급여
일반	20%	15%
기초수급권자	0%	0%
기타 의료수급권자 차상위 의료급여 건강보험 자격전환자 (희귀난치성, 만성질환자) 저소득층 (본인일부부담금 감경을 위한 소득·재산 등이 일정금액 이하인 자에 관한 고시 해당자)	10%	7.5%

※ [근거규정] 노인장기요양보험법

제40조(본인일부부담금) ① 재가 및 시설 급여비용은 다음 각 호와 같이 수급자가 부담한다. 다만, 수급자 중 「국민기초생활 보장법」에 따른 수급권자는 그러하지 아니하다.

1. 재가급여 : 당해 장기요양급여비용의 100분의 15
2. 시설급여 : 당해 장기요양급여비용의 100분의 20

◇ 세부내역(30일 기준)

구 분		금액(원)	내 역
총 계			
요양보험 부담비용	소 계		
	요양급여비용(%)		
개인 부담비용	소 계		
	요양급여비용(%)		
	식사재료비/간식비		
	상급침실 이용료		

〈(안내) 비급여 대상 항목 및 기타 실비 수납기준〉

1. 비급여 항목 세부기준
   1) 기본원칙
   - 비급여 항목은 식사재료비, 상급침실 이용에 따른 추가비용, 이・미용비이며, 그 밖의 비용은 기관에서 임의로 수납할 수 없음
   - 해당 비용은 원칙적으로 해당 용역을 제공하기 위한 실제 소요비용(실비)만을 산정해야 하며, 별도의 이윤부가 불가

   2) 세부기준
   (1) 식사재료비 : 경관영양 유동식, 간식도 식재료비의 일종임
   (2) 상급침실 이용료
   - 1인실 또는 2인실 사용하는 경우 일반실에 비해 추가적으로 소요되는 비용에 대해 수납
   - 상급침실은 (a) 반드시 고정된 벽으로 다른 공간과 구분되어 있고(파티션, 커튼 등은 불가), (b) 독립된 출입문을 갖추며, (c) 노인복지법 시설・설비기준에 의거한 1인당 면적기준(개정법 6.6㎡)을 충족하여야 함
   (3) 이・미용비 : 수급자 희망에 의해 이・미용사 초빙하여 서비스 받는 경우 비급여 가능, 단 시설종사자・자원봉사자에 의해 제공되는 서비스는 비급여 항목으로 수납 불가, 손・발톱 정리 등의 명목으로 별도 수납은 불가

2. 비급여 항목 외 실비 수납기준 : 수급자가 개별적으로 요구하는 물품 및 용역을 시설에서 구매하여 제공하는 경우 실비를 수납할 수 있으며, 기관은 실비 이외에 추가비용을 수납하지 못함

제4조 【 계약자 의무 】 '갑'과 '을' 그리고 '병'은 다음의 의무를 성실하게 이행하여야 한다.

① '갑'의 의무

1. 월 이용료 납부
2. 시설의 건전한 생활분위기 조성에 협조
3. 시설 내에 개인 애완동물 사육금지 등 청결
4. 인적사항 변동 시 즉시 통보
5. 기타 시설생활 규칙 이행

② '을'의 의무

1. '갑'의 건강관리 협조
2. '갑'의 신변이상을 '병'에게 즉시 연락
3. 식사제공 및 생활상담, 조언 및 생활편익 제공
4. 건물 및 부대시설의 청결 및 유지관리
5. 기타 '갑'의 안락한 노후생활에 필요한 협조

③ '병'의 의무

1. '갑'에 관한 건강 및 필요한 자료제공
2. '갑'의 월 이용료 등 입소비용 부담
3. 인적 사항 등 변경 시 즉시 통보
4. '갑'의 의무이행이 어려울시 대리인 선정 및 '을'에게 통보
5. 기타 시설생활 규칙이행

제5조 【계약해지 요건】

① '갑'의 해지

1. '갑'과 '병'은 의사에 따라 자유롭게 퇴소를 결정할 수 있으며, 제2조 제6항에 의거하여 이에 대한 사항을 '을'에게 통지하여야 한다. 다만, 부득이한 경우에는 유선으로 통보할 수 있다.

② '을'의 해지

1. '갑'의 건강진단 결과 「감염병의 예방 및 관리에 대한 법률」에 따른 감염병 환자로서 감염의 위험성이 있는 경우로 판정될 때
2. 타입소자의 안전과 인권에 심대한 위협이 될 때
3. '갑'의 이용료를 2회 이상 납부하지 않고 연체하였을 때(단, '을'은 '갑'에게 서면으로 이용료 납부를 최고하고'갑'또는'병'이 최고 통지를 받은 날부터 14일까지 이용료를 납부하지 않는 경우)

제6조 【퇴소】

① '을'은 제5조②항의 규정에 의한 계약해지 요건 시 이에 대한 증빙서류와 함께 계약해지 의사를 '갑'에게 서면으로 통지하여야 한다.

② '갑'과 '병'은 제1항의 규정에 의한 통지를 받았을 때에는, 본원 소정의 퇴소신청서를 작성하여 '을'에게 제출하고 '을'의 보관물품을 인수하여 퇴소하여야 한다. 단, 사유물품을 1년 이내에 인수하지 않을 경우에는 '병'(또는 '갑')에게 통보 후 '을'이 자체적으로 처리할 수 있으며, 이에 대해 '갑' 또는 '병'은 이의를 제기 할 수 없다.

③ '을'은 '갑'이 퇴소 시 이용료 잔액에 대하여 현금 또는 '갑'이 지정한(또는 '병')계좌로 지체 없이 지급한다.

제7조 【입소물품】 '갑'은 시설입소 시 개인물품을 '을'과 협의하여 반입할 수 있다.

제8조 【면회 및 외출·외박】

① '갑'의 면회시간은 매일 09:00시부터 21:00까지로 한다
(단 '갑' 과 '을' 또는 '병'이 동의할 경우 변경 할 수 있다).

② '갑'은 외출·외박시 사전에 '을'에게 신청하여야 한다.

③ '을'이 제공하는 음식물 이외의 음식물을 '갑'이나 '병'이 반입하고자 할 때에는 '을'과 협의 후에 반입하여야 한다.

④ 외출·외박 중 '갑'에게 신체적·정신적 변화 등의 사항이 발생할 경우 '갑' 또는 '병'은 '을'에게 즉시 사실을 알려야 한다.

제9조 【시설관리】

① '을'은 보건, 위생, 방범, 방화 기타 생활에 필요한 서비스 제공을 위하여 시설 직원이 거실을 출입하거나 필요한 조치를 할 수 있다.

② '을'은 원무 행정상 필요한 경우 입소자의 거실을 재배치할 수 있다.

제10조 【건강관리】

① '을'은 '갑'의 건강 및 감염병 예방을 위하여 '갑'과 종사자들에게 연 1회 이상 건강진단을 실시하여야 한다.

② '갑'이 질병 또는 상해로 인하여 진료가 필요하다고 인정 할 때에는 의사의 진료를 받을 수 있도록 조치하여야 한다.

③ 의사의 진료결과 입원이 필요한 질병이나 월 1회 이상 장기간 진료가 요구되는 경우 진료비와 부가서비스 경비(교통비, 외부간병인 등)는 '갑' 또는 '병'에게 별도 징수한다.

④ '을'은 입소시 갑의 건강상태 등을 확인하고 기록함은 물론, 갑에 대한 적절한 건강관리를 하여야 하며, 갑의 건강유지, 악화방지를 위하여 적절한 조치를 취해야 한다.

⑤ '을'은 갑의 건강관리를 위하여 활력증상 확인, 투약관리, 욕창관리, 낙상방지 등 건강관리 활동을 하여야 한다.

⑥ '을'은'갑'이 의사로부터 월 2회 이상 건강관리를 받을 수 있도록 조치를 취해야 하며, 이상시 지체없이 '병'에게 통보한다.

⑦ '을'은 갑의 건강관리를 위하여 물리치료, 재활치료를 제공해야 한다.

제11조 【시설물 배상】

① '갑'은 '을'의 시설물에 대하여 그 본래의 용도로 사용해야 하며, '갑'에 의한 시설물의 파손 또는 멸실에 대하여는 '갑' 또는 '병'이 원상회복 하여야 한다.

② '갑' 또는 '병'이 원상회복을 할 수 없을 때에는 '을'은 시설물의 잔존가치 등을 고려하여 실비로 산출한 비용을 그 내역과 함께 문서로 제시하고 '갑' 또는 '병'은 이에 대하여 납부하여야 한다.

제12조 【 위급시 조치 】

① '을'은 '갑'의 생명이 위급한 상태라고 판단된 때에는 협약병원, '갑'(또는 '병')이 지정한 병

원 또는 관련 의료기관으로 즉시 후송하고 '병'에게 즉시 통보하여야 한다.

② '병'은 제1항의 규정에 의한 통보를 받았을 때에는 신속하게 대처하여야 한다. 다만 대처가 어려울 경우에는 우선 진료를 받을 수 있도록 조치하여야 한다.

③ '갑'이 사망하였을 경우에 '을'은 즉시 병원으로 후송하고 '병'에게 즉시 통보하여야 한다. 단'병'과 사전에 협약이 있을 경우,'을'이 장례 절차를 진행할 수 있다.

④ 위 제3항의 규정에 의한 통보가 불가능할 때'을'은'갑'의 입소 입소월액 또는 시설의 운영비로 화장에 의한 장례를 집행하고 추후에'병'과 정산할 수 있다.

제13조 【임종 및 장례】 입주자의 임종 및 장례절차는 가족이나 연고자가 있을 경우와 무연고자를 구별하여 정한다.

① 가족이나 연고자가 있을 경우

1. 임종이 임박하였을 시 치료 및 입원은 '병'과 협의하여 결정한다.

2. 장례는 '병' 또는 신원인수인의 정함에 따라 가족이 장례절차의 모든 것을 수행하게 한다.

② 무연고자

1. 임종이 임박하였을 시 치료 및 입원은 '을'의 책임 하에 결정한다.

2. 장례는 행정기관과 협의하여 행정절차에 의거하여 장례가 수행될 수 있도록 한다.

3. 1개월 이내 관할 동(읍, 면)사무소에 사망신고를 한다.

제14조 【식사 및 간식】

① '을'은 1일 3식 및 간식을'갑'에게 제공하며,'갑'의 상태에 따라 특별식을 제공할 수 있다. 특별식(경관급식비 등) 비용이 일반 수급자의 식재료비/간식비를 초과하는 부분은 '갑'또는 '병'이 별도 부담한다.

② '을'은 식단표 및 간식제공계획에 대하여 사전에 '갑'에게 제공하고 게시하여야 한다.

제15조 【요양실의 배정】 '갑'의 요양실 배정은 입소순서에 따르며, 입소 후 '갑'의 건강상태, 수발조건, 형평성 등을 고려하여 변경할 수 있으며 '갑' 또는 '병'의 의견을 반영하여 '을'이 조정할 수 있다.

제16조 【개인정보 보호의무】

① '을'은 '갑'의 개인정보를 관계규정에 따라 보호하여야 한다.

② '을'은 장기요양서비스 제공에 필요한 '갑'의 개인정보 자료를 수집하고 활용하며 동 자료를 노인장기요양보험 운영주체 등에게 관계규정에 따라 제출할 수 있다.

③ '갑'의 개인정보수집 및 활용에 대한 승낙은 서면(개인정보수집 및 활용 동의서) 으로 한다.

④ '갑'은'을'이 수집 · 관리하는 본인의 개인정보에 대해 알 권리가 있다.

⑤ '을'은 '갑'의 사생활을 존중하고, 업무상 알게 된 개인정보는 철저히 비밀을 보장한다.

제17조 【기록 및 공개】 수급자의 생활과 장기요양서비스에 관한 모든 내용을 상세히 관찰하여 정확히 기록하고, 수급자나 가족이 요구할 경우 표준양식에 의거한 기록을 공개하여야 한다.

제18조 【배상책임】

① 다음 각 호에 해당되는 경우에는 '을'은 '갑'에게 배상할 의무를 진다.

1. 시설 종사자의 고의나 과실로 인하여 '갑'을 부상케 하거나 사망에 이르게 하였을 때

2. 상한 음식을 제공하였거나 약을 잘못 투약하여 '갑'의 건강을 상하게 하거나 사망에 이르게 하였을 때
3. 시설장비 또는 시설관리가 부실하여'갑'을 부상케 하거나, 사망에 이르게 하였을 때
4. 학대(노인복지법 제1조의2 제4호의 노인학대 및 같은 법 제39조의9의 금지행위를 말한다)로 인하여 '갑'의 건강상태가 악화되거나, 사망에 이르게 되었을 때

② 다음 각 호에 해당되는 경우에는'갑'은'을'에게 배상을 요구할 수 없다.

1. 시설 내에서 자연 사망하였을 때
2. '을'이 선량한 주의의무를 다했음에도'갑'이 임의로 외출하여 상해를 당했거나 사망하였을 때
3. '갑'이 천재지변으로 인하여 상해를 당했거나 사망하였을 때
4. '갑'이 본인의 고의 또는 중과실로 인하여 상해를 당했거나 사망하였을 때

제19조 【이용계약서의 해석】

① 이 계약서에서 규정하지 않은 사항은 민법이나 사회상규에 따른다.

② 본 계약으로 발생하는 소송은 민사소송법상의 관할 소재지 법원에 제기한다.

위와 같이 계약을 체결하고 본 계약체결을 증명하기 위하여 쌍방이 계약서를 작성 날인 후 각각 1부씩 보관키로 한다.

년 월 일

(계약자)	'갑' 이용자	(인)
	'을' 시설장	(인)
	'병' 대리인(보호자)	(인)

[서식 5-5] 입소(이용) 계약서

입소(이용) 계약서

① 입소자 성명 : ____________________

위 사람은 본 법인의 ○○○(이하 '본 시설'이라 한다)에 입소하면서 사회복지법인 ○○○의 원장을 '갑', 입소자 및 보호자를 '을'이라 하여 다음과 같이 입소에 관련된 계약을 체결한다.

- 다 음 -

1. '갑'은 '을'의 자립과 안전생활을 위해 노력한다.
2. '갑'은 시설에 환경을 쾌적하게 하고 장애인의 지역사회와의 교류를 통한 사회적응 및 사회통합을 위해 최대한 노력한다.
3. '을'은 본 시설에서 지켜야 할 제반규칙을 충실히 준수하며, 본 시설 및 '을'의 재활 및 자립과 관련하여 의견이 있을 경우에는 개진토록 한다.
4. '을'은 '을'의 과실 또는 부주의 등으로 발생하는 모든 사고 및 문제에 대하여'갑'에게 책임을 추궁하거나 법적 조치를 취하지 않는다.
5. 입소자의 수입금은 입소자 본인의 통장에 예치하여 관리하며, 스스로 자율적 관리가 어려울 경우에는 대리인을 지정하여 위임장을 작성한 후 금전의 자율적 소유와 관리가 이루어지도록 한다.
6. 입소자는 개인용품을 스스로 소유·관리할 수 있다. 단 스스로 자율적 관리가 어려울 경우 제5항과 관련하여 위임장을 작성한 후 개인용품의 개인적 소유와 관리가 이루어지도록 한다.
7. 입소자는 아래의 사항이 발생했을 경우 계약기간 중이라도 퇴소할 수 있다.
   1) 입소자 본인이나 가족(후견인)이 희망하는 경우
   2) 입소자가 상위기관(노인공동생활가정, 근로시설 등)으로 이전되는 경우
   3) 입소자가 실비인 경우 정당한 이유 없이 6개월 이상 그 비용을 납부하지 않은 경우
   4) 기타 '갑'이 본 시설내 생활이 부적절하다고 인정되어 통합서비스위원회 의결을

받아 퇴소를 명하는 경우

8. '을'이 실비 입소인 경우 일정 금액을 '갑'에게 지불한다.
   1) 실비금액은 보건복지부에서 정하는 노인생활시설 실비비용을 기준으로 한다.
   2) '을'은 위 비용을 매월 1일 '갑'이 정하는 계좌에 입금하도록 한다.
   3) 실비금액은 해당 노인이 본 시설에서 생활하는 기본 경비를 의미하며, 노인에게 특별히 소요되는 비용이 발생하는 경우에도 이를 지급하도록 한다.
9. 1) 본 계약은 계약일로부터 1년간 유효하다.
   2) 본 계약에 대해서 양자간에 이의가 없을 때에는 1년 단위로 계속 유효하다.
   단, '갑', '을' 쌍방간에 이의가 있을 때는 계약만료 2개월 전에 계약변경의 필요성을 상대방에게 알려야 한다.

년 월 일 ②

③ (갑) 성 명 : (인)
주민등록번호 :
주 소 :

④ (을) 입소자 ① 성 명 : (인)
② 주민등록번호 :
③ 주 소 :
보호자 ① 성 명 : (인)
② 입소자와의 관계 :
③ 주민등록번호 :
④ 주 소 :

⑤재계약일	⑥확 인 자	재계약일	확 인 자	재계약일	확 인 자

(에코맵 예시)

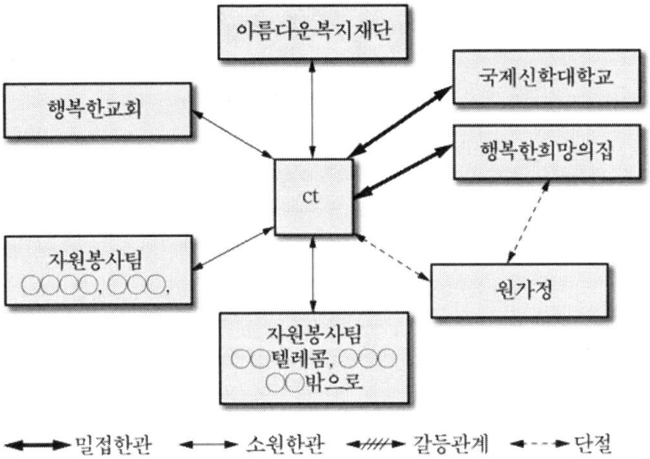

* 화살표는 서비스 지원 방향을 나타내며, 선이 굵을수록 관계가 친밀한 상태임.

[서식 5-6] 자원목록양식

자원목록양식

1. 기관명
2. 주소
3. 전화번호
4. 기관 찾아가는 방법
5. 업무시간
6. 제공되는 서비스 접촉할 사람
7. 적격여부 요건
8. 지리적 영역
9. 비용
10. 교통수단제공 '예', '아니오' 조건이 있으면
11. 의견 : 관계없는 의뢰를 최소화하기 위해 자원의 능력, 제한요소, 부수적 조건을 밝히는 의견을 기록함

[서식 5-7] 가정방문조사서 작성방법

⑬가족에 대한 정보: 가계도

· 유산 또는 낙태: 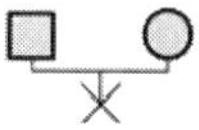 · 동거가족의 경계: 

나. 가족상호작용을 나타내는 기호들

· 매우 가까운 관계

· 갈등관계

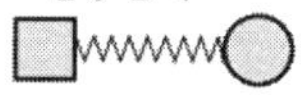

· 밀착됨과 동시에 갈등관계

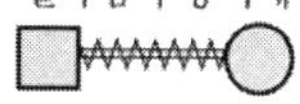

· 소원한 관계

· 단절된 관계

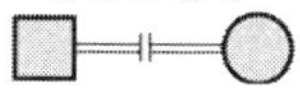

다. 작성방법

-가계도에 사용되는 기호를 표시한 후 밑의 칸에 해당년도와 내용 기록
(예 : 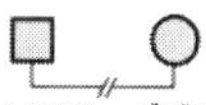)
1998. 이혼

-2~3세대의 가족구성원들의 나이를 기호 안에 표시
-동거가족의 범위를 점선 원으로 표시
-가족상호작용을 나타내는 기호를 표시하여 가족간의 친밀도를 나타냄.

⑭가족에 대한 정보: 가족력

가족은 개인의 심리·정서적 안정에 지대한 영향을 미치기 때문에 사회사업에서 매우 중요하게 다루어지는 체계로 장애인 문제의 진원지임과 동시에 문제해결을 위한 환경이며 자원이다. 이러한 양면을 고려하여 가족구성원 사이에 이루어지는 감정과 생각의 상호교환, 출산/죽음/결혼 등의 가족주기에 따른 전환에 어떻게 적응했는지, 가족갈등의 주요 문제는 무엇인지 등을 사정함.

-가족의 개별적 특성
-가족의 사회·경제적 상황
-부부관계
-부모-자녀관계
-확대가족과의 관계
-장애인에 대한 가족의 관심과 이해 정도

⑮가족에 대한 정보: 경제적 상황

장애인 가정의 주 소득원이 누구인지, 주 소득원의 직업, 월평균 수입·지출내역, 보조지원 여부 등을 기록

⑯가족에 대한 정보: 주거상황 및 환경

가족이 거주하고 있는 주거 형태(월세/전세/영구임대/자가, 빌라/주택/아파트 등) 및 거주지의 내부(집안 구조 및 정리정돈 여부 등)·외부환경(주택가, 유흥가, 공단지대 등)을 기록

⑰자원에 대한 정보: 사회력

사회력은 환경내의 주요 요소에 대한 장애인의 교류 특징을 한 장의 종이 위에서 찾을 수 있도록 하는 하나의 도구로 주요 환경적 요소들은 각종 원조단체, 직장, 학교, 이웃, 친척 등이 될 수 있음.

[서식 5-7] 가정방문조사서 작성방법

⑰자원에 대한 정보: 사회력	사회력은 자원과의 관계가 지속적인지, 편안한지, 균형이 맞는지를 나타내주며, 유사한 자원들을 한눈에 파악할 수 있도록 해줌. 따라서 자원을 목록화하는 또 다른 형태로도 사용될 수 있음. 가. 사회력에 사용하는 기호들 -사회력 중앙의 공란으로 되어 있는 □와 ○안에 장애인의 나이 기록 남자는 □, 여자는 ○로 표시 -자원: 타원형안에 자원명 기록 -에너지와 자원의 흐름: →, ←, ↔ -관계의 본질을 나타내는 선: 소원한 관계: …… 갈등관계: +++ 친밀한 관계: — (선의 굵기가 굵어질수록 관계가 친밀함) 나. 작성방법 -현재 활용하고 있는 공식적, 비공식적 자원의 친밀도에 따라 원의 크기를 달리 하여 그리며, 그 안에 자원명 기록 (예: ○○초등학교) -아직 발견되지 않은 즉, 필요한 자원을 기입해야 함. 그러나 현재 필요한 자원이나 아직 발견되지 못한 자원은 선으로 연결해서는 안됨. 왜냐하면 사회력을 볼 때마다 아직 발견되지 않은 자원을 상기하며 자원개발의 노력을 계속할 수 있기 때문임. -에너지와 자원의 흐름을 표시하기 위해서 선을 따라 화살표로 나타냄. -다른 유형의 선을 표시하여 관계의 본질을 나타냄.
⑱자원에 대한 정보: 내부자원	-내부자원: 개인적 강점으로 이것은 문제를 해결하고 욕구를 충족시키기 위해서 사용될 수 있는 개인의 성격 또는 가족생활의 질임. 가족의 정서적·경제적 지지, 장애인의 신념, 가치, 특별한 지식, 능력, 또는 태도의 형태를 취함. (예: 장애인의 긍정적이고 낙천적인 성격으로 인하여 안정적인 직장생활을 영위함) -장애물: 장애인 및 가족이 가지고 있는 부정적인 신념, 가치, 태도 등 (예: 장애인의 냉소적인 발언으로 인하여 친밀한 대인관계를 유지하지 못함)
⑲자원에 대한 정보: 외부자원-공식적 자원	-외부자원: 개인 또는 가족이 합리적인 질적 생활을 유지하도록 도와주는 재화나 서비스를 제공하는 사람이나 조직을 말함(공식적+비공식적 서비스). -공식적 자원, 장애물: 사회복지시설, 지역사회의 공식적인 단체와 기관, 정부기관 등을 말하며, 공식 지원체계가 지원할 수 있는 자원의 종류와 내용, 공식 지원체계의 접근성, 지원의 이용가능성, 지원의 적당성과 적절성, 욕구와 문제에 대처하는 대인서비스 기관의 능력 등을 사정함. (예: ○○재활병원의 교통편이 복잡하여 이용접근성이 떨어짐)

[서식 5-7] 가정방문보고서 작성방법

⑲자원에 대한 정보: 외부자원-비공식적 자원	-비공식 자원, 장애물: 가족, 친척, 친구, 이웃, 자조집단, 종교집단, 직장동료 등을 말하며, 비공식 지원체계와의 친밀성, 비공식 지원체계의 위치와 접근성, 현재 제공하는 지원의 종류, 장애인에 대한 정서적 지지의 강도와 빈도, 비공식 지원체계의 사회적·경제적·신체적 능력, 보호의 이용가능성과 지속성 등에 관하여 사정함. (예: 부모가 매주 1회 장애인을 가정 귀가시킴에 따라 장애인의 정서적 안정을 도모함)
⑳종합소견: 부모의 욕구	장애인 및 본원에 대한 부모의 욕구를 서술하며, 장애인과 친밀한 관계를 유지하고 있는 친척, 후견인 등이 있는 경우 이들의 욕구도 함께 기록함. (예: 모(母)는 대상자가 기초적인 생활능력(대소변 가리기, 식사 등)을 갖추게 되면 다시 원가정으로 복귀시켜 함께 살고 싶어함)
㉑종합소견: 방문자의 종합소견	가정환경 조사, 부모의 욕구 등 가정방문을 통해 수집된 정보를 종합적으로 분석하여 장애인에게 맞는 서비스의 방향을 기술함. (예: 장애인의 부모는 정부지원금을 제외하고는 일정한 소득이 없는 상황임. 그러나 모(母)는 장애인에게 많은 관심을 가지고 있으며, 본원에서 하는 행사나 장애인과 관계된 일에 적극적으로 참여하려는 모습을 보임. 또한 본원에서 장애인에게 기초서비스 등을 지원하는 중에 가정으로 귀가할 경우 본원과 가정이 연계하여 일관성있는 지도가 필요함을 점차 인식하게 됨. 따라서 장애인의 재활과 삶의 질 향상을 위하여 본원과 가정이 연계하여 장애인의 수준에 맞는 적절한 서비스를 지원한다면 장애인의 기초생활, 정서, 사회생활 등의 면에서 조금씩 향상될 것으로 사료됨)

[서식 5-8] 사례회의록

사 례 회 의 록

<table>
<tr><td>①차 순</td><td colspan="3"></td><td>②기록일자</td><td></td></tr>
<tr><td>③제 목</td><td colspan="3"></td><td>④기록자</td><td></td></tr>
<tr><td>⑤일 시</td><td colspan="5"></td></tr>
<tr><td>⑥장 소</td><td colspan="5"></td></tr>
<tr><td>⑦참 석 자</td><td colspan="5"></td></tr>
<tr><td rowspan="2">⑧회의내용</td><td>연번</td><td colspan="4">내 용 요 약</td></tr>
<tr><td></td><td colspan="4"></td></tr>
<tr><td rowspan="2">⑨결정사항</td><td>연번</td><td colspan="2">결정명</td><td colspan="2">결정내용</td></tr>
<tr><td></td><td></td><td></td><td colspan="2"></td></tr>
<tr><td>⑩특이사항</td><td></td><td colspan="4"></td></tr>
</table>

[서식 5-8] 사례회의록 작성방법

①차순	회의 횟수 기록
②기록일자	회의록 기재 일자 기록
③제목	회의 제목 기록 (예: ○○○ 개인별재활계획수립회의)
④기록자	회의 기록자 이름 및 직책 서술 (예: ○○○ 사례진행자)
⑤일시	회의 실시 일자 및 시간 기록
⑥장소	회의를 실시한 장소 기록
⑦참석자	회의에 참석한 사람의 소속기관, 이름, 직책 서술
⑧회의내용	지원계획수립회의 진행방식에 따른 회의 내용을 문제중심으로 기록하며, 회의록에 기록되어야 할 항목은 다음과 같다. -개회선언 및 재활계획수립의 필요성 설명 -사정결과 발표(장애인의 기초정보, 가족 및 자원에 대한 정보, 진단내용, 상담 및 관찰내용 등을 간략하게 요약하여 기재함) -각 재활영역의 장애인에 대한 관찰 및 서비스 진행사항 설명 -서비스 지원계획에 따른 서비스 목표 및 우선순위 설정 -서비스 지원계획 논의
⑨결정사항	회의과정에서 논의된 내용(지원서비스)을 연번 순을 정리하여 작성하며, 서비스명, 결정내용, 서비스 담당자/지원자로 분류하여 서술함. (예: 서비스명 - 취업, 결정내용 - 작업태도가 불성실하고, 훈련생들과 협동작업이 이루어지지 않는 등 취업 전에 근무태도 및 대인관계에 대한 개선이 요구됨, 서비스 담당자 - ○○복지관 정○○ 직업재활사)
⑩특이사항	장애인과 관련하여 기타 논의사항이나 참고해야 할 사항 등을 기재하며, 필요시 지원계획 수립내용에 대한 세부적인 사항 기재 (예: 상담, 부모회의 참석 등 복지관과 생활실내 연계 강화를 통하여 장애인에 대한 일관적인 지도를 하기로 함)

2) 퇴 소

(1) 퇴소 목적

장애인의 퇴소 자격기준과 절차를 마련하여 퇴소 대상을 명확히 하며, 퇴소자에 대한 사후관리체계를 구축함으로써 안정적인 자립생활을 도모하고자 한다.

(2) 퇴소 대상

본원에 입소한 장애인은 연고자의 신병 인도, 결혼, 취업 등의 독립, 타기관으로의 전원, 사망 등의 이유로 퇴소할 수 있다.

〈표 5-1〉 퇴소 대상

사유	내 용	비고
연고자의 신병 인도	연고자가 퇴소를 희망하거나 계약 입소기간이 완료되었을 경우	
타기관으로의 전원	장애인의 기능향상을 꾀하거나 사회복귀를 위한 상위시설로의 전원, 또는 연령초과, 장애종별·정도의 변경 등으로 인하여 타기관으로 전원을 하게 되는 경우	
사망	사고나 질환으로 사망하는 경우	
자립	결혼이나 취업 등 독립생활이 가능하게 된 경우	
기타	가출, 행방불명, 부적응행동의 심화로 시설내의 보호가 불가능하다고 판단되는 경우 등	

(3) 퇴소 절차

① 연고자의 신병인도, 타기관으로의 전원, 결혼 · 취업 등의 독립일 경우

〈그림 5-2〉 퇴소 절차

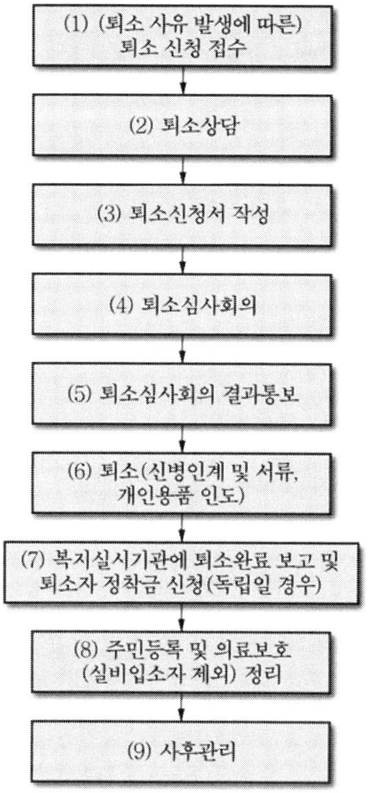

가. (퇴소 사유 발생에 따른) 퇴소 신청 접수

장애인의 연고자 신병 인도 요청, 결혼 · 취업 등으로 인한 자립, 타기관 전원 등의 사유발생시 퇴소 신청을 접수한다.

나. 퇴소상담

(가) 본원의 퇴소를 희망하는 장애인 및 가족은 전화 및 내방에 의해 퇴소에 대하여 상담을 하도록 하며, 퇴소 담당자는 상담내

용을 기록한다.

(나) 장애인공동생활가정(Group-Home, 그룹홈) 입주로 인한 타기관 전원이 필요한 경우에는 장애인 및 가족과의 퇴소상담을 실시하여 전원에 대한 욕구를 파악하고, 이후 소사례회의를 실시하여 입주가능대상자를 1차로 선정한 후에, 타 기관에 추천한다.

다. 퇴소신청서 작성

(가) 퇴소를 희망하는 장애인 및 가족은 퇴소신청서를 작성하여 본원에 제출하여야 한다.

(나) 그룹홈 입주가능 대상자는 퇴소심사회의 결과에 따라 퇴소신청서를 이후에 작성하여 본원에 제출한다.

라. 퇴소심사회의

(가) 퇴소심사회의 절차

- 퇴소사유발생시 본원에서는 퇴소신청서와 자체심사회의 자료를 토대로 퇴소심사회의를 진행한다.
- 퇴소심사회의 결과에 대해 본원에서는 3일 이내에 통합서비스위원회의 심사를 요청한다.
- 통합서비스위원회의 심사결과에 이의가 있을 경우에는 3일 이내에 재심의를 요청한다.
- 본원에서는 통합서비스위원회의의 심의결과를 포함한 현재 서비스 진행상황을 종합적으로 검토하여 7일 이내에 퇴소여부를 확정한다.

(나) 회의자료

- 퇴소신청서, 자체심사회의 자료

마. 퇴소심사회의 결과통보

(가) 의뢰기관 : 문서에 의한 회신(퇴소가 불가능할 경우에는 그 사유를 기록한 내용으로 통보)

(나) 의뢰인 통보 : 전화를 통한 구두 회신

바. 퇴소(신병인계 및 서류, 개인용품 인도)

(가) 타기관 전원인 경우에는 전원의뢰서 및 전원 의뢰에 따른 회신문(전원 요청을 받은 경우)을 발송하고 보관한다.

(나) 장애인 기록 정리 및 처리

퇴소시 퇴소자 개인별 서류의 취합·정리가 완료되어야 하며, 개인파일로 모두 이전시켜야 한다. 퇴소 담당자는 퇴소자 개인파일을 복사하여 사본으로 영구보관하고, 원본은 가족 또는 전원기관에 인계한다. 특히 퇴소자가 지원계획수립 대상인 경우 전원기관에 지원계획서비스 진행과정 및 사회관계망을 설명하여 서비스 진행의 연계성을 확보한다.

(다) 신병 인계 및 서류 전달

기관장이 신병인수증을 작성한 후 퇴소자를 인도하며, 물품 및 서류 인계 목록부를 근거로 개인물품과 서류 등을 함께 전달한다.

사. 복지실시기관에 퇴소 완료 보고 및 퇴소자 정착금 신청

(가) 복지실시기관 퇴소 완료 보고

퇴소 담당자는 퇴소자 발생에 따라 복지실시기관에 퇴소 완료 보고를 해야 하며, 기본 관계 서류(수용자신상카드, 신병인도증, 퇴소신청서)를 첨부한다.

(나) 퇴소자 정착금 신청(서울시의 경우)

취업, 결혼 등 사회진출을 위하여 시설에서 퇴소하는 자가 있을 경우 퇴소 시기에 맞추어 복지실시기관에 정착금(1세대당 100만원)을 신청한다. (증빙서류 : 주민등록등본 1통, 취업 또는 결혼을 증명할 수 있는 서류)

아. 주민등록 및 의료보호(실비입소자 제외) 정리

퇴소 대상자 또는 인수자가 동사무소에 전입신고를 하여 주민등록이 정리되도록 하며, 본원 간호사는 퇴소자 발생에 따라 의료관련 서류를

정리한다.

자. 사후관리

(가) 전화 및 방문상담, 안부 서신 발송 등을 통하여 퇴소자의 근황을 정기적으로 파악하며, 필요시 정서적 지원, 정보제공, 자원의 연결 등을 통하여 지역사회에서의 독립적 생활을 영위할 수 있도록 한다.

(나) 본원에서 연간사업계획에 의거 진행하고 있는 퇴소자 사후모임을 실시하여 기관과 퇴소자간에 지속적인 관계를 유지할 수 있도록 한다.

(다) 퇴소자 사후관리와 관련된 내용을 문서로 작성하여 보관한다.

② 사망

본원의 장례절차규정에 따라 장애인이 병원에 입원 중 사망한 경우에는 보호자나 행정기관에 사망 사실을 통보하고, 병원에서 발급 받은 사망진단서를 첨부하여 복지실시기관에 사망으로 인한 퇴소보고를 하여야 한다. 그러나 시설 내에서 사고나 질환으로 사망한 경우에는 의사의 진단에 의해 사망이 확인되어야 하므로 사체를 시설 내에 보존하여 의사의 사체확인서를 발급받고, 사고경위 보고서를 첨부하여 복지실시기관에 보고함으로써 퇴소 처리하여야 한다. 사고사인 경우에는 경우에 따라 검찰의 지휘에 의한 확인을 받아야 한다.

③ 가출 및 행방불명

장애인이 가출을 한 경우에는 24시간 경과 후에도 연락이 없을 시는 경찰에 가출신고를 하여 협조를 구하여야 하며, 1주일이 경과하여도 나타나지 않을 경우는 경찰 실종신고를 제출하여 접수증과 가출에 대한 사고 보고서를 첨부하여 실종보고 후 퇴소조치 하여야 한다.

④ 부적응 행동의 심화로 시설내의 보호가 불가능한 경우

시설내의 생활에 부적응 행동이 심하게 나타나 시설내의 보호가 불가능하다고 판단되거나, 본인이 부적응현상에 대한 심리적 고통을 호소

하는 경우에는 시설에서 나타나고 있는 부적응현상을 기록한 관찰기록부와 관련 직원들의 소견서, 그리고 담당의사의 소견서 등을 첨부하여 부모나 가족들에게 상담을 요청하며 장애인의 퇴원과 이후의 보호조치에 대하여 협의하고 퇴원을 요청하도록 한다. 이러한 경우에는 보호자와의 의견대립이 나타날 수 있음으로 장애인을 위한 최선, 차선의 대안이 무엇인지를 잘 협의하고 그에 알맞은 서비스의 이전에 최대한 협조하여야 한다.

[서식 5-9] 신병인수증

신 병 인 수 증

1. ① 성 명 :
2. ② 성 별 :
3. ③ 주민등록번호 :

위 사람의 신병을 정히 인수하였습니다.

④ 년 월 일

⑤ 인수자
성 명 : (인)
주민등록번호 :
주 소 :
연 락 처 :
관 계 :

⑥ 인도자
성 명 : (인)
주 소 :
연 락 처 :
관 계 :

[서식 5-9] 신병인수증 작성방법

①성명	퇴소가 결정된 장애인 이름 기록
②성별	퇴소가 결정된 장애인 성별 기록
③주민등록번호	퇴소가 결정된 장애인의 주민등록번호 기록
④년, 월, 일	퇴소시 신병 인수 일자 서술
⑤인수자	퇴소가 결정된 장애인을 인수하는 사람(가족, 전원 기관의 기관장 등)의 이름 및 날인, 주민등록번호, 주소, 연락처, 관계 기록
⑥인도자	퇴소가 결정된 장애인을 인도하는 사람(기관장)의 이름 및 날인, 주소, 연락처, 관계 기록

[서식 5-10] 퇴소자 사후관리 보고서

퇴소자 사후관리 보고서

<table>
<tr><td rowspan="2">①성 명</td><td rowspan="2"></td><td rowspan="2">②작 성 자</td><td>직 책</td><td></td></tr>
<tr><td>성 명</td><td></td></tr>
<tr><td>③상담/지원 일자</td><td>년 월 일</td><td>④성 별</td><td colspan="2">□ 남 □ 여</td></tr>
<tr><td>⑤생년월일</td><td></td><td>⑥주민등록번호</td><td colspan="2"></td></tr>
<tr><td>⑦입소일자</td><td></td><td>⑧퇴소일자</td><td colspan="2"></td></tr>
<tr><td>⑨방 법</td><td colspan="4">□ 전화상담 □ 방문상담 □ 기타지원</td></tr>
<tr><td>⑩
상담/지원
내용</td><td colspan="4"></td></tr>
<tr><td>⑪추 후
지원계획</td><td colspan="4"></td></tr>
<tr><td>⑫비 고</td><td colspan="4"></td></tr>
</table>

[서식 5-10] 퇴소자 사후관리 보고서 작성방법

①성명	사후관리한 퇴소장애인 이름 기록
②작성자	퇴소장애인을 사후관리한 담당자 직책 및 성명 기록
③상담/지원 일자	퇴소장애인을 사후관리한 날짜 기록
④성별	퇴소장애인 성별 기록
⑤생년월일	퇴소장애인 생년월일 기록
⑥주민등록번호	퇴소장애인 주민등록번호 기록
⑦입소일자	퇴소장애인 입소일자 기록
⑧퇴소일자	퇴소장애인 퇴소일자 기록
⑨방법	퇴소장애인을 사후관리한 방법 서술
⑩상담/지원 내용	전화 또는 방문상담시 원가정과의 관계, 직장/학교생활에서의 적응 등 문제 중심으로 상담내용을 기록하며, 기타 지원이 이루어졌을 경우 지원된 내용을 기록함.
⑪추후 지원계획	상담 및 지원내용을 근거로 추후 지원되어야 할 계획 기록 (예: 현재 구직활동을 하고 있음에 따라 추후 구직 정보 제공 및 직업재활 기관 연계를 도모할 계획임)
⑫비고	퇴소장애인을 사후관리하면서의 특이사항 및 참고사항 기술

제 6 장

실습을 위한 사회복지시설의 이해

제 1 절　사회복지시설의 개념적 이해

사회복지시설은 국민의 건강과 100세 건강시대를 위한 행복한 삶, 편안한 인생 및 아름다운 동행을 위한 지역사회의 꼭 필요한 기관으로, 시설입소자를 함께 살아가야 하는 삶의 공동체적 이웃으로 인식하여야 한다. 그리고 함께할 수 있는 올바른 인식을 위해 사회복지시설의 개념과 시설보호의 기본 원리, 시설의 유형 및 설치·운영 등에 대하여 알아보고 실습기관 선정시 참고자료로 활용토록 하고자 한다.

1) 사회복지시설의 개념

(1) 사회복지시설의 정의

- 사회복지사업법 - 사회복지법 제2조의 사회복지사업을 수행할 목적으로 설치된 시설
- 사회복지시설이란 삶을 살아가면서 다양한 인간의 욕구로 인하여 문제가 발생하여 사회문제를 갖고 있거나 사회문제의 위험이 있는 사람들에게 생활(수용), 이용시설, 기타의 방법으로 일정한 범위의

사회복지서비스를 제공하기 위한 물리적·기능적인 제 자원의 총체

* 생활시설 입소대상은 다양한 사회적 약자 가운데서 요보호 상태에 있는 사람들을 주로 지칭하는 사후 예방적 접근방식과 그렇게 될 위험이 있는 사람으로 확대하여 사전 예방적 접근방식으로 대상을 확대해 나가고 있다

(2) 사회복지시설의 용어

- 사회복지 관계법규 - 사회복지시설이라는 용어를 사용할 수 있다.
- 사회복지 현장 - 모든 사회복지시설 및 기관을 통틀어 사회복지기관으로 사용
- 간접적인 서비스기관(각종 협의회, 협회, 연합회 등)과 직접적인 서비스 기관인 이용시설과 생활시설로 나눌 수 있다(사회복지관, 각종 생활시설, 보육시설 등).

(3) 사회복지시설의 변천과정

사회복지시설의 변화는 요보호자의 유형과 발생 정도, 정부의 대응방식, 요보호자의 보호에 대한 주민의 정서 및 케어이념 등에 의해 대개 영향을 받는다.

단계 \ 내용	보호수준	보호목표	보호형태	지역사회와의 관계
사회보호적 단계	열등처우	사회적 방임	격리	단절
사회보장적 단계	최저생활	발달 가능성	수용	수동적, 일방적
사회복지적 단계	최적생활	정상화	생활, 육성	능동적, 상호적

⇒ 현재 우리나라의 사회복지시설은 수급자격을 갖춘 자에 한하여 최저생활을 보장하는 둘째 단계 수준이지만, 점차 사회복지적 단계로 이동하면서 보편적 복지국가로 발전하고 있다.

(4) 사회복지시설의 사회적 역할

① 시설생활자의 생활을 유지하고 지원하는 역할

② 가정생활을 지원하는 역할
③ 지역사회복지를 증진하는 역할
④ 주민에 대한 복지교육적인 역할

2) 생활시설의 기본원리

(1) 이념상의 원리

① 인간존중 보호의 원리 - 시설의 주인공이 어디까지나 시설생활자라는 기본전제 위에 이루어져야 한다.
② 행복가정 보호의 원리 - 초기 가정 복기를 위한 다양한 노력과 가정일 제 기능을 수행하여야 한다.
③ 전문가적 보호의 원리 - 전문교육을 받은 직원들에 의해 케어, 집단생활 속에서의 상호 역동성 등.

(2) 방법상의 관계원리

① 개별화의 관계원리 - 시설생활자 각자의 개성의 존중과 욕구 파악의 근거 위에서 적절한 서비스 제공
② 가정과의 관계원리 - 시설생활자와 그 가족과의 관계가 단절되지 않도록 세심한 배려를 해야 한다.
③ 집단활용 관계원리 - 각 개인의 개성을 존중함과 동시에 각 개인의 집합체로서 집단을 적극적으로 활용
④ 일관성의 관계원리 - 팀을 구성하여 보호에 임한다.
⑤ 지역사회 관계원리 - 지역사회와의 관계를 무시한 시설은 오늘날의 사회복지에서 있을 수 없으며, 수용의 장이 아닌 생활의 장으로서 시설의 사회화 · 통합 · 정상화 등은 지역사회와 관계의 중요성을 잘 나타내고 있다.

3) 사회복지시설의 유형

사회복지시설을 구분하는 기준에 따라 다양하게 유형화할 수 있다.
(1) 설립 및 운영주체 - 공립공영, 공립민영, 사립공영, 사립민영, 공

립공민영, 사립공민영, 공사립공영, 공사립민영, 공사립공민영, 개인 등으로 구분할 수 있다.

(2) 요보호자에게 사회복지서비스가 제공되는 장(場)에 따라 - 생활(수용)형, 이용(통원)형, 중간형
ex) 정신지체인 그룹홈, 노인의 집 등.

(3) 비용수납 여부 - 전액유료사회복지시설, 실비자부담사회복지시설, 무료사회복지시설

(4) 사회복지시설의 주된 기능 - 생활시설, 재활(교육·치료)시설, 작업(근로)시설, 이용시설, 복합기능시설

(5) 사회복지 관계법에서 규정하고 있는 사회복지시설의 유형 - 아동복지시설, 노인복지시설, 장애인복지시설(장애인 생활시설, 장애인 지역사회 재활시설, 장애인 직업재활시설, 장애인 유료복지시설, 기타 대통령령이 정하는 시설), 모자복지시설, 윤락행위등 방지법에서 규정하고 있는 사회복지시설, 영유아보육시설, 기타 사회복지시설

4) 사회복지시설의 설치 · 운영

(1) 사회복지시설의 설치

사회복지시설은 국가 또는 지방자치단체와 사회복지법인 및 비영리법인, 기타법인 그리고 개인이 설치·운영할 수 있다.

다만, 정신요양시설과 교정복지시설은 시설생활자의 권익보호를 위하여 사회복지법인 또는 비영리법인에 한하여 설치·운영할 수 있도록 제한하고 있다.

(2) 사회복지시설의 운영

사회복지시설 운영 재원은 정부의 보조금, 운영주체의 자체 수입, 후원금이나 기부금, 민간단체지원금 등으로 조달된다. 현행 운영재원 중 큰 부분을 차지하는 것이 정부보조금이다. 사회복지사업법에서는 매 3년마다 1회 이상 사회복지시설을 정기적으로 평가하여 그 결과를 시설

감독과 지원에 반영할 수 있도록 규정하고 있다.

(3) 사회복지시설의 이용자

현재 우리나라는 국민기초생활수급대상자가 우선적으로 무료사회복지시설을 이용하고 있다. 그리고 장기요양보험법에 따라 저렴한 자부담으로 입소 혹은 이용시설로 재가서비스를 받고 있다. 한편 무료사회복지시설은 정원의 30% 범위 내에서 일반인도 일정 비용을 부담하고 생활시설을 이용할 수 있다. 또한 유료사회복지시설의 경우 비용부담 능력이 있는 사람은 특별한 경우를 제외하고는 쉽게 이용할 수 있다.

5) 결론

앞으로의 사회복지시설은 현재의 사회복지시설과는 다른 유형으로 발전될 전망이다. '시설중심의 클라이언트를 맞추던' 형태에서 '시설이 클라이언트에 맞추는' 선택주의로 전환되어 클라이언트 중심 사회복지 맞춤서비스가 활성화될 것이다. '시설이 클라이언트를 선택하던' 시스템에서 '클라이언트가 시설을 선택하는' 시스템으로 전환되는 계기가 노인장기요양보험법의 활성화와 장애인복지법 및 사회복지사 처우에 관한 법률 등으로 가능케 되었다. 즉 '독점적인' 서비스 제공 형태에서 '경쟁적인' 서비스 제공 형태로 '최저수준의' 서비스 제공에서 '최적 수준의' 서비스 제공으로 변화되었고, '도덕성과 긍휼함을 가지고 동정심에서 복지를 실천하는 시대에서 과학적 사회복지 운영 마인드를 가지고 '서비스의 효과성 · 효율성까지 평가받는' 복지자율시대로 탈바꿈하게 되었다.

제 2 절 사회복지시설 운영자의 역할

1) 사회복지시설 운영자의 역할

(1) 시설 내적 역할

① 생활시설 보호 - 지역사회 주민들의 정상적인 삶의 수준과 동질화된 서비스가 제공되어야 한다.

⇒ 개별적인 케어, 생활입소자 케어, 지속성 보장의 실천원칙이 실현되어야 한다.

② 직원의 연수 - 시설 근무직원의 전문성 강화를 위해 근무하고 있는 현장에서 부딪히는 문제를 실질적으로 해결해 나가는 방식의 워크숍이나 연수 훈련으로 직업 능력을 향상시켜 나가야 한다. 보수교육 등은 자신이 습득한 전문성을 유지, 발전시키고 향상하기 위해서 필요하다.

ex) 세미나, 월례회의, 슈퍼비전, 토론발표

③ 사회복지시설 평가 - 사회복지사업법상 매 3년마다 시설평가를 하도록 규정하고 있으며 장기요양기관은 입소시설과 재가서비스기관 모두 매 2년마다 평가를 받도록 법적으로 규정하고 있으며, 영유아보육시설도 평가 인증을 받고 있다. 따라서 평가지표는 실무자와 연구자 및 관계공무원들이 함께 정교화시켜 나가야 할 것이다.

④ 시설의 운영관리 - 인사관리(직원채용, 배치, 노동조건 개선 등)와, 재무관리(예 · 결산, 집행 등), 시설관리(건물, 설비, 비품유지 · 관리), 사무관리(각종 장부 및 문서관리, 제 규정) 서비스관리 등으로 구성되어 있다.

⑤ 시설운영의 계획 - 다양한 시설관련자의 참가와 시설정보의 공개,

시설을 둘러싼 상황에 대한 정확한 이해, 관련 기관간의 협력 등이 요구된다.

(2) 시설 외적 역할

① 시설의 홍보 - 기존 시설홍보는 자원동원을 목적으로 홍보내용이 시설의 취약부분을 주로 취급하였고 홍보대상도 재정적 후원이 가능한 쪽으로 택해 부정적인 측면을 강조하였으나, 현재는 긍정적인 내용의 시설홍보, 즉 주민참여 방안, 주민참여로 인한 효과, 시설생활자의 사회자립 등의 주민에게 알리는 것이 필요하다. 또한 시설운영자의 인품과 신뢰감이 바탕이 된 설득력 있는 홍보가 필요하다. 홍보 방법으로 매스컴의 이용, 홍보물, 작품 전시회 등 다양한 방법을 활용해야 할 것이다.

② 지역사회 자원의 활용 - 지역사회 내의 재원과 시설 설비, 다양한 인력, 각종 기관단체 등과의 접촉을 통하여 폭넓은 생활을 영위할 수 있도록 지역사회의 다양한 자원을 활용해야 한다. 나아가 지역사회의 재원을 활용하기 위해서 지역주민에게 신뢰감을 줄 수 있도록 노력해야 하며 합리적이고 호소력 있는 프로그램을 제시하고, 지역사회 자원 활용에 보다 적극적인 자세로 임해야 한다.

③ 지역사회복지 욕구에 대응 - 시설이 보유하고 있는 다양한 전문기능과 설비 공간은 시설생활자의 욕구 충족을 위해 활용될 뿐만 아니라 지역사회 주민의 사호복지 욕구 충족에도 대응해야 한다. 시설의 기능과 설비의 지역사회 제공은 시설전문기능(물리치료, 목욕서비스, 상담 등)의 제공, 시설 설비(운동장, 강당, 차량 등)의 개방, 시설직원의 지역사회 활동에 참가, 주민에게 사회복지에 대한 교육과 체험기회 제공 등이다.

2) 시설운영자의 자질

(1) 시설운영자의 자질

① 시설 내적인 자질 - 인격적인 신뢰성과 사고의 원만함, 고상한 품위, 자신의 일에 대한 열정과 업무에 대한 충분한 경험을 갖고 있어야

한다. 또한 시설관리운영 능력이 몸에 배어 있어야 하며 기제·설비의 관리, 재정운용능력, 매일의 업무 파악과 처리, 시설 내부의 전반을 장악하는 능력, 직원에 대한 지도능력도 탁월해야 한다.

② 대 지역사회에 대한 지도력 - 서비스를 받게 될 클라이언트와 그 가족에 대한 홍보를 적절하게 할 수 있어야 한다. 기본적인 신뢰성을 구축한 바탕 위에서 시설보호와 재가보호의 연계, 시설과 클라이언트 가족 간의 협력, 시설생활자와 주민간의 교류가 가능해지게 된다. 또한 시설운영자는 지리적 여건을 고려하여 지역사회와 더불어 지역복지 욕구 해결을 위해 할 수 있는 일감을 찾아내 주민과 함께 해결해 나가는 능력이 필요하다.

(2) 유능한 시설운영자

① 시설운영자는 시설의 브레인이다. - 시설의 대표이고 간판이다.

② 시설장은 시설의 안테나이다. - 정보통이어야 한다.

③ 시설운영자는 시설의 스피커이다 - 시설의 대변인이다.

제 3 절 사회복지시설 직원의 자세 및 관리

1. 시설직원의 자질

1) 5H

(1) 따뜻한 마음(Heart)

(2) 냉철한 두뇌(Head)

(3) 능통한 기능(Hand)

(4) 원만한 인간관계(Human relationship)

(5) 심신의 건강(Health)

2) 바람직한 시설직원의 조건

① 사회복지에 대한 열의와 열정이 있을 것
② 건강한 심신과 인간 존중의 복지마인드를 가질 것
③ 생활시설입소자의 입장에서 모든 것을 생각할 수 있을 것
④ 시설 전체 활동 가운데서 자신이 차지하는 위치를 올바로 인식할 것
⑤ 업무를 통하여 직원간의 상호 협력을 긴밀하게 가지도록 노력할 것
⑥ 시설에 공헌하고 있다는 자부심을 가질 것
⑦ 필요한 전문지식을 알고 직무능력을 향상시킬 것
⑧ 시설에 대하여 자긍심과 소속감을 가질 것

3) 신뢰받는 직원

① 표현의 일관성이 있는 직원
② 편의적으로 일을 처리하지 않는 직원
③ 권위를 나타내거나 강요하지 않는 직원
④ 공치사하지 않는 직원
⑤ 사생활과 비밀보장 및 인권을 지켜 주는 직원
⑥ 상황을 분별 하여 가슴을 열게 해주는 직원
⑦ 자신의 잘못을 솔직하게 인정하는 직원

2. 시설직원의 환경시설병

1) 사회복지시설 종사자의 매너리즘화 과정

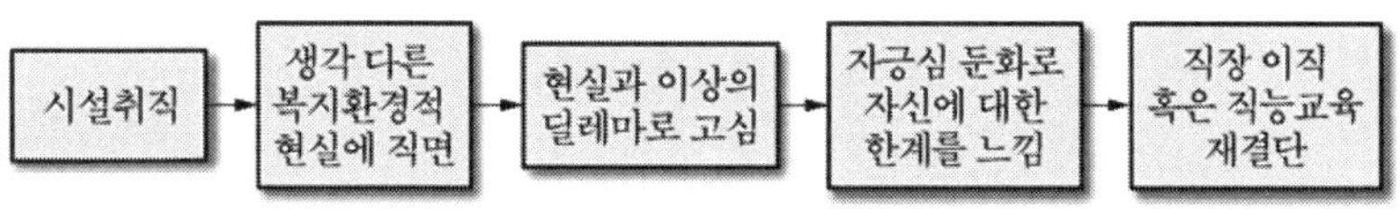

2) 시설직원의 환경시설병 유형

① 우물안 개구리 증후군 - 근무하고 있는 시설중심으로 사고와 시야가 좁아져 타시설이나 사회적 관심에 무관심해짐
② 매너리즘 증후군 - 자선적인 사고에 젖어 시설입소자에 대한 서비스를 열악하게 제공하는 것을 당연시 여김
③ 자만우월 증후군 - 시설의 존재는 직원을 위한 것으로 생각, 시설구조나 서비스에 맞추도록 강요.
④ 무감각 증후군 - 일상적인 감정과 정서에 민감하지 못하고 공감하지 못하는 것

3. 시설직원의 자세

① 직원 〉 시설생활자의 자세
- 시설생활자에 대하여 우월한 태도를 취하는 것으로, 시설생활자를 약자로 취급하기 쉽다.

② 직원 = 시설생활자의 자세
- 직원이 시설입소자에 대하여 인권을 존중하고 동등한 태도로 대하며, 물리적 뿐만 아니라 정신적인 압박과 정서적으로 편안함을 유지토록 한다.

③ 직원 〈 시설생활자의 자세
- 시설생활자의 입장이 되어서 느끼고, 생각하고, 판단하여 시설생활자가 행복감을 느끼도록 서비스를 하는 자세로 인격을 존중하는 자세이다.

4. 사회복지시설의 인적자원 관리

1) 사회복지시설의 인적자원관리

(1) 인적자원 관리와 관련된 사회복지시설의 특성

① 업무를 가시화하고 표준화하는 데는 제약요소가 많다. 제공된 서비스의 성과나 효과도 측정하기 용이하지 않다.
② 여러 업종의 여러 전문가들로 구성되어 시설보호를 담당하고 있다.
③ 공공성이 강하여 법률과 정부의 강한 영향력 하에 있다.
④ 시설유형, 동일법인 내의 시설 수, 위치한 지역 등에 따라 편차가 매우 크다.

2) 사회복지시설 인적자원 관리의 구성요소

(1) 관리적 측면 - 인력계획 활동, 인력 실천활동(조직, 지휘, 조정 포함), 인력통제활동
(2) 기능적 차원 - 인력확보, 인력개발, 인력보상, 인력유지, 인력방출
(3) 실천적 측면에서의 인적자원 관리의 구성요소
　① 직원관리 영역으로 직원의 모집, 선발, 배치, 승진 등을 포함한다.
　② 임금·복리후생 영역으로 직원의 보상에 해당되는 보수 및 수당, 여비 등과 복리후생에 있어서 법정 복리후생, 법정 외 복리후생이 포함된다.
　③ 인재 육성으로 사회복지 시설의 연수, 교육, 훈련이 포함된다.

2) 사회복지시설 인적자원 관리의 효율화 방안

(1) 인사고과제도

- 사람을 평가하는 방법을 제도화한 것
- 구성원 개개인의 잠재능력, 성격, 근무태도, 업적 등을 평가하려

는 것
- 인적자원관리의 모든 영역에 영향을 미치는 기초자료로서의 역할 (직원배치와 근무조 편성 및 승진 시, 직원의 채용, 직원에 대한 복리후생이나 인센티브 제공 시, 인재육성 시 중요한 자료로 이용될 수 있다.)
- 자기제한행동에 대처하는 방법 중 하나

※ 자기제한행동 – 여러 사람이 함께 일할 때 각 구성원이 전력을 다하지 않는 경향

- 인사고과의 효과를 얻기 위해 타당성, 신뢰성, 수용성, 실용성 등이 확보되어야 한다.
- 직원의견서를 받아 이를 바탕으로 인사고과 결과 활용에 반영하는 것이 효과적일 것이다.

(2) 직원관리 – 적합한 인재 확보, 적절한 배치와 근무조 편성, 승진의 공공성 확보

(3) 임금·복리후생

- 직원의 임금은 정부지원에 대부분 의존하고 있으므로 그 증액을 위한 노력은 집단적으로 기울일 필요가 있다.
- 시설 후원금의 일정 부분을 임금이나 복리후생비로 사용할 수 있도록 해야 할 것이다.
- 복리후생은 간접적 보상에 해당하는데 법정 복지후생영역은 유급휴가를 제외하면 문제가 없으나 유급휴가제도는 대체인력의 확보와 연계하여 실습생과 자원봉사자를 대체인력으로 투입해 활용하는 방법을 사용한다.
- 직원의 복리후생은 시설을 운영하는 법인의 소관으로 그 실천에 있어서는 미흡한 실정이다.

(4) 인재육성

- 인적자원 유지를 위해 필요하며, 직원의 자기 성장과 능력개발로

이어져 스스로의 경쟁력과 상품가치를 상승시키기 위해 필요하다.

① 시설의 연수형태

가. OJT(on the job training) - 직무를 통한 연수

ex) 업무상의 지도·조언, 개별적인 슈퍼비전, 집단적인 슈퍼비전, 사례발표 등.

나. OFF-JT(off the job training) - 직무를 벗어난 연수

ex) 시설내의 집합연수와 정기교육, 시설 외의 파견연수

다. SDS(self development) - 자기개발체계

ex) 직장 내 연구회나 학습 서클에 대한 지원, 시설 밖의 다양한 연수에 자주적 참가에 대한 지원, 과제별 연수, 자격증 취득, 대학·대학원 재학

제 4 절 사회복지시설의 프로그램 전개방안

1. 프로그램의 개발

1) 프로그램 개발 시의 고려사항

(1) 시설의 기본 사항 - 시설의 유형, 시설운영주체, 시설입소자의 현원, 성별, 연령, 일상생활정도, 장애정도, 지적수준 등을 고려하여야 한다.

(2) 직원의 전문성과 의식 - 다양한 프로그램을 개발하여 전개해 나가려는 열의와 전문성을 지닌 시설운영자와 직원의 존재 여부는 시설보호수준 향상과 더불어 프로그램 개발에 가장 중요한 요인이다.

(3) 시설 설비 - 프로그램을 실시할 수 있는 시설설비의 유무를 살

펴보아야 한다.

ex) 강당, 운동장, 오락실, 옥외 놀이기구 및 각종 학습도구실, 자립 농원, 차량, 숙식제공시설 등등.

(4) 시설의 입지조건 - 시설입소자와 지역주민과의 상호 교류가 용이하고, 시설입소자들이 지역 내의 생활편의시설을 잘 활용할 수 있는 곳이 가장 바람직하다.

(5) 인근 지역사회의 특성 - 시설이 위치한 인접 지역사회의 특성을 파악하여 프로그램 개발에 활용해야 한다.

(6) 지역사회 유관단체와 시설과의 관계 - 기관들의 상호 유기적인 관계유지는 지역주민의 복지증진과 각 기관들의 존재의의를 높이고 활동영역을 한층 확대시켜 줄 것이다. 또한 다양한 프로그램 실시를 가능하게 할 것이다.

2) 프로그램의 개발과정

(1) 욕구파악 - 시설생활자 또는 지역주민의 욕구파악

(2) 구체적인 목표설정 - 성인의 경우 현실적이고 실제적이어야 하며 도달 가능한 것이어야 한다.

(3) 프로그램 내용의 선정 - 프로그램 내용의 선정 원칙

① 시설보호 목표와의일관성을 유지하면서 다른 프로그램과의 연계성을 가지는 내용이어야 한다.

② 프로그램에 참여할 시설생활자의 능력수준에 적합한 내용이어야 하며, 흥미로운 것이어야 한다.

③ 실용성과 유용성을 고려해야 한다.

④ 실시 가능한 내용이어야 한다.

⑤ 시설이 위치한 인근지역의 특성을 고려하여야 한다.

(4) 준비과정

① 프로그램 운영위원회 구성

② 준비계획 작성 - 프로그램 실시에 필요한 사항들을 준비

③ 실시계획 작성 - 일종의 행사일정표
④ 필요한 자원의 동원방안 마련
⑤ 사고방지책 강구

(5) 프로그램의 실시 및 평가 - 평가기준
① 수평적 및 수직적 적절성
② 자원의 형평성 · 우선성
③ 일관성과 지속성
④ 효과성과 효율성 및 자립성

2. 프로그램에 활용할 자원

1) 자원활용 과정

(1) 사전 준비사항 - 동원 가능한 자원의 명세서를 작성해야 한다.
(2) 자원 활용과정
① 프로그램 실시에 필요한 자원을 가지고 있는 기관과의 적절한 접촉시기와 접촉방법을 결정해야 한다.
② 프로그램에 활용할 자원의 접수 단계로 자원에 대한 영수증이나 인수증을 발급해 주어야 한다.
③ 제공된 자원의 활용에 대한 결과는 자원 제공기관에 알려 주어야 한다.
(3) 자원 제공기관의 보상 - 자원제공기관의 동기를 잘 파악하여 그 동기를 적절하게 충족시켜 주는 방법을 이용

2) 자원활용시설의 자세

① 자원 제공자나 가관에게 신뢰감을 줄 수 있도록 노력해야 한다.
② 합리적이고 호소력 있는 프로그램을 개발하여 제사함으로써 보다 다양한 사람들이 자원 제공에 참여할 수 있도록 해야 한다.

③ 자원 동원의 필요성이 확인된 자원 활용시설에서는 보다 적극적인 자세로 자원 활용에 임해야 한다.

3) 자원의 종류

(1) 공급주체에 따른 분류

① 공식적 자원 - 기업, 행정, 법인, 단체 등으로 구성되며 공정하고 최저한의 서비스가 보장되며 안정적이다. 기업의 경우 주민의 욕구에 즉각적으로 대응할 수 있다.

② 비공식적 자원 - 가족 성원, 친척, 친구, 동료, 자원봉사자 등으로 구성되며 유연한 대응이 가능하지만 전문성이 낮으며 안정성이 취약하다.

(2) 질적인 차이에 따른 분류 – 인적 자원, 물적 자원, 정보 자원, 제도 자원, 조직 자원

(3) 소재 영역에 따른 분류

① 내부자원 - 클라이언트가 가진 잠재능력과 가족 내의 역량

② 외부자원 - 공식적·비공식적인 자원을 포괄하는 개념

3. 시설 프로그램의 다양화를 위한 노력

1) 시설의 프로그램의 개별 활동 프로그램의 확충이 요구된다.

2) 지역 내 타 시설 혹은 유사시설과의 연계 프로그램의 실시가 요구된다.

3) 지역주민 욕구 충족 프로그램도 실시해야 한다.

4) 시설에 대한 주민의 인식개선과 다양한 자원의 확보를 위해 지속적인 시설홍보 노력이 필요하다.

5) 프로그램 전담직원의 배치가 요구된다.

제 5 절 사회복지시설의 평가

1. 사회복지시설평가의 필요성

1) 시설입소자 - 시설이 존재하는 가장 근본적인 이유가 시설입소자의 케어에 있다. 시설입소자에게 질 높은 서비스 제공을 위해서 반드시 필요하다.
2) 시설운영자 및 직원 - 시설운영의 책무성을 확인하는 것이다. 시설운영에 있어 비전문적인 행정의 부당한 간섭을 사전에 방지하고, 시설입소자의 복지권을 최대한 보장하는 양질의 시설보호를 제공하고, 시설직원의 시설운영에 대한 자주적인 점검을 통한 서비스 개선노력을 자극하고, 지역주민들에게 신뢰감을 줄 수 있는 시설 운영을 위해 필요하다.
3) 복지행정 - 제한된 공공재원의 효율적인 사용과 시설에 대한 지도·감독의 용이성, 시설보호의 민간위탁에 따른 객관성 확보 등을 위하여 필요하다.

2. 사회복지시설평가의 원리

1) 시설운영의 기본 원리

(1) 시설운영의 이념적 원리 - 이념적 원리가 반드시 실현될 수 있도록 조직과 과정이 구성되어야 한다.
① 권리성, ② 보편성, ③ 공평성, ④ 총괄성
(2) 시설운영의 실천적 원리
① 접근성, ② 선택성, ③ 유효성, ④ 운영책임성

2) 시설평가의 원리

① 시설입소자의 권리성 - 시설입소자를 한 인간으로서의 인권과 기본권이 보장되는 형태로 제공되어야 한다.

② 서비스의 보편성 - 누구나 언제나 필요로 할 때 이용할 수 있고, 재가생활이 더 효과적이라면 언제라도 재가로 돌아올 수 있는 사회적 서비스의 연속체

③ 서비스의 일관성 - 인간의 욕구는 종합적이므로 시설입소자의 욕구충족에 관련된 평가척도도 시설운영의 일관성이다.

④ 서비스의 효과성 - 시설생활자의 욕구 해결에 효과적이어야 한다.

⑤ 투명한 시설운영 - 시설을 둘러싸고 있는 여러 구성원들에게 시설보호의 당위성과 필요성을 충분히 설명할 수 있는 형태로 제공되며 누구에게든지 이를 설명할 수 있는 근거를 확보하고 있어야 한다.

3. 사회복지시설의 평가 영역과 내용

1) 한국사회복지협의회의 시설평가 영역과 내용

-시설은 생활시설과 이용시설로 대별하고, 생활시설평가는 시설 종별에 따라 구분되는 개별 영역과 공통영역으로 나누어 평가 영역을 설정하고 있다.

2) 사회복지시설평가위원회의 평가지표

3) 영국의 사회복지시설 체크리스트

4) 일본의 사회복지시설 운영지침

5) 일본의 노인복지시설 서비스 평가기준

6) 영국의 정신장애노인시설의 보호기준

7) 일본의 노인시설보호 체크리스트

4. 사회복지시설평가의 과제

1) 시설입소자

- 시설입소 시 시설 선택과 시설보호 내에서의 욕구 표현, 욕구 충족을 위한 서비스 요구, 각종 행사나 프로그램에 참가 결정권 등의 시설입소자의 권리는 이론적으로 존재하는 것이지 현지에서 시행되는 예는 극히 드물다.
- 시설입소자가 권리의식을 가지고 자신의 욕구를 시설 측에 당당하게 요구하는 것은 매우 어려운 현실 → 자치회를 조직하거나 가족모임을 통해 자신들의 권리 주장 ⇒ 권리옹호를 위해서 제도적인 장치도 마련되어야 한다.

  * 시설평가 ⇒ 양질의 시설보호 제공 가능 ⇒ 시설생활자의 권리의식 강화

2) 시설운영자

- 긍정적 효과 : 평가를 받기 위한 준비에 적지 않은 시간과 정성을 들임. 처음 시행되는 시설평가여서 그동안 잘 몰라서 준비하지 못한 사항의 마련, 계획에 있던 일부 사항의 조기 시행, 그동안 미루어 오던 사항들의 정리 등 시설 나름대로의 정비・정리
- 부정적 효과 : 좋은 평가 결과를 받기 위해 일부의 시설에서는 관련 자료의 급조, 부적절한 자료의 제시, 일과의 갑작스러운 변경 등.
- 현재 우리의 시설보호 수준은 어느 수준에 있으며 시설보호의 어떤 영역이 상대적으로 우수하며 어떤 영역이 취약한지를 파악하는 기회로 삼아야 할 것이다.

3) 복지행정

- 1999년 보건복지부는 시설의 서비스 수준・환경 등에 대한 평가를

실시하여 '시설준수인증제' 도입을 추진하고 '이용권제'를 단계적으로 도입하여 시설 생활자의 시설 선택권을 보장하는 등 운영의 투명성과 경쟁체제를 도입하기로 발표

- 정부는 시설보호에 필요한 적절한 예산을 지원→ 예산확보가 선행되어야 시설직원의 확보, 처우개선, 직원의 전문성확보, 설비 · 기자재의 확보 · 활용 등을 할 수가 있다.

제7장

현장실습의 법적기준과 지침

제 1 절 사회복지사업법 및 실습교육의 목적

1. 사회복지사업법 시행규칙

사회복지현장실습에 관한 법적 기준(사회복지 사업법 시행규칙)

1) 실습기관 : 법 제2조제1호에 따른 사회복지사업과 관련된 법인·시설, 기관 및 단체로 한다.

2) 실습지도자 : 사회복지사 1급 자격증을 소지한 자로서 3년 이상 또는 사회복지사 2급 자격증을 소지한 자로서 5년 이상 사회복지사업의 실무경험이 있는 자가 실습을 지도하여야 한다.

3) 실습시간 : 현장실습시간은 120시간 이상으로 하고 교육이나 세미나를 30시간 최소 5회(15시간) 이상 의무적으로 진행한다(사회복지사협회 2012년 실습자료 참조).

2. 사회복지현장 실습 목적

사회복지교육의 목적은 사회복지현장실습을 실시하는 교육기관, 실습기관은 아래의 목적에 적합한 실습계획을 수립하여야 한다.

1) 사회복지현장실습의 목적은 이론을 배운 학생들이 사회복지현장에 나가서 이론과 실제를 통합 실습하는 과정으로 사회복지현장실습을 하는 목적이다.

2) 실천 현장의 문제해결 과정에 사회복지 가치 및 윤리강령의 내용, 지식 및 기술을 적용할 수 있는 능력을 키운다.

3) 클라이언트체계의 문제 확인, 정보수집, 사전평가, 개입계획 및 개입 수행, 그리고 평가과정을 통해 문제해결에 대한 새로운 지식과 기술을 터득한다.

4) 지역사회 내 위험집단 및 표적 집단의 강점과 특성, 지역 자원을 활용할 수 있는 능력을 기른다.

5) 사회복지시설, 기관 및 조직의 사명, 정책 및 행정을 연구하고 현상을 파악한다.

6) 실천현장 관련 국가 및 지역(지방자치단체)의 사회복지정책 및 전달체계를 분석하고 현장에 적용한다.

7) 사회복지사로서의 자아인식을 증진시키고 전문적 정체성을 형성할 수 있는 기회를 갖는다.

제 2 절 실습을 위한 기준

1. 실습기관 기준

1) 법적 기준 : 사회복지사업법 시행규칙

법 제2조제1호에 따른 사회복지사업과 관련된 법인·시설, 기관 및 단체와 개인운영 시설

2) 실습기관 사례

(1) 사회복지사업법에 따른 사회복지법인·사회복지시설
(2) 사회복지사업과 관련된 기관 및 단체
① 사단법인·재단법인-종교법인: 관청의 허가를 받은 단체로 사회복지사업을 목적으로 하는 비영리 단체
② 공공기관 : 지방자치단체, 중앙정부 및 시군구 자원봉사센터 등
③ 기타 사회복지서비스를 제공하는 병원, 상담소, 학교, 교정기관, 조사연구기관, 시민사회단체, 개인운영시설 등
※ 실습기관은 반드시 법적 기준에 따른 실습지도자가 있어야 한다.

2. 실습지도자 기준

1) 법적 기준 : 사회복지사업법 시행규칙

사회복지사 1급 자격증을 소지한 자로서 3년 이상 또는 사회복지사 2급 자격증을 소지한 자로서 5년 이상 사회복지사업의 실무경험이 있

는 자라야 한다.

2) 실습지도자 기준

아래의 기준 중 어느 하나의 기준을 만족하면 가능하다.

(1) 사회복지사 1급 자격증을 교부받은 후 3년 이상 사회복지 실무 경험이 있는 자라야 한다.

(2) 사회복지사 2급 자격증을 교부받은 후 5년 이상 사회복지 실무 경험이 있는 자라야 한다.

※ 어느 하나의 기준을 충족한 경우는 실습지도자에 해당한다.

3) 실습지도자 윤리

(1) 실습지도자는 개인적인 이익 추구를 위해 자신의 지위를 이용해서는 안 된다.

(2) 실습지도자는 전문적 기준에 의해 공정성을 가지고 책임감으로 지도에 임하고, 실습생에 대한 평가는 실습생과 공유해야 한다.

(3) 실습지도자는 실습생에 대해 인격적, 성적으로 수치심을 주는 행위를 해서는 안 된다.

4) 실습시간 기준

(1) 법적 기준 : 사회복지 사업법 시행규칙

현장실습시간은 120시간 이상(이수학점 : 3학점)

(2) 실습시간 기준

실습기관, 학생의 사정에 따라 다음 방법 중 한 가지 선택 가능하다.

① 학기 중 실습

주당 8시간 실습기관에 출석하여 최소 120시간 이상(중간, 기말시험 기간 포함) 실습시행

② 방학 중 실습

1일 8시간 주 5회 실습기관에 출석하여 최소 120시간 이상 실습시행

③ 기타

- 생활시설에서 실습할 경우 인정될 수 있는 시간은 1일 8시간으로 최소 120시간 이상 실습을 시행한다.
- 실습기관 및 실습생의 상황에 따라 공휴일, 주말 등을 이용하여 실습 가능하다.

5) 교육기관, 실습지도 교수, 실습생 기준

(1) 교육기관 기준

① 본 지침에 준하여 실습지도가 가능한 교육기관

② 사회복지현장실습 전담 실습지도교수가 배치되어 있는 교육기관

③ 실습기관과 협약을 맺은 경우 관련 서류(실습기관 협약서, 시설(법인, 단체)설립허가(신고)증 사본 등)는 2년간 보관함.

(2) 실습지도교수 기준(※아래 2개 기준을 모두 충족해야 함)

① 사회복지사 1급 자격증 소지자(권장)

② 석사학위 소지자의 경우

교육과정 중 최소 한 학기 이상 실습을 받은 경험이 있거나, 사회복지기관에서 5년 이상 근무하면서 실습지도의 경험이 있는 자

③ 박사학위 소지자의 경우

교육과정 중 최소 한 학기 이상 실습을 받은 경험이 있거나, 사회복지기관에서 1년 이상 근무하면서 실습지도의 경험이 있는 자

④ 현장 실무경험이 풍부한 실습지도 전임교수를 채용하여 가능한 한 전임교수가 실습지도를 담당하도록 권장한다.

⑤ 실습 전 오리엔테이션, 실습평가회 등을 포함하여 30시간 권장, 최소 15시간(5회) 이상 실습세미나를 실시하고, 관련 증빙자료를 2년간 보관함.

※ 원격기반 교육훈련기관의 경우, 실습 전 오리엔테이션, 실습평가회 1회는 반드시 출석수업 방식으로 이루어져야 함.

⑥ 실습기관의 협력적인 실습지도가 이루어질 수 있도록 실습기간동안 실습지도교수가 실습기관을 반드시 방문하여야 함

⑦ 실습기관 방문 증빙자료(출장비 지출 또는 시수에 따른 강사료 지급 관련 서류 및 실습지도 교수, 실습생, 실습지도자가 함께 찍은 사진 등)는 2년간 보관함.

⑧ 현장실습 근거자료(사회복지현장실습확인서 사본, 실습기관 시설(법인, 단체)설립허가(신고)증 사본, 실습지도자 자격증 사본, 실습지도자의 실습평가서, 실습일지 원본, 실습생 출근부 등)는 2년간 보관함

(3) 실습생 기준

① 교육기관에서 지정하는 실습 전 선수과목을 이수하되, 아래 과목 중심으로 4과목 이상 이수 수료하는 것을 권장한다. 사회복지개론, 인간행동과 사회환경, 사회복지실천론, 사회복지실천기술론, 지역사회복지론, 사회복지정책, 사회복지행정, 사회복지윤리와 철학, 사회복지조사, 프로그램 개발과 평가 등

② 실습기관의 기준에 따라 아래 과목 중심으로 2과목 이상 이수 또는 수료하는 것을 권장한다. 노인복지론, 장애인복지론, 아동복지론, 청소년복지론, 가족복지론, 여성복지론, 학교사회복지론, 의료사회 사업론, 정신보건사회복지론 등

제 3 절 실습진행 절차

1. 실습생 모집 및 선정

1) 실습생 모집

(1) 실습기관의 실습지도자는 실습내용과 일정 등을 포함한 실습계획을 수립하여 교육기관에 실습생 모집을 공지(공문발송 또는 사회복지관련 홈페이지에 공지)한다.

(2) 한국사회복지사협회 홈페이지(www.welfare.net) 실습생 모집 게시판을 참고한다.

2) 실습생 선정

(1) 실습기관은 선정기준을 정하여 서류전형, 실습생 태도 및 자질 등을 파악할 수 있는 면접 등을 활용한다.

(2) 실습생 선정기준 은 실습에 대한 태도, 실습 전 전공이수과목 정도, 자원봉사 경력 등을 참고로 한다.

(3) 교육기관은 실습생 선정이 완료되면 실습기관에 실습의뢰 공문을 발송한다.

(4) 실습기관 선정 시 실습생의 상황에 따라 실습생이 직접 실습기관을 선정할 수 있으나, 실습기관 선정에 필요한 교육기관간 행정절차(실습생 선정 공문발송, 실습의뢰 수락서 공문 발송 등)는 반드시 거쳐야 한다. 때로는 수락서는 실습생을 받는 것으로 대체할 수 있다.

3) 실습생 수락

(1) 실습기관은 선정된 실습생이 소속된 교육기관(실습의뢰)에 수락서를 공문으로 발송한다.

(2) 실습기관에서 수락이 이루어지면 실습을 실시하게 되는데 실습지도에 의해서 이루어진다. 사전에 실습 지도교수가 실습지도에 대한 오리엔테이션이 이루어져 한다.

4) 실습지도

(1) 실습 준비 및 오리엔테이션은 대개 실습행정담당자 주관하에 실시한다.

(2) 실습지도는 실습지도자의 실습계획에 따라 실습을 진행하고, 실습기관과 교육기관은 실습자에 의한 중간평가와 종결평가를 실시한다.

(3) 실습평가의 종류

① 개별평가 : 수시로 실습생의 자기평가를 돕고, 수행의지를 고취하며 실습생의 의견을 반영하기 위한 평가

② 중간·종결평가 : 실습생의 수행정도를 객관적으로 평가하고 실습지도를 통해 교육효과를 향상시키기 위한 평가

5) 실습종결

(1) 실습기관의 실습지도자는 실습 평가서를 작성하여 해당 교육기관에 공문으로 발송하되 인비로 하여 실습생이 그 평가를 함부로 열람할 수 없도록 한다.

(2) 교육기관의 지도교수는 실습기관의 실습평가서와 일지 작성 상태 등을 참고하여 실습학점을 부여한다.

2. 실습 진행 절차

실습의 진행절차는 실습생이 실습신청서/프로파일을 작성하여 학부 사무실에 제출하면, 학교에서 실습기관에 실습의뢰 공문을 발송하고, 실습기관의 수락서를 수령한 후에 실습기관을 공식적으로 확정한 후에 실습을 진행한다.(자세한 내용은 한국사회복지사협회가 만든 '사회복지 현장실습 지침서'를 참조).

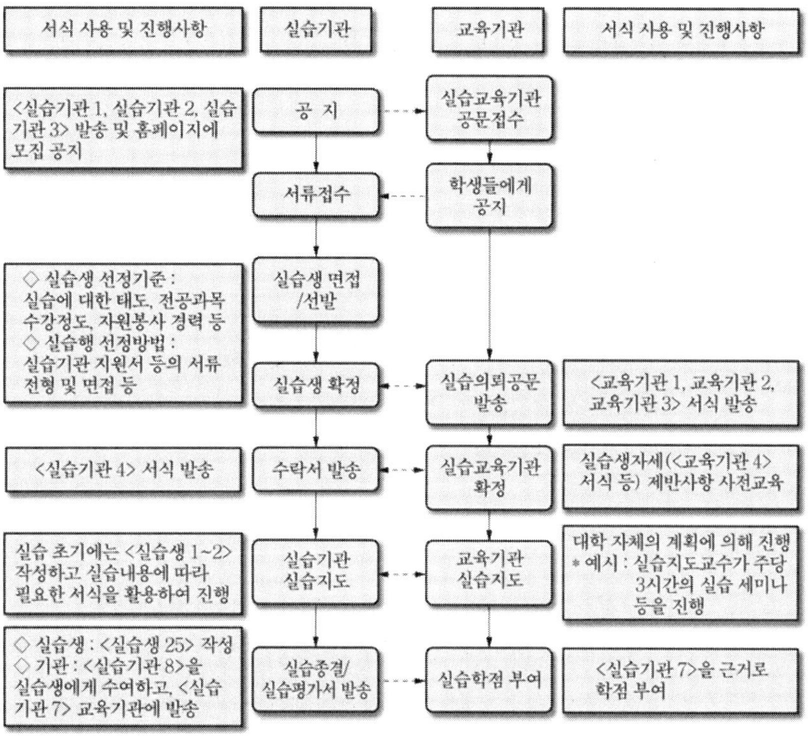

제 4 절 실습 슈퍼비전 방법

1. 슈퍼비전 원칙

1) 실습기관, 교육기관의 모든 슈퍼비전은 정기적, 규칙적이며 구조적으로 실습지도자나 실습지도교수가 직접 지도해야 한다.

2) 실습과정 중에 슈퍼비전의 내용이 반영되어야 한다.

2. 실습기관의 슈퍼비전

1) 실습기관 및 실습내용에 대한 전반적인 오리엔테이션을 실시한다.
   (1) 실습기관 소개
   (2) 실습의 의미, 의의 및 목표 수립
   (3) 실습생의 자세 및 태도
   (4) 케이스 레코딩 작성 요령
   (5) 실습일지를 포함한 각종 보고서 작성 요령

2) 실습내용에 대한 직접적인 슈퍼비전을 실시한다.
   (1) 실습일지를 정기적으로 점검하고 피드백을 줌
   (2) 실습에서 케이스 레코딩에 대한 슈퍼비전을 줌
   (3) 그 외의 사항에 대해 정기적인 슈퍼비전 시간을 가짐

3) 실습지도 시간은 학기 중과 방학 중으로 구분하여 실시한다.

(1) 학기중 실습 : 주당 1회, 1회당 60분 이상(개별, 집단지도 포함) 지도

(2) 방학중 실습 : 주당 최소 3회 이상, 1회당 60분 이상(개별, 집단지도 포함) 지도

4) 실습지도 인원

실습지도에 알맞은 인원은 실습지도자 1인당 최대 5명까지 실습생 지도를 하는 것이 일반적 권장 사항이다.

5) 실습지도비

실습지도비는 사회복지실습현장에서 사회복지실습 기관에 지도를 잘 해 주기 위해 필요한 것이라고 생각하기 쉬우나 그것은 실습생이 현장에서 배우는 훈련비용이며 더욱이 식사를 제공받으면서 배우는 실습생의 경우 현재 7-10만원 내에서 이루어지고 있다. 내가 일을 해주고 있는데 내가 받아야 하지 않은가 하는 실습생이 있다. 일하는 것이 아니라 현장업무를 배우는 것이라는 인식을 가져야 한다.

3. 교육기관의 슈퍼비전

1) 실습지도교수는 아래의 목적을 위해 실습기관 방문, 전화, 온라인의 방법으로 실습기관과 긴밀한 관계유지가 필요하다.

(1) 실습지도자와 실습생별 실습목표를 협의

(2) 실습생의 실습목표 성취정도와 실습상황을 검토

(3) 실습관련 문제발생을 예방하거나 문제 상황을 중재

2) 슈퍼비전 형식

(1) 실습지도교수는 실습교육을 위한 강의, 토의, 슈퍼비전, 기관방문

등을 통해 실습 지도하고 진행한다.

(2) 실습 교육 시 실습조교를 배치하여 실습기관 및 실습학생에 대한 연락, 실습상황을 검토하고, 실습보고서와 평가서 정리 등의 업무 처리를 하여야 한다.

3) 실습 세미나

실습 세미나는 교육기관의 상황에 맞춰 수업의 한 형태로 최소 5회 이상 1회 3시간으로 진행함을 원칙으로 한다. 그리고 다음과 같이 실습지도를 병행한다.

(1) 실습보고서를 통한 실습지도

① 실습보고서 제출 : 실습생은 실습일지, 평가서, 집단지도 보고서 등 각종 보고서를 작성하여 실습기관 실습지도자의 확인을 받은 후 실습지도교수에게 제출한다.

② 실습보고서 검토 후 실습지도 : 실습지도교수는 실습생과 면담(개별 또는 집단면담)하여 문제점과 개선점을 토의하고 필요한 경우 실습기관 실습지도자와 협의하여 문제점을 해결한다.

③ 참고교재 및 문헌 활용 : 실습지도교수는 실습내용과 관련된 참고문헌을 소개하여 활용토록 지원한다.

(2) 실습생의 실습보고 세미나

① 실습생의 실습과정에 관한 강점 및 개선점 토의

② 사회복지실천의 방법 및 기술을 개인·가족·소집단에 적용하는 과정에 대해 토의

③ 사회복지실천과정이 다양한 클라이언트체계에 미치는 영향 토의

④ 사회복지조직으로서 실습기관에 대한 기능과 역할 이해

⑤ 사회복지정책, 사회복지법규 및 제도를 사회복지 대상자와 연계하여 토의

⑥ 사회복지실천현장에서 직면하는 윤리적 딜레마에 대해 토의

⑦ 사회복지사로서의 전문적 자아인식에 대한 토의

4) 실습지도 인원 및 시간

(1) 실습지도 인원은 실습 지도교수 1인당 최대 40명까지 지도하는 것이 좋으며 적정한 인원은 30명 내외가 효과적이다. 대개 30명을 초과할 시에는 분반하여 담당하도록 한다. 단 실습지도 인원이 사회복지현장실습 교과목 수강기준은 아니다.

(2) 실습지도 시간

① 학기 중 실습 : 주 1회 8시간 제공
② 방학 중 실습 : 한 학기(15주)를 기준으로 120시간 제공
③ 실습시간(120시간)을 제외한 교육이나 세미나를 30시간 최소 15(5회)시간은 의무적으로 참석해야 한다.

5) 실습평가

실습평가는 실습지도자의 실습평가서, 실습일지 등을 근거로 실습지도교수가 최종 성적을 부여하며, 실습평가서 점수를 최소 50% 이상 반영해야 한다.

제 5 절 실습교육내용

1. 실습교육 분야

실습교육내용은 필수공통, 필수선택, 자유선택으로 구분하고 세부내용은 아래와 같다.

1) 필수공통 : 모든 실습교육에 필수적으로 구성된다.

구분	실습내용	과제물
필수 공통 내용	1. 오리엔테이션 1) 기관소개 및 지역소개 2) 대상 집단의 이해 3) 실습생의 자세와 역할 4) 실습일정과 과제 안내	각 내용에 따른 보고서 및 일지작성 제출
	2. 행정업무 1) 훈련목적 하의 각종 기안서(공문, 품의, 지출결의 등) 작성 및 결재과정 참여 2) 기관운영과 관련된 규정검토 3) 예·결산서 작성 연습	실습내용에 대한 실습생의 의견서 및 관련서식 작성 제출

2) 필수선택 : 3개 내용 중 최소 1개 내용을 선택하여 구성된다.

구분	실습내용	과제물
필수 선택 내용	3. 사례관리 1) 사례접수(intake) 2) 사례회의 3) 자원연결 4) 개입 5) 사후관리	각 내용 중 실습내용에 해당되는 자료와 기록을 작성 제출
	4. 집단지도 1) 소집단지도(집단 역동성 중심의 프로그램) 2) 대집단프로그램(프로그램 개발과 운영, 캠프, 자원봉사관리 등)	집단 프로그램 계획서와 집단지도 및 활동기록을 작성 제출
	5. 지역복지 및 정책개발 1) 지역사회조직(지역자원개발, 주민조직화, 주민교육, 복지 네트워크 구축 등) 2) 정책개발 및 평가 3) 사회행동, 홍보, 옹호 등	과정 기록, 계획서 및 평가서 등을 작성 제출

3) 자유선택내용 : 기관여건에 따라 필요한 부분을 선택하여 구성된다.

구분	실습내용	과제물
자유선택내용	6. 개별상담	사례에 대한 전체과정 기록 3회 이상 작성 제출
	7. 가족상담 및 치료	3대 이상 가계도, 전체 과정 기록 1회 이상 작성 제출
	8. 프로포절 작성	해당 단체 양식에 부합하여 1개 이상 작성 제출
	9. 사회조사	설문지 작성, 조사 참여, 코딩과 분석과정 전체 참여 및 보고서 작성 제출
	10. 타 기관방문	실습목적에 맞춰 2개 이하 기관 방문 및 보고서 작성 제출
	11. 지역탐방	지역의 특성과 자원에 대한 사정 및 분석 보고서 작성 제출

2. 기타 분야

1) 실습지도비 : 실습기관의 기준에 따라 책정하되 아래와 같다.

단, 실습기관은 후원금 등의 명목으로 실습생에게 과도하게 비용을 요구해서는 안 된다. 실습지도자는 후계자를 양성한다는 마음으로 지도해야 한다.

구분	평균 실습비
전문대학, 대학	70,000원
대학원	78,000원 ~ 100,000원(10만원 이하)

2) 해당 교육기관은 해당 교수에게 실습지도비를 지불하여 세미나 및 현장방문 지도, 교통비 등으로 구분 없이 동일하나 해당 기관(대학 및 대학교나 대학원)의 지침에 따른다.

3. 사회복지현장실습 확인서

사회복지사 자격증 신청시 "사회복지현장실습확인서"를 자격증 신청

서류(졸업증명서, 성적증명서 등)와 함께 제출하는 것으로 실습생이 원본을 보관하여야 한다(사회복지현장실습확인서 : 서식 참조). 실습기관과 자격증 신청기간이 길어 분실우려가 있으니 잘 보관하였다가 자격증 신청시 첨부하여야 한다.

사회복지현장실습 확인서를 2부 정도 받아서 1부는 학교에 보관하거나 학교에 사본을 제출하여 보관토록 하는 것이 유용하다.

4. 기타 실습형태

1) 직장 내 실습

(1) 직장 내 실습지도자 지정 및 개별적인 지도를 받음

(2) 교육기관의 실습지도 교수가 책임지도하며, 별도의 실습과제를 수행토록 지도

(3) 실습내용은 실습생 근무부서와 다른 부서의 업무로 함

2) 해외실습

(1) 해외에서 진행하는 사회복지현장실습은 인정되지 않는다.

(2) 단, 교육기관이 2회 이상 해외 실습을 필수적으로 시행할 경우, 해외실습은 1회에 한해 인정 가능하지만 실습지도교수가 실습 적합여부를 결정하고 시행하여야 한다.

제 8 장

실습에 따른 각종 서식작성법

제 1 절 교육기관

1. 실습신청서

실습신청서는 실습을 하고자 하는 실습생이 제일 먼저 작성해야 하는 실습서류이다. 실습교육을 받고자 하는 학생이 학교에 가서 그 기관에서 선정된 신청양식을 작성 제출한다. 신청서와 함께 작성하는 것이 실습생프로파일이다. 이것은 실습생이 실습을 하기위해 반드시 작성하여 보고되어야 한다. 정해진 양식에 따라 기록하는 것으로 그 내용은 다음과 같다

1) 실습기관은 실습하는 기관의 인허가 또는 신고증에 나타난 기관명을 기록한다.

2) 실습생 인적사항은 실습생에 관계되는 개인적인 정보사항으로 성명으로부터 소속 교육기관과 학과와 전공, 그리고 학년 및 학기를

기록한다.

3) 실습생의 주소, 전화번호와 이-메일 주소를 기록한다.

4) 실습의뢰 내용은 부서, 분야, 내용, 기간을 시작하는 날부터 종료한 날짜를 기록한다.

5) 그리고 마지막으로 신청한 날자와 신청자 서명을 꼭할 수 있어야 한다. 신청한 날짜에 의해 적어도 1주 이내에 실습기관에 공문을 발송해야 하기 때문이다.

6) 실습지도교수는 접수된 신청서를 보고 실습가능여부를 판단하여 서명 또는 도장을 찍어 해당 기관장에게 보고한다. 기관장은 그것을 기초하여 해당 실습기관에 실습의뢰 공문을 발송한다.

7) 신청서에 꼭 첨부하여 제출해야 하는 것이 실습생 프로필이다. 어떤 기관에서는 2가지를 하나로 통합된 양식을 사용하기도 한다. 〈표 8-1〉 실습신청서 참조

〈표 8-1〉 실습신청서

실 습 신 청 서

ㅇ 실습기관: ____________________

1. 실습생 인적사항

이름		생년월일			
소 속	○○○대학교	학과/ 전공	사회복지(학)/사회복지전공	학년/ 학기	2013년도 2학기
현주소					
전화번호	집:		휴대폰:		
E-Mail					

2. 실습 의뢰내용

실습 부서	
실습 분야	
실습 내용	
실습 기간	

* 상기 내용으로 귀 기관에 실습신청을 의뢰하며 실습생 프로파일을 동봉합니다.

상기내용과 같이 사회복지 현장실습을 신청합니다.

2013년 9월 9일

신청인(학생명) : ______________인
실습지도 교수 : ______________인
학 과 장 : ______________인

2. 실습생 프로파일

실습생 프로파일은 실습신청에 첨부해서 사용하고 있으나 어떤 교수는 통합하여 한 장으로 사용하는 경우도 있다. 실습생프로파일은 실습을 하고자 실습신청서를 제출하는 실습생이 신청에 추가하여 작성해야 하는 양식에 하나로 실습교육을 받고자 하는 학교에 가서 그 기관에서 선정된 실습프로파일 양식을 작성하여 제출한다. 신청서와 더불어 작성하는 것이 실습생프로파일로 실습생이 필요로 하는 실습생이 실습할 수 있는 실습생인지를 알아보는 정보에 해당하는 내용이다. 실습생이 실습을 하기 위해 반드시 작성하여 보고되어야 한다. 정해진 양식에 따라 기록하는 것으로 그 내용은 다음과 같다

1) 실습신청학습자 인적사항은 실습생의 인적사항으로 연락을 위한 주소와 휴대폰 번호와 이-메일 주소가 필수사항이다.

2) 사회복지사 2급 이수과목은 필수 과목이 10개 과목, 선택과목은 18개에서 4개 과목 이상이 사회복지사 2급 자격을 부여하는 과목 내용으로 사회복지현장실습에서는 필수 4과목 이상을 이수토록 의무사항이고 선택 2과목은 기관에서 요구하는 경우와 기타 자신이 필요로 해서 이수한 과목에 체크하면 된다. 이것을 통해 실습생이 사회복지현장실습을 할 수 있다는 것을 판단할 때 필요한 자료이다.

3) 경력은 사회복지현장 실습 전 사회봉사나 자원봉사를 경험하였거나 기타 사회경력을 기록한다.

4) 사회복지를 전공하게 된 동기는 사회복지사가 되기 위한 자기 의

지를 기록하면 된다. 나는 사회복지를 전공해서 무엇을 해야 하겠다는 것을 기록한다.

5) 실습기관을 선택한 이유는 자기의 앞으로의 진로와 관계가 있는 기관인지를 파악하고 그렇지 않은 경우는 조정 가능한지도 체크한다.

6) 실습을 통해서 성취하고자 하는 목표는 자기가 앞으로 가야 할 목표에 적합한 사회복지기관인지를 판단할 때 자료로 사용하며 실습생의 목표의식을 심어 주는데 필요하다.

7) 사회복지를 실천하는데 있어 자신의 강점과 약점은 사회복지를 공부하면서 강점과 약점을 파악하여 강점은 더욱 강화하고 약점은 조금씩 보완하여 전문사회복지사로서의 자질을 갖추게 한다.

첫째, 사회복지 지식 및 기술의 측면은 강점과 약점이 사회복지전문지식과 실천을 위한 기술측면에서 검토해 보는 것으로 어느 부서에서 적합하고 혹은 부적합한지를 하여 효과적인 실습이 되도록 돕는다.

둘째, 개인적인 특성 측면은 실습생이 가지고 있거나 형성된 인격적인 면이나 신체적인 면을 기록하는 것으로 이것 또한 강점을 발굴이 사회복지사로서의 자질을 함양토록 돕는다.

8) 취미 및 특기는 실습생의 취미와 특기를 살릴 수 있는 기관여부를 판단한 것으로 미래 목표와 관련이 있다.

9) 실습기관, 실습지도자 및 실습지도교수에게 바라는 점은 실습을 지도하는 과정에서 어려운 일이나 문제점을 발견하여 기관에는 스스로 해결할 수 있는 것과 그렇지 않은 것이라도 해결함으로

기관이 더욱 발전할 수 있고 실습지도교수와 지도자도 판단하지 못했던 점을 검증하고 보완하는 계기를 마련하는 것이다.〈표 8-2〉 실습생 프로파일 참조

〈표 8-2〉 실습생 프로파일

실습생 프로파일

1. 인적사항

(사진)	실습생명		성 별		생년월일	
	소속	○○○대학교 전공: 사회복지(학)				
	주소					
	전화번호	집: 핸드폰:				
	E-mail					

2. 이수 전공과목

교과목명	이수 완료	현재 이수	교과목명	이수 완료	현재 이수	교과목명	이수 완료	현재 이수
사회복지개론			인간행동과 사회환경			사회복지실천론		
사회복지실천기술론			지역사회복지론			사회복지정책론		
사회복지행정론			사회복지법제론			사회복지조사론		
사회복지자료분석론			프로그램개발과평가			가족복지론		
아동복지론			청소년복지론			노인복지론		
여성복지론			장애인복지론			정신건강론		
정신보건사회복지론			의료사회복지론			학교사회복지론		
산업복지론			자원봉사론			사회문제론		
사회복지발달사			사회보장론			교정복지론		
사회복지윤리와철학			사회복지지도감독론			사회복지현장실습		

3. 경력

구분 (취업, 실습, 봉사)	기관	기간	내용

4. 사회복지를 전공하게 된 동기

5. 실습 기관 선택 이유

6. 실습을 통해서 성취하고자 하는 목표

7. 실습을 마친 후 목표달성 정도를 파악할 수 있는 기준

8. 사회복지를 실천하는데 있어 자신의 강점과 약점

1) 사회복지 지식 및 기술의 측면	2) 개인적인 특성 측면

9. 취미 및 특기

10. 실습기관, 실습지도자 및 실습지도교수에게 바라는 점

3. 사회복지현장실습신청 의뢰 공문

사회복지현장실습 의뢰 공문은 실습생이 실습신청서와 실습생 프로필을 작성하여 해당 교육기관에 제출하면 해당 지도교수는 그 실습신청서와 실습생 프로필을 참고하여 실습이 적합한 실습기관에 공문을 발송하여 그 공문에 근거하여 실습을 하게 한다.

학교 기관에 의한 양식의 차이는 있을 수 있다. 그리고 사회복지 현장실습이 가능한 기관에 사전 협약을 한 상태에서 사회복지 현장실습 의뢰가 이루어져야 하고 실습지도교수의 의도가 실습지도자에게 전달되어야 한다. 매일 실습을 지도하고 실습생을 평가하여 일지에 기록해야 하기 때문에 중요하고 또 마지막 실습평가서를 작성하여 그 결과를 해당 교육기관으로 직접 보내야 한다.

실습기관에서는 이미 사회복지현장실습 신청의뢰서(실습지도계획서, 실습지도자프로파일)를 통해 어느 정도 의견에 대한 합의가 이루어진 상태에서 공문을 발송하는 것이다.

이와 같이 사회복지현장실습 의뢰공문을 받은 실습기관에서는 다시 실습의뢰에 대한 회신을 하게 되는 것이다.

1) 일반적인 공문서식은 생략한다. 사회복지현장실습에 관계되는 내용만을 설명한다.

2) 학생명은 실습생이름과 실습생 연락처를 기록한다. 만약 후에 변경 시에는 꼭 연락을 하여 전화번호 변경여부를 해당 지도 교수에게 꼭 보고하여 한다. 그리고 주소, 팩스, 이메일 등도 동일하게 보고한다.

3) 실습기간은 언제 시작하여 언제 끝나는지를 기록한다. 단 3주안에

마치지 못하였을 때에는 그 끝나는 실제 기간을 명시한다.

4) 실습지도교수는 누구인지를 해당기관에 알려주어야 한다. 그래서 그 교수의 이름을 기록한다.

5) 그 이외에도 별첨으로 실습신청서 1부와 실습생 프로파일 1부를 첨부하여 우편으로 발송한다. 〈표 8-3〉 사회복지현장실습 의뢰공문 참조

〈표 8-3〉 사회복지현장실습 의뢰 공문

꿈이 있는 대학, 발전하는 대학, 특성있는 대학

○○○대학교

수신자 : 수신처 확인
(참 조)
제 목 : 사회복지현장실습 의뢰

1. 귀 기관의 무궁한 발전을 기원하며, 항상 사회복지현장실습 교육을 위해 애써 주시는 귀 기관에 감사드립니다.
2. 사회복지현장실습을 수강하는 본교 사회복지학과 학생의 실습교육을 의뢰하오니 아래를 참조하시어 협조하여 주시기 바랍니다.

- 아 래 -

가. 실습생명 : (학생연락처:)

나. 실습기간 :

다. 실습지도교수 :

라. 실습담당자 :
(연락처: 실습담당자: ☎ 000-0000-0000)

별첨 : 실습신청서 1부. 끝.

○○○대학교 사회복지학과장 (직인)

사회복지학과 담당 ○○○ 사회복지학과장 ○○○

협조자
시행 사회복지학과00-000 (0000. .)
우 000-000 서울시 ○○구 ○○동 ○○로 00-001 /www.000.ac.kr
전화(00)000-0000 전송(00)000-0000 / 00000@hanmail.net / 공개

※ 교육기관의 상황에 따라 변경하여 사용할 수 있음.

제 2 절 실습기관

1. 실습신청 의뢰서

실습신청의뢰서 공문은 실습기관이 실습조건을 다 갖추었으니 저희 기관으로 실습생을 보내주면 잘 지도하겠다는 의사 표시이다. 이렇게 교육기관과 실습기관이 협력하는 것이 바람직하다. 일반적으로 실습지도계획서와 실습지도자 프로파일을 첨부하여 발송한다.

이것은 교육기관과 실습기관 간에 맺어지는 협약서라고 할 수 있으며 서로 신뢰하고 믿음이 가는 기관끼리 합력한다면 상호유익이 된다.

1) 먼저 실습신청의뢰서공문은 실습부서 및 분야를 기록한다.

2) 실습지도자의 성명을 기록하고 실습지도계획서와 프로파일을 첨부한다.

3) 대학에 배정 가능한 실습생수를 기록한다. 단 실습지도자 1인당 1회 1일 5명 이내로 한정하여 협회에서 권장하는 내용을 준수한다.

4) 실습기관의 실습담당직원의 이름과 연락처를 기록한다. 그리고 가장 중요한 것 중에 하나가 실습비를 얼마나 받을 것인지를 표기하면 되는데 10만원 미만으로 하여야 한다. 이것은 학생들과 오해의 소지를 방지하게 한다.

5) 실습지도계획서와 실습지도자 프로파일을 보내되 꼭 적법한 자격

을 갖춘 자라야 한다. 1급 자격으로 3년 이상 실습기관에서 근무경력이 있거나, 2급 자격자로서 5년 이상을 실습기관에서 근무경력이 있는 자로 하되 실습 당해 기관에서 1년 이상 근무한 경력을 원칙으로 하고 있다.〈표 8-4〉 실습신청의뢰서 참조

〈표 8-4〉 실습신청의뢰서

실 습 기 관 명

수신자 : ____________
(참 조)
제 목 : 사회복지현장실습 신청의뢰서

1. 사회복지교육 및 연구 활동을 통해 사회복지발전에 전력을 다하시는 귀하와 귀교의 무궁한 발전을 기원합니다.
2. 아래와 같이 사회복지현장실습 교육이 가능하오니 관심 있는 학생들이 참여할 수 있도록 협조를 부탁드립니다.

- 아 래 -

1. 실습부서/분야:
2. 실습지도자:
3. 대학별 배정가능 실습생수:
4. 실습담당직원: (연락처: ☎)
5. 실습비 :

별첨1 : 실습지도계획서
별첨2 : 실습지도자 프로파일

실습기관장(직인)

시행 처리과 - 일련번호(2013 . .) 접수 처리과명 - 일련번호(접수일자)
우 주소 /홈페이지 주소
전화( ) 전송( ) /기안자의 공식 전자우편주소 / 공개구분

2. 실습지도계획서

실습지도계획서는 실습신청의뢰신청서 공문에 첨부하여 보내는 문서로서 실습을 어떻게 지도할 것인가를 설명하는 내용으로 실습기관이 중심이 되어 실습지도자의 지도 계획을 교육기관에 보내는 것이다.

교육기관에서는 실습지도계획을 통해 실습지도자를 검증하고 부족한 부분은 수정하여 실습지도교수와 실습지도자간에 내용을 공유하여 실습지도에 적극 활용한다.

실습지도계획에는 실습지도자명으로부터 실습목적, 목표, 실습분야, 실습기간, 실습대상, 교육계획, 실습지도방법 등을 기록하도록 되어 있다.

1) 먼저 실습지도계획서에 실습지도자 성명을 기록한다.

2) 실습목적을 통해서 얻고자 하는 것으로 일반적인 개념을 기술한다.

3) 실습목표는 실습목적을 실현하기 위한 구체적 목표로서 2-3가지 정도로 기술하여 1일에 실행 가능한 목표를 세우도록 한다.

4) 실습분야는 아동으로부터 시작하여 노인시설과 사회복지기관에서 전개되는 분야를 종합해서 해당 기관에 해당하는 분야를 기록한다.

5) 실습기간은 보통 15일부터 30일 안에 마치는 것이 원칙이며 세미나와 교육시간을 제외하고 순수하게 현장실습시간만 120시간 이상이 되어야 한다.

6) 실습대상은 아동으로부터 노인에 이르기까지와 사회복지기관에서 생활 또는 이용하는 모든 대상자 중에서 기관에서 서비스를 제공하는 대상자를 기록한다.

7) 교육계획은 몇 시에 무순내용으로 누가 교육을 진행하는가와 비고란에는 특이사항을 기록한다.

8) 실습지도방법에는 개인이나 집단지도 중에서 어느 것을 실행할 것인가를 선택하고 기타 방법이 있으면 기록한다.

9) 실습일정은 몇 주차에 몇 월 며칠 몇 시에 어떤 실습내용을 누가 담당해서 진행하였으며 부여된 과제는 무엇인지를 기록한다.

10) 실습생의 책임과 과제는 실습생이 준수해야 할 내용과 해결해 관심있는 프로그램 과제를 사전에 선정하여 실습생들에게 공지하여 준비를 철저히 하는데 의도가 있다. 〈표 8-5〉 실습지도계획서 참조

11) 참고도서는 실습생이 사전에 읽어 오거나 실습 간 참고로 해야 할 책이므로 참고도서를 준비하여 실습에 참고하는 것이 좋다.

〈표 8-5〉 실습지도계획서

실습지도계획서

ㅇ 실습지도자 :

1. 실습목적 :
2. 실습목표 :
3. 실습분야 :
4. 실습기간 :
5. 실습대상 :
6. 교육계획

단위시간	내용	담당	비고

7. 실습지도방법
   - 개별실습지도 계획 :
   - 집단실습지도 계획 :
   - 기타 계획 :

8. 실습일정

주	월/일	시간	실습내용	담당	과제물

9. 실습생의 책임과 과제

10. 참고도서

3. 실습지도자 프로파일

실습지도자 프로파일은 실습지도 계획서와 함께 교육기관에 보낸 것으로 지도교수가 실습지도자의 경력을 참고하는데 필요하다. 실습지도자의 인적사항은 물론 실습지도 및 실습분야 관련 주요 교육배경을 파악하는데 도움이 된다.

사회복지분야 근무 경력과 본인의 전공분야를 파악하는데 도움이 되며, 실습지도자로서의 자기 특성을 사전에 알려주어 적시 적소에 알맞은 실습생을 배치하는데 도움이 된다.

자기가 실습 지도를 함에 있어 실습생이면 꼭 해주었으면 하는 내용을 기록한다.

1) 인적사항은 성명과 성별을 구분하고 근무하는 기관명과 부서명을 그리고 직책을 기록한다.

2) 담당업무와 전화 및 이-메일이나 팩스 전화도 기록한다.

3) 최종학력과 전공을 기록하고, 사회복지사 자격증번호와 사회복지분야 총 실무경험기간을 ○○년 ○○월까지 기록한다.

4) 실습지도 및 실습분야 관련 주요 교육배경은 어느 단체에서 주관하는 행사에 얼마나 많은 시간을 교육을 받았으며 그 교육으로 인한 자격증 여부와 수료관계를 묻고 있다.

5) 사회복지분야에서 지금까지 근무해 온 경력을 모두 기록하는 것이다.

6) 사회복지사로서 지도자로 선정된 지도자의 전공분야와 논문이 있

다면 논문제목이나 학술대회 발표 자료 등을 통해 지도자의 개인 능력과 기술을 소개하는 범위에서 기록한다.

7) 실습지도자로서의 자신의 특성(강·약점)은 실습지도자의 강점과 약점에 따른 지도교수의 보완 및 보충하는 내용 등으로 필요한 자료로서 지도자 자신의 강점과 보완할 부분을 진솔하게 기술해 주면 한다.

8) 실습생에게 바라는 점은 현장 실습지도자가 지도를 하면서 경험했던 실습생들이 꼭 준비하고 혹은 배우고 왔으면 하는 내용을 기록한다. 〈표 8-6〉 실습지도자 프로파일 참조

〈표 8-6〉 실습지도자 프로파일

실습지도자 프로파일

1. 인적사항

성 명		성 별	
기관명/부서		직 책	
담당 업무		전 화	
이 메 일		팩 스	
최종학력		최종학력의 전공	
사회복지사 자격번호		사회복지 총 실무경험기간	년 개월

2. 실습지도 및 실습분야 관련 주요 교육배경

교육명	주관단체	기간	수료/자격여부

3. 사회복지분야 근무경력

기관명	기간	직책	담당업무

4. 본인의 전공분야 (현재 자신의 관심분야, 실천모델, 실천기술과 기법)

5. 실습지도자로서의 자신의 특성(강·약점)

6. 실습생에게 바라는 점

4. 실습 의뢰에 대한 회신

실습 의뢰에 대한 회신은 교육기관에서 실습기관으로 보낸 실습의뢰 공문에 대한 회신으로 실습기관에서 실습 가능여부를 알려주는 내용으로 현장실습이 가능한지 아니면 불가능한지를 알려주는 차원에서 준비한다.

실습 의뢰에 대한 회신은 실습기관과 교육기관과의 상호 협조하는 의미에서 실습기관이 교육기관에 보내어지는 것으로 여기에는 먼저 수락여부를 교육기관에 보내는 것이며, 기본양식에 맞는 기본 이력을 실습을 위한 기타준비사항을 포함한다. 다음은 실습가능 기간과 실습생에게 실시되는 오리엔테이션 일정과 실습생이 필요한 서류, 실습을 위한 기타 준비사항을 알려주고 마지막으로 실습기관에서 교육 기관에 부탁하고 싶은 내용을 기록한다. 또한 실습지도와 기관장의 도장을 잊지 않고 날인하여 보낸다.

1) 기본 양식에 의한 인적사항은 성명과 기관명을 주소와 함께 기록한다. 물론 실습기관 연락방법과 실습지도자의 성명과 경력 그리고 직위와 근무 부서를 명시한다.

2) 실습기관과 실습생에게 기관을 소개와 실습 진행계획을 공지하는 오리엔테이션 일정과 시간을 사전에 통보함으로 처음부터 원활한 실습 진행을 위한 상호 협력하는 자세로 협조하면서 타협한다.

3) 필요한 서류를 실습개시일 몇 일전까지 어떤 방법으로 보내달라는 내용을 기록한다.

   실습생 프로파일 1부와 실습비를 얼마나 받겠다는 사전 금액과 납부방법과 일정을 기록한다.

4) 실습을 위한 기타 준비사항도 추가로 빠뜨림 없이 기록한다. 실습기관에서 필요한 서류로 과제물이나 실습하면서 참고할 만한 자료 및 교재를 준비하도록 기록한다.

5) 교육기관에 대한 바램이나 희망사항을 기록하여 사전 많은 의견을 교환하고 조율해야 할 부분을 기록한다.

6) 실습 지도자와 기관장의 날인을 꼭 빠뜨리지 않도록 기록한다. 〈표 8-7〉 실습 의뢰에 대한 회신 참조

〈표 8-7〉 실습 의뢰에 대한 회신

실습 의뢰에 대한 회신

귀 대학의 실습생의 실습 의뢰를 수락합니다.

<table>
<tr><td>실습생명</td><td></td><td>소속대학</td><td>OO대학교평생교육원</td></tr>
<tr><td>기관명</td><td colspan="3"></td></tr>
<tr><td>기관주소</td><td></td><td>전화번호</td><td></td></tr>
<tr><td rowspan="2">실습지도자</td><td rowspan="2">직위:
부서:
성명:</td><td>연락처</td><td>전화 :
팩스 :</td></tr>
<tr><td>E-mail</td><td></td></tr>
</table>

<table>
<tr><td>실습기간</td><td>년 월 일 - 년 월 일
(오리엔테이션 일정 : 년 월 일 시)</td></tr>
<tr><td>필요서류</td><td>다음 서류를 실습개시일 ( )일전까지 우송바랍니다.
- 실습생 프로파일 1부
- 실습비 (원) (실습개시일 납부요망)
- 기타 필요한 서류
( )</td></tr>
<tr><td>실습을 위한 기타 준비사항</td><td>- 참고문헌

- 사전 과제물</td></tr>
<tr><td>대학에 대한 의견</td><td></td></tr>
</table>

실습지도자 : ______________(인)

기 관 장 : ______________(인)

5. 실습생 출석부

실습생 출석부는 매일 출근상태를 총괄하는 도표이다. 실습생 출석부는 실습일지 바로 앞에 있어서 매일 매일의 출퇴근 시간을 그대로 기록하는 것이다. 단 실습생 출석부 시간과 실습일지 시간이 동일하여야 하고 억지로 시간을 맞추려고 하면 오히려 부작용이 생기는 경우가 있으니 실제 시간을 기록하는 것이 옳다. 아침 09:00에 출근하여 18:00에 퇴근하면 그 시간은 총 9시간이다. 그 9시간은 점심시간 1시간을 포함하는 시간이므로 실습시간에 포함되지 않는다. 어떤 경우를 보면 09:00에 출근하여 점심시간을 고려하지 않고 하루 8시간만 고려하여 17:00에 실습을 마친 것으로 표시하여 제출하는 실습생도 있는데 이 경우는 다시 2일을 추가하여 실습하게 된다. 따라서 실습시간이 1일 8시간이라면 점심시간을 꼭 포함하여 9시간 이상을 하는 것이 원칙이다.

1) 출근 부에 출근시가간은 09:00로 통일되어 하는 경우가 있지만 실제 09:20분에 출근하였다면 그대로 기록하고 퇴근 시간을 20분 정도 더 근무를 하는 수도 있을 수 있다. 이때는 지각한 이유를 기록하여야 한다. 그러나 원칙은 20분은 지각 처리하고 18시에 퇴근하는 것이 원칙이다.

2) 실습일지에 본인서명과 지도자 서명이 있는데 본인이 먼저 하고 지도자에게 퇴근 전에 꼭 서명을 받아 놓아야 한다.

3) 출근시간, 퇴근시간 표시, 퇴근 시 실습생 및 실습지도자가 확인하는 것이고 지각, 조퇴, 결근 시 그 사유를 함께 기록한다.

4) 실습시간을 기록할 때 경과시간은 식사 시간을 제외하여야 한다.

간혹 자기는 밥을 먹지 않았다고 하는 실습생들이 간혹 있다. 그러나 대상자는 어차피 식사시간이기 때문에 식사시간은 실습시간에서 제외한다. 만약 저녁시간이 식사시간이 포함된다면 그 시간도 추가로 제외하여야 하지만 특별한 경우는 실습으로 인정 한다.

5) 출근부와 실습일지는 서로 비교 검증하는 내용이 많으므로 관심을 가지고 세심한 노력을 기우려야 한다. 〈표 8-8〉 실습생출석부 참조.

〈표 8-8〉 실습생 출석부

실습생 출근부

□ 성명 : 긴급연락처 : 전자우편 :

월 일	출근시간	퇴근시간	실습생 확인	실습 지도자확인	지각, 조퇴, 결근여부	사유

* 기입요령 : 출근시간, 퇴근시간 표시, 퇴근 시 실습생 및 실습지도자가 확인하며, 지각, 조퇴, 결근 시 그 사유를 함께 기록함

6. 실습지도기록서

실습지도기록서는 실습지도자가 실습생을 일정별로 어떻게 지도하였는지를 기록하는 것으로 실습지도를 계획성 있게 그리고 준비성 있게 지도하고 실습하는데 의의가 있다. 물론 실습지도내용을 정확하게 구체적으로 작성하고 일지와 일치하도록 하는데 관심을 가지고 작성한다. 〈표 8-9〉 실습지도 기록서 참조.

〈표 8-9〉 실습지도 기록서

실습지도 기록서

ㅇ 실습지도자 :
ㅇ 실 습 생 :

일시	실습지도 내용	비고

7. 실습평가서

사회복지현장실습 확인서는 과거에 사회복지사자격증을 소지하고 있는 사회복지사들은 처음본 내용일 수 있으니 꼭 참고 하여 실습생이 실습을 지도하시는 사회복지사들에게 그 사실을 인지시킬 필요가 있다. 사회복지현장실습확인서는 사회복지현장실습이 수료하고 종료하면서 실습기관에서 발행하여 준 서류로서 사회복지사 자격증 신청시 학위증명서와 성정증명서를 포함하여 제출하여 결격사유가 없을 시 발행하게 된다. 시·군·구 사회복지사 협회에서 발급 대행을 해주는 경우도 있다.

실습평가서는 실습지도자가 평가하는 것으로 실습생에게 부여하는 권한이다. 따라서 실습생은 평가 결과에 대하여 인정하여야 한다. 공정한 평가를 해야 하는 책임도 실습지도자에게 부여된다. 따라서 동정에 의한 점수를 많이 준다거나 감정개입으로 최저점을 부여하는 것은 바람직하지 않다.

실습평가서는 실습지도자가 평가하고 그 결과를 기관장의 서명을 받아 인비(봉투에 담아 봉하고) 도장을 찍은 후 대학교 지도교수에게로 발송한다. 도착일이 지연되지 않도록 도착 일을 사전에 판단한다.

이렇게 도착한 실습평가서는 실습지도교수는 학점에 반영을 하되 교육계획서에 의한 배점을 가지고 점수를 부여한다.

1) 실습평가서는 실습생의 사회복지현장실습에 관한 평가서이다. 실습생이 실습지도 기간 동안 보여주었던 태도와 행동을 기준으로 주어진 항목에 솔직하게 평가해 주어야 한다.

2) 사회복지기관에 해당하는 실습내용에 포함되어 있는 사항에 관해서만 평가하고, 평균에는 평가항목 총점을 평가항목 개수로 나눈 점수를 기록하면 된다.

3) ▪무단결석 없음( ) ▪무단결석 1회( ) ▪무단결석 2회( ) ▪무단결석 3회 이상( ) 이와 같은 항목에 표시를 한다.

4) 평가는 5점 척도로 1점: 매우 그렇지 못하다부터 ~5점: 매우 그렇다로 구분하였다.
항목별 해당 항목의 □안에 체크(☑ ○표를 하여야 한다.

5) 실습기관 고유 항목에는 기관의 특성과 실습상황에 맞는 평가항목을 실습지도자가 추가적으로 직접 기입하고 평가한다(25개 내외의 항목을 실시가능항목 위주).

6) 55개 항목에 추가할 수 있는 항목이 5개로 총 60개 항목을 체크할 수 있으나 실제 기관에서 하고 있지 않은 항목은 빼고 체크한다.

7) 총평은 실습생 실습생의 사회복지사로서의 장단점 및 대학에 대한 건의사항을 기록하는 것이 좋다.

8) 평균은 먼저 총점을 문항개수로 나눈 다음 그 평균을 기록하고 지도자의 서명을 한 후 테이프 부착하여 제출한다.

9) 평점에 부여되는 점수는 실습생이 받게 되는 성적표상의 최종 평점은 아니다. 대학실습 지도교수점수와 더불어 사회복지현장실습 평점 등을 종합하여 평가한다.

10) 마지막 실습지도와 기관장은 내용을 확인하고 도장과 직인을 찍어 제출한다. 그 결과는 사회복지현장실습확인서와 마친 가지로 2년 보관하여 둔다. 〈표 8-10〉 실습평가서(교육기관 발송용)참조

〈표 8-10〉 실습평가서(교육기관 발송용)

실습평가서(교육기관 발송용)

기관명		실습지도자	
실습부서		실습지도교수	
실습기간			
실습생		평 가 일 시	

* 출석상황
□ 무단결석 없음 □ 무단결석 1회 □ 무단결석 2회 □ 무단결석 3회 이상

* 다음은 실습생에 관한 평가입니다. 실습생이 실습지도 기간 동안 보여주었던 태도와 행동을 기준으로 아래 항목에 솔직하게 평가해주기 바랍니다.
실습내용에 포함되어 있는 사항에 관해서만 평가하여주시고, 평균에는 평가항목 총점을 평가항목 개수로 나눈 점수를 기입하면 됩니다. (1점: 매우 그렇지 못하다.~5점: 매우 그렇다.)

* 기관 고유 항목에는 기관의 특성과 실습상황에 맞는 평가항목을 실습지도자가 추가적으로 직접 기입하고 해당 기관에서 하는 필수 내용을 최소 25문항 이상 평가할 수 있습니다.

항목	내 용	1	2	3	4	5
전문적 태도와 관계 형성	23. 클라이언트와 전문적 관계를 형성하고 활용한다.					
	24. 전문적 관계형성에서 동정과 감정이입을 구별하여 적용한다.					
	25. 주변의 자원을 파악하고 그것을 활용하려고 노력한다.					
	26. 비심판적이며 경청과 수용의 태도를 갖는다.					
	27. 클라이언트의 능력과 동기의 한계를 수용한다.					
	28. 실습지도자가 지시한 것을 잘 파악하여 실행에 옮긴다.					
개인에 대 한 개입	29. 클라이언트가 표현한 의사소통과 암시적인 의사소통을 이해한다.					
	30. 실습생이 의도한 바를 클라이언트에게 명확하게 전달한다.					
	31. 클라이언트의 문제와 상황에 관련된 정확한 자료를 수집한다.					
	32. 수집된 자료를 체계적으로 종합하고 이론에 기초하여 사정한다.					
	33. 클라이언트 가족 등 주변의 지지자원을 활용한다.					
	34. 클라이언트와 환경의 상호역동성의 이해아래 개입목표와 전략을 수립한다.					

	35. 개입목표에 따라 클라이언트의 긍정적인 변화를 유도한다.					
가족에 대 한 개입	36. 가족의 역동성을 파악하고 가족상황에 관련된 정확한 자료를 수집한다.					
	37. 가족의 구조를 명확히 이해하여 필요한 가족개입의 기술을 활용한다.					
	38. 가족의 상호역동성의 이해아래 개입목표와 전략을 수립한다.					
	39. 가족 구성원을 개별화하고 성원들이 긍정적으로 변화하도록 유도한다.					
집단에 대 한 개입	40. 집단 역동을 파악하여 의미 있는 개입으로 집단을 지도한다.					
	41. 집단에서 주 진행자와 보조진행자의 의미와 역할을 알고 실천한다.					
	42. 집단의 구조를 명확히 하고 필요한 집단지도의 기술을 활용한다.					
	43. 집단 성원을 개별화하고 성원간 의미 있는 관계를 형성하도록 한다.					
	44. 집단의 목적에 대해 정확히 사정한다.					
	45. 정확한 사정에 입각하여 적절한 프로그램을 계획하고 실행한다.					
	46. 집단의 상호작용이 목적 지향적이고 성원들이 긍정적으로 변화하도록 한다.					
지역 사회에 대 한 개입	47. 지역주민들이 지역사회의 요구와 문제를 파악하도록 돕는다.					
	48. 파악된 지역사회요구를 사회행동으로 계획하고 실행한다.					
	49. 지역사회구조와 권력에 대해 이해하고 그 지역사회 상황을 정확히 파악한다.					
	50. 지역사회자원을 정확히 파악하고 접근한다.					
정책 및 행정 분야	51. 정책형성 및 개선과 관련된 이해집단들의 문제 상황 및 요구와 정책발의자들 및 집행자들의 이해관계를 정확하고 객관적으로 이해한다.					
	52. 정책형성 및 개선과 관련된 이해집단과 건설적이고 전문적인 관계를 맺는다.					
	53. 문제 상황에 적합한 정책대안을 개발하는데 적극적으로 참여한다.					
	54. 기본정보를 정확히 사용하며 실증적인 자료 분석의 지식을 갖고 문제를 분석한다.					
	55. 사회복지행정체계 및 전달체계에 대해 정확하게 이해한다.					
기관 고유 항목*	56.					
	57.					
	58.					
	59.					
	60.					

항목	내 용	1	2	3	4	5
실 습 지도에 대 한 태도	1. 실습지도 시간을 엄수한다.					
	2. 적극적이고 긍정적인 자세로 실습지도에 참여한다.					
	3. 실습지도에서 지적된 내용을 수용한다.					
	4. 배우는 입장에서 진지하게 노력하고 발전하려는 태도를 갖는다.					
	5. 실습지도자와 실습생으로서 공식적 관계를 형성한다.					
기관 이해 및 관계 유지	6. 동료실습생과 긍정적이고 원만한 협력 관계를 유지한다.					
	7. 기관의 목적, 정책, 규칙, 사업내용을 이해한다.					
	8. 기관 내에서 실습생으로서의 권한과 한계를 알고 일한다.					
	9. 기관내 타직원과 협조적인 대인관계를 형성, 유지하여 업무를 처리한다.					
기본적 태도와 자질	10. 일의 우선순위를 결정하는 능력이 있다.					
	11. 할당된 시간 안에 일을 계획하고 수행한다.					
	12. 자신의 장점과 단점을 잘 인식하고 대응한다.					
	13. 사회복지실천 지식을 실습내용에 적용한다.					
	14. 사회복지실천의 가치와 윤리를 갖고 임한다.					
	15. 전문가로서의 편견, 선입견, 고정관념을 인식하고 객관성을 유지한다.					
	16. 실습지도 내용을 실행에 옮긴다.					
	17. 실습과정을 책임감 있게 수행한다.					
기 록	18. 기록, 보고서 등을 정해진 일시에 제출한다.					
	19. 실습내용을 사실에 근거하여 정확하게 기록한다.					
	20. 실습내용을 체계적이고 구체적으로 기록한다.					
	21. 클라이언트와의 상호작용 및 실습생의 사고와 감정을 기록한다.					
	22. 실습지도를 통해 지적된 사항 및 배운 것을 정확히 기록한다.					

<table>
<tr><td>총 평</td><td colspan="5">(※ 실습생의 실천가로서의 장단점 및 대학에 대한 건의)</td></tr>
<tr><td>평가문항 개수</td><td colspan="2"></td><td>총점</td><td colspan="2"></td></tr>
<tr><td>평균(총점 ÷ 평가문항개수)</td><td colspan="5">(※ 평균을 기록 하고 실습지도자 서명 후 테이프부착 요망)</td></tr>
<tr><td rowspan="4">평점부여</td><td colspan="5">※ 여기에 부여하는 평점은 실습생이 받게 되는 성적표상의 최종 평점은 아닙니다. 교육기관 실습지도 점수와 함께 사회복지현장실습 평점 부여 시 주요 고려사항이 됩니다.</td></tr>
<tr><td>□ A^{+}</td><td>□ B^{+}</td><td>□ C^{+}</td><td>□ D^{+}</td><td rowspan="3">□ F</td></tr>
<tr><td>□ A^{0}</td><td>□ B^{0}</td><td>□ C^{0}</td><td>□ D^{0}</td></tr>
<tr><td>□ A^{-}</td><td>□ B^{-}</td><td>□ C^{-}</td><td>□ D^{-}</td></tr>
</table>

실습지도자 : ______________________인
기 관 장 : ______________________인

8. 사회복지현장실습 교육 수료증

사회복지현장실습 교육 수료증은 실습기관에서 교육을 이수했다는 증명서로 발행되는 인증제도의 하나이다. 사회복지현장실습확인서와 중복되는 점이 있으나 추가로 한다고 문제될 것은 없다.

자체적으로 수료 번호를 매겨서 누적된 실습생의 현황을 유지하고 그것 또한 기관의 교육경력에 들어간다. 기타 내용은 기본 양식[〈표 8-11〉 사회복지현장실습 교육 수료증]에 맞추어 기록한다.

〈표 8-11〉 사회복지현장실습 교육 수료증

사회복지현장실습 교육 수료증

수료번호: 2013년도 - (번호)

○ ○ ○대학교 성명: (학 번)

상기 학생은 아래의 과정을 수료하였으므로 사회복지현장실습 교육 수료증을 발급합니다.

- 아 래 -

1. 실 습 지 도 자 :
2. 실습교육기관 :
3. 실 습 기 간 :
4. 실 습 분 야 :

2013년 7월 5일

○ ○○기관장 (직인)

제 3 절 실습생

1. 실습생 서약서

실습생 서약서는 실습생이 실습기관에 제출하는 것으로 실습기관 규칙을 준수하고 사회복지사 윤리강령과 클라이언트와 기관에 대한 비밀유지, 실습교육기관 및 실습지도자의 요구사항을 준수하겠다는 서약서이다. 이것은 실습생을 기관 마음대로 시키는 방향에서 하는 제도보다는 사회복지사로서 갖추어야 할 윤리 및 가치관을 확립하게 하고 실습기관과의 마찰을 최소화하는데 의의가 있다. 따라서 기관에서 부여된 업무를 보다 성실하게 수행하고 그 부여된 업무가 사회복지사로서 갖추어야 할 가치관을 확립시키고 많은 체험을 경험하게 하는 운영 방법으로 사용되어야 한다. 〈표 8-12〉 실습생 서약서 참조

〈표 8-12〉 실습생 서약서

실 습 생 서 약 서
본인은 ○○○ 기관의 실습생으로서 다음의 사항을 준수할 것을 서약합니다.
1. 사회복지사 윤리강령
2. 클라이언트와 기관에 대한 비밀 유지
3. 실습교육기관 및 실습지도자의 요구사항
년 월 일
실습생 : (인)
○ ○ ○ 기관 귀중

2. 실습계약서

실습계약서는 실습기관과 실습생과의 관계에서 맺어지는 계약서이다. 양식에 의한 기본 인적사항과 일반적 사항, 실습의 목적과 목표, 실습생의 의무와 책임, 실습지도자의 의무와 책임, 실습지도교수의 의무와 책임을 요구하는 문서이기에 서명하고 보관한다.

1) 기본적인 인적사항을 기록한다.
2) 일반적 사항은 실습기간은 ___년 ___월 ___일부터 ___년 ___월 ___일까지 총 ___일간 진행할 것인지를 기록하고 업무시간은 주 ___일 근무로 ___시부터 ___시까지 진행하며, 실습세미나 시간은 총 5회를 일정별 시작 시간과 끝나는 시간을 기록한다. 마지막 결석에 대한 조치를 기록하여 학생들에게 피해가 없도록 조치한다.

3) 실습의 목적과 목표는 먼저 목적은 시작에서 끝날 때까지 실천하고자 하는 목적을 기록하고, 다음 목표는 구체적으로 목적을 실현하기 위한 작은 목표들을 3-4개 정도를 기록한다.

4) 실습생의 의무와 책임은 실습생으로써 지켜야 하는 의무로 기관에 있는 직원들과의 원만한 관계유지 및 클라이언트와의 밀착정도와 비밀유지 등 제한되는 행동과 한계에 대하여 분명한 선을 긋고 시작하여 한다. 실습 중에 일어난 일이나 일어난 일에 대하여 책임을 질 수 있도록 하여야 한다.

5) 실습지도교수의 의무와 책임은 실습시작에서 끝날 때까지 지도교수의 지도를 잘 받아야 하며 수업이나 세미나에 적극적으로 참여하여 다음에 못 들어서 몰랐다거나 자기의 책임을 전가하는 일이 없도록 방지하고 갖추어야 할 예의와 실습생의 신분을 잊지 않고 그에 상응한 언행과 태도를 지녀야 한다.

6) 마지막으로 상기 사항을 성실하게 이행하여 실습을 진행하도록 하겠다는 의지를 표현하고 그에 따른 다짐을 하여야 한다.

7) 계약한 날짜와 실습생이 서명한 후 실습지도자의 서명을 받고 지

도교수에게 제출하여 서명을 한 후 각각 1부씩 상호 보관한다. 〈표 8-13〉 실습 계약서 참조

〈표 8-13〉 실습 계약서

실습 계약서

실습생명		소속 대학	○○대학교 ○○과
기관명		주소 / 전화번호	
실습지도자		실습지도교수	

1. 일반적 사항
   (1) 실습기간 : _____년 _____월 _____일부터
   _____년 _____월 _____일까지 총 _____일
   (2) 업무시간 : 주 _____일 근무, _____시부터 _____시까지
   (3) 실습세미나 시간 : _____일, _____시부터 _____시까지
   (4) 결석에 대한 조치

2. 실습의 목적과 목표
   (1) 목적
   (2) 목표

3. 실습생의 의무와 책임

4. 실습지도자의 의무와 책임

5. 실습지도교수의 의무와 책임

상기 사항을 성실하게 이행하여 실습을 진행하도록 하겠습니다.

년 월 일

실 습 생 __________인
실습지도자 __________인
실습지도교수 __________인

3. 실습생 일지

▣ 실습일지표지

표지는 일지의 얼굴이다. 실습일지 표지는 크기와 글씨 내용 등에서 다양한 형태를 보이고 있다. 따라서 전체 구도에 맞게 제목(실습일지) 위치와 그리고 포함되어야 할 내용들을 적당한 간격과 글씨크기가 조화를 이루어야 한다. 실습지도교수의 특성에 따라 평가가 달라질 수 있으니 지도교수의 지시에 따르는 것이 좋다.

1) 실습일지표지 용지 크기는 A4용지를 사용한다. 휴대하기나 작업하기도 좋고 보관하기에도 알맞다.

2) 실습일지표지에 들어가는 글씨는 제목이 모든 글씨 중에서 제일 큰 글씨이어야 한다.

3) 그 다음 해당과목은 사회복지현장실습이라고 기록하되 기타 교수, 학생, 실습일지 제출일 등은 같은 글씨 크기이어야 한다.

4) 교수와 실습생이 명시되어야 한다. 실습지도하는 교수가 들어가야 하고 제출하는 실습생이름이 기록되어야 한다. 그리고 제출 일자도 기록한다.

5) 사회복지현장실습과목을 등록한 교육기관이 명시되어야 한다. 이것은 제목보다는 작은 글씨이지만 그렇다고 과목이나 교수, 실습생 이름보다는 크게 기록한다.

6) 너무 아름답게 꾸미기 위해 그림이나 기타 모양들을 넣는 경우가

있는데 너무 조잡스럽게 꾸미지 않는 것이 좋다. 기본이 들어갔느냐가 중요하지 얼마나 아름답게 만들었느냐는 평가의 주안점이 아니다.

7) 마지막으로 실습일지 작성 내용을 평가에 반영할 경우에는 점수란을 만들어 추가로 기록할 수 있도록 한다. 〈표 8-14〉 실습일지 표지 참조.

사회복지현장실습일지

지도교수 : ０００

담당교수서명	점 수

교과목명	사회복지현장실습
교 수 명	０００ 교수
성 명	김 ○ ○
제출 일	2013. ○ ○ ○

○○대학교

▣ 실습일지

실습일지는 가장 중요한 부분으로 실습생이 가장 관심을 가지고 기록해야 한다. 실습일지는 매일 실습을 시작해서 실습을 종료하는 시간까지의 실제 실습했던 내용을 사실적으로 기록한다. 먼저 실습생명을 기록한다. 다음은 실습일정과 실습내용 그리고 실습소감을 작성한다.

이렇게 기록이 끝나면 이것을 실습지도자에게 실습지도자의 의견을 기록하여 준다. 하루에 1장을 하는 것이 원칙이다. 실습내용이 많을 경우는 종이를 첨부하여 하거나 뒷면을 이용한다. 실습일지를 평가할 때 가장 핵심적인 부분은 실습내용을 기록하고 그리고 실습생 소감과 실습지도자의 의견을 종합하여 평가한다.

1) 실습생명(이름)을 기록한다.

2) 실습시간은 연월일과 시간을 시작과 실습종료 시간을 기록한다. 단 실습생 출근부 시간과 동일하게 하여야 한다.

3) 하루 중 전반적인 실습을 하게 되는 실습목표를 기록한다. 목표는 큰 목표가 아니라 작은 목표여도 상관없다.

4) 실습내용은 시간대별 내용위주로 구체적으로 기술하여야 한다. 대상이 누구이고 무엇을 어떻게 했더니 결과가 어떻게 나왔고 그래서 조치를 어떻게 하였는가를 구체적으로 기록하는 것이다. 따라서 앞으로 실습 시에 무엇을 하였느냐보다는 그것을 어떻게 처리하였는가를 정리하는 것이 사회복지사로서 중요한 업무 중에 하나이다.

5) 앞으로 실습내용은 다양한 클라이언트가 있고 다양한 실습기관이

존재하게 되어 다양한 기관과 대상자에 따라 잘 적용할 수 있어야 한다.

6) 실습생의 의견은 소감이나 과제 그리고 건의사항을 기록한다. 실습을 마치고 느끼는 소감을 기록하고 과제는 실습을 하면서 실습생이 수행한 과제를 기록한다. 그리고 실습을 진행하면서 애로 및 건의사항을 기록한다. 단 실습기관에 피해가 되는 내용은 실습지도자에게 물어서 빼야 할 것은 빼고 기록할 것만 기록한다.

7) 실습지도자의 의견은 실습을 지도했던 지도자가 기록하는 것이다. 열심히 지도하였음에도 의견을 기록하지 않은 기관이 있을 수 있는데 꼭 부탁하여 기록하여 주거나 바쁘다는 핑계로 기록하여 주지 않을 때는 실습 때 지도자가 말했던 의견을 기록하여 지도자의 확인을 받을 수 있다. 그러나 원칙은 지도자가 기록하는 것이다. 이것은 지도자의 의무이다. 어쩌다 보면 실습생 실습내용과 지도자 글씨체가 동일하게 되어 있는 경우도 있어 실습지도자가 직접 기록할 수 있도록 부탁하여 주기 바란다.

8) 실습은 열심히 하였는데 기록내용이 없어서 실습을 하지 않은 것처럼 보일 수 있으니 핵심내용을 꼭 기록하여 사소한 것만 기록되고 핵심적인 내용이 누락되지 않도록 해야 한다. 〈표 8-14, 15, 16, 17, 18〉 실습일지 참조.

〈표 8-14〉 실습일지#1

실 습 일 지

1. 실습생 성명 :
2. 실 습 일자 :
3. 오늘의 목표 :
4. 진행내용 (시간, 내용 등을 중심으로 기록)

• 09:00~12:50: 아동과 함께 놀기 - 친숙한 관계유지를 위해 실습생 소개 시간을 5분간 진행했다 - 정신이 없을 정도로 산만 하였다. 한쪽에서는 공기놀이, 비디오 관람, 변형하키, 변형 축구, 불럭 맞추기 등 그냥 노는 아이는 하나도 없었다. 또 한쪽에서는 싸우고 울고 야단이다. 이런 환경은 처음이다. 그러면서 근방 언제 그랬느냐는 식으로 친하게 놀고 있다. 참으로 순박하고 천진한 아이들의 모습이 아름답다. 어느새 나도 같은 모습이 되었다. • 13:00~14:00 점심 식사 - 상상했던 것보다 많은 양의 음식과 과일도 나왔다. 참으로 맛있게 먹었다. 나도 많이 먹었다. • 14:00~16:50: 미술치료를 통한 심리치료 기법 적용 미술 치료라는 지도 선생님이 시간을 가지고 같이 어울려 하는 시간인데 나로서는 처음 배운 내용이었다. 꼭 필요한 지식인 것 같다. • 17:00~18:00 각자 자기 방 정리 정돈하기 - 자기 것을 자기가 하는데도 눈은 항상 옆 사람에게 가있다. 먼저 끝났는지 자기가 질세라 매우 서두르는 모습들이다. 그래도 선생님 말을 잘 들어주어 고맙다. 몇 가지 한 것밖에 없는데 벌 써 시간이 다되었다.

5. 실습생 의견 (배운 점, 의문사항, 건의 등 포함)

- 정말 시간이 너무 빨리 간다. 그리고 애들이 좋아졌다. - 미술치료를 할 때 느낀 것 이지만 자기 특기 하나는 꼭 개발해야 한다고 생각한다. - 놀이 기구(교육재료)가 부족한 것 같다. 아이들 수에 걸맞는 사전 준비가 있어야 한다고 생각한다.

6. 실습지도자 의견

※일일 1매씩 총 15매 이상 제출(번호순으로)

〈표 8-15〉 실습일지#2

실 습 일 지

1. 실습생명 :
2. 실 습 일 :
3. 오늘의 목표 :

4. 진행내용 (시간, 내용 등을 중심으로 기록)

• 09:00~12:50 장애인 복지사업 및 복지시책 익히기 - 2008년, 2009년도의 변화된 사업내용과 시책을 비교분석 (복지혜택들로는 장애수당지급, 의료비 지원, 재활보조기구 유료보급, 통신요금, 전기요금 할인 등) • 13:00~14:00 점심 식사 - 오늘은 생일자가 있어 많은 양의 음식과 케익과 과일도 나왔다. 참으로 맛있게 먹었다. 나도 많이 먹었다. 생일자가 매우 기뻐하셨다. • 14:00~16:50 공공, 민간 지원사업 프로그램 작성 (민간지원사업에 주로 하고 있는 시설의 기자재를 신청하는 것을 주로 하고 있음). • 17:00~18:00 사회통합프로그램 계획 및 지원 - 지역사회와의 연계된 프로그램 작성 업무 - 지역사회 자원 파악 - 지역사회 네트워크 연계사업 등

5. 실습생 의견 (배운 점, 의문사항, 건의 등 포함)

- 사회재활팀은 프로그램 작성을 위한 부서라고 해도 과언이 아니었다. 프로그램 계획과 기획, 사업신청까지 하고 사업을 진행시키기까지 큰 비중을 두고 하는 업무이다. - 비영리, 미 신고시설이라는 열악한 여건을 극복하기 위해 많은 투자를 하는 것을 볼 수 있었다.

6. 실습지도자 의견

※일일 1매씩 총 15매 이상 제출(번호순으로)

〈표 8-16〉 실습일지#3

실 습 일 지

1. 실습생명 :
2. 실 습 일 :
3. 오늘의 목표 :미술치료

4. 진행내용 (시간, 내용 등을 중심으로 기록)

- 09:00~09:30 실습준비 - 09:30~10:00 조회 - 10:00~11:30 미술치료 - 11:30~12:30 어르신 이동 및 식사보조 - 12:30~13:30 중식 및 휴식 - 13:30~15:30 입소 어르신 생활지원 - 15:30~16:30 생활실 정리 및 석식을 위한 준비 - 16:30~17:30 입소어르신 이동 및 식사보조 - 17:30~18:00 종례

5. 실습생 의견 (배운 점, 의문사항, 건의 등 포함)

- 어르신들의 미술 치료가 있었다. 어르신들이 다 참석하는 것이 아니라 미술에 관심이 있는 어르신들만 참석하셨다. 그냥 그리기만 하시는 분들이 있고, 적극적으로 그리기에 심취하셔서 프로그램을 즐기시는 분들도 있었다. 좋은 시간이었던 것 같다. - 오후에는 어르신들이 마당에 나오셔서 물풍선을 원안에 넣는 게임을 하셨다. 내가 실습한 이후로 어르신들이 전체적으로 많이 웃으셨던 것 같다. 보고 있는 나도 원안이 아닌 그냥 던졌으면 하는 마음도 들었다. 날은 더웠지만 어르신들이 좋아하셔서 모처럼 기분이 좋았다.

6. 실습지도자 의견

※일일 1매씩 총 15매 이상 제출(번호순으로)

〈표 8-17〉 실습일지#4

실 습 일 지

1. 실습생명 :
2. 실 습 일 :
3. 오늘의 목표 :

4. 진행내용 (시간, 내용 등을 중심으로 기록)

-09:00~11:30 어르신 아침체조, 청소,
-11:30~12:00 거동 불편한 어르신 식사준비 - 식탁으로 모시고 나오기
-12:00~13:00 점심 식사
오늘도 식사 시간마다 전쟁을 치르는 기분이다. 죽 드시는 분, 김치는 안 드시는 분, 질질 흘리시는 분 식사 캐어도 만만치 안다는 생각이 든다.
-13:00~13:30 어르신들 양치 도와 드리기
-14:00~16:00 오늘은 함께 노래 부르기 시간을 가졌다. 쿵짝 쿵짝 음악이 나오자 모두가 어깨춤과 엉덩이를 들썩들썩 했다. 구수한 어르신들의 노래 가락에 맞춰 춤도 추고 노래도 같이 불렀다. 실습의 어려움도 할머니, 할아버지의 일상의 고단함도 모두 녹여버리기에 충분한 시간들이 펼쳐졌다. 한 어르신은 '동숙의 노래, 하숙생 등 가사도 또박 또박 음정 박자 모두 잘 맞춰 부르셨다. 참 신기했다. 연세가 많으신데 가사를 기억하시고, 박자를 맞추시는 게 대단하셨다. 나도 모르게 그 속에 빠져 하나가 되었음을 느낄 수 있었다. 한 할머님은 3월 3짓날 고속버스타고 같이 설악산 가자고 하셔서 모두 크게 웃었다.
-16:00~18:00 롱텀에 들어가서 여러 서식과 요양원 입소자, 종사자 현황파악하는 것을 배웠다.

5. 실습생 의견 (배운 점, 의문사항, 건의 등 포함)

• 음악이 사람에게 이렇게 기분 좋게, 흥이 나게 하는지 참 즐거웠다. 그냥 박자에 맞춰서 팔도 움직이고, 소리도 내고 발도 움직이고 온 몸으로 노래를 하는 것이 참으로 즐겁고 행복한 시간이었다. 음악이 주는 또 하나의 선물인 것 같다.
• 사회복지정보시스템-시청의 문서 보고 등을 알 수 있었고, 롱텀은 국민건강보험공단과의 연결고리임을 알게 되었다. 보고체계가 은근히 복잡하다는 생각이 들었다.

6. 실습지도자 의견

※일일 1매씩 총 15매 이상 제출(번호순으로)

〈표 8-18〉 실습일지#5

실 습 일 지

1. 실습생명 :
2. 실 습 일 :
3. 오늘의 목표 :
4. 진행내용 (시간, 내용 등을 중심으로 기록)

• 09:00~12:50 지역아동 복지사업 및 복지시책 익히기 - 2009년, 2010년도의 변화된 사업내용과 시책을 비교분석 (복지혜택들로는 아동수당지급, 의료비 지원, 재활보조기구 유료보급, 전기요금 할인 등) • 13:00~14:00 점심 식사 - 많은 양의 음식과 과일도 나왔다. 참으로 맛있게 먹었다. 요리를 잘하였다. 모두가 잘 먹고 기뻐하였다. • 14:00~16:50 아동 공공, 민간 지원사업 프로그램 작성 (아동을 위한 민간지원사업에 주로 하고 있는 사업들을 익히게 되었다). • 17:00~18:00 아동시설들의 네트워크 연결 상태를 확인 - 지역사회와의 연계된 프로그램 작성 업무 - 지역사회 자운 파악 - 지역사회 네트워크 연계사업 등

5. 실습생 의견 (배운 점, 의문사항, 건의 등 포함)

- 지역아동복지사업 프로그램 작성을 위한 부서라고 해도 과언이 아니었다. 프로그램 계획과 기획, 사업신청까지 하고 사업을 진행시키기까지 큰 비중을 두고 하는 업무이다. - 아동시설들의 네트연결 상태를 적극 활용하는 방법을 발전시키는 것이 바람직하다고 생각한다.

6. 실습지도자 의견

※일일 1매씩 총 15매 이상 제출(번호순으로)

4. 실습기관 분석 보고서

실습기관분석 보고서는 실습생이 사회복지기관을 분석 보고한다는 것은 가장 중요한 부분으로 실습생이 조심스러운 면들이 많이 있으므로 관심을 가지고 기록해야 한다. 실습기관분석 보고서는 실습기간을 통해 한번 이루어지는 것으로 실습기관의 역사를 통해 사회복지기관의 설립동기 및 설립목적과 사회복지기관 사업의 역사적 변천을 기록하고 실습기관 역사에 대한 평가를 한다.

기관의 목적과 기관의 주요사업 및 프로그램을 기록하는데 클라이언트 및 대상 지역현황과 주요복지사업을 기록하며 서비스 전달체계와 기관의 대상층 및 주요사업에 대한 실습생의 평가를 한다.

기관의 행정사항으로 기관의 조직구조와 예산, 후원 및 지원 사항을 기록하고 기관의 행정구조와 예산 사용 및 후원에 대한 실습생의 평가한다.

기관이 속한 지역사회, 물리적 환경의 특징으로 지역사회와 물리적 환경(시설, 공간 등)을 기록한다.

사회복지기관으로서 지역 내 타 기관들과의 연계로 관계유형 및 내용과 기관의 타 기관과의 관계 유지에 대한 실습생의 평가를 기록한다.

마지막으로 실습기관의 특별한 면이나 전반적인 사항에 대한 인상이나 느낌을 기록한다.

1) 실습기관분석보고서는 일반사항으로 먼저 간략하게 실습생 이름과 실습기관명과 주소를 기록하고 그 실습기관을 소개한 사람을 기록한다. 가능하다면 구체적으로 기록하는 것이 좋다.

2) 기관의 역사는 기관 설립동기와 설립목적과 역사적 변천사를 기록하되 기관설립의지와 기관을 통해 이루고자 하는 뜻을 기록하

고 실습기관이 역사를 보고 느끼는 소감을 기록한다.

3) 기관을 세운 목적과 기간에서 실시하고 있는 기관의 주요 사업과 프로그램을 기록하는 것으로 클라이언트가 있는 지역의 현황과 클라이언트 현황을 파악하고 주요사업내용을 일반복지 특수복지 분야로 나누어 기록하되 사업에 대한 실습생의 소감도 기록한다.

4) 기관의 행정사항은 기관의 조직으로부터 기관의 예산 및 지원 사항을 파악하고 이들에 대한 실습생의 느낌을 기록한다.

5) 기관이 속한 지역사회와 물리적 환경의 특성들을 기록하여 이것들이 실습생이 생각하기에 클라이언트와 어떤 관계가 형성되어 있는지를 파악한다.

6) '사회복지기관으로서 타 기관과의 네트워크가 형성되어 있는가 있다면 순기능은 무엇이고 역기능이 무엇인가를 기록한다.

7) 마지막으로 기관의 지금까지 보거나 알지 못했던 특정 사항에 대한 느낌이나 감정을 실습의 느낌대로 기록한다. 〈표 8-19〉 실습기관 분석 보고서 참조.

〈표 8-19〉 실습기관 분석 보고서

실습기관 분석 보고서

실습생명	박OO	기관명	000요양원
기관주소	경기도 구리시 수택동 449-14 행복한복지재단 빌딩		
기관소개자	이OO 사회복지사 (부서 : 노인요양복지팀 직책 : 팀장)		

1. 기관의 역사

(1) 기관 설립동기 및 설립목적

심각한 노인성 질환으로 인하여 일상생활이 어려운 무의탁 고령의 어르신들을 요양보호하여 안정적인 노후 생활을 영위할 수 있도록 인지 케어재활과 일상생활 지원을 위해 설립.

(2) 기관 사업의 역사적 변천

- 1996년 04월 09일 - 경기도립양로원 개원(경기도 지원 운영 위탁)
- 1998년 12월 20일 - 도립양로원 이전(경기도 양평군 중원면 소재)
- 2001년 02월 30일 - 개축준공 및 비전 선포식
- 2003년 12월 09일 - 사회복지법인 아름다운복지재단 위탁운영
- 2004년 05월 06일 - 경기도 자원봉사단 인증센터 등록
- 2008년 12월 15일 - 경기도 사회복지시설 평가 1위
- 2010년 07월 03일 - 서비스품질 경영 인증 시스템 인증서 획득
- 2010년 09월 03일 - 노인요양원 전환 개원 및 장기요양기관지정
- 2012년 04월 02일 - 장기요양기관 평가 우수기관 선정

(3) 기관 역사에 대한 실습생의 평가

- 체계적인 캐어 복지시스템 구축으로 편안한 노년의 안식처를 구현하려 하고 있으며
- 전문적인 요양서비스를 통한 고령자의 삶의 질 향상과 인간존중의 가치 실현을 추구하고 있다는 느낌이 든다.

2. 기관의 목적

심각한 노인성 질환으로 인하여 일상생활이 어려운 무의탁 고령의 어르신들을 요양보호하여 안정적인 노후 생활을 영위할 수 있도록 돕기 위해

3. 기관의 주요사업 및 프로그램

(1) 클라이언트 및 대상 지역

구분	내용	인원수
일반집단	서울시에 거주하는 65세 이상 건강한 기초생활 수급권자	불특정다수
위험집단	돌봐줄 사람이 없거나 끼니를 해결할 수 없는 거주가 일정치 않는 자	불특정다수
표적집단	OO노인양로원에 입소한 자	72명
클라이언트 수	OO노인양로원에 입소한 자	72명

(2) 주요사업

주요사업	세부내용
생활지원 사업	미용서비스, 시장보기, 쇼핑나들이
정서안정지원 사업	종교 활동, 개별사례관리, 온천행사, 산책, 말벗
문화여가사업	원예, 음악, 종이접기, 동아리활동, 여가, 취미프로그램
영양관리	식이요법, 위생관리, 당뇨관리
의료지원사업	활력증후관리, 기초 건강 상담, 투약, 한방진료, 상처관리응급처치, 지역사회 의료기관 연계 진료.
건강지원사업	운동치료, 물리치료, 작업치료, 발마사지, 전신마사지
상담사업	이용 상담, 생활상담, 가족상담, 사례회의, 사례관리
지역문화행사	생신잔치, 어버이날, 노인의 날 기념경로잔치, 송년잔치, 춘•추계 나들이, 추석•설 합동차례, 정월대보름 척사대회, 칠순잔치

(3) 서비스 전달체계

♣ 거주지 동사무소에서 입소신청 - 거주지 관할시군구청 접수 - 구리시청접수 - 경기도립양로원 입소의뢰 - 방문상담 -시군 구청에 입소여부 통보 - 대상자입소

(4) 기관의 대상층 및 주요사업에 대한 실습생의 평가

경기도에 거주하는 만 65세 이상의 혼자서 생활할 수 없는 노인들을 대상으로 생활 및 영양관리 사업뿐만 아니라 문화여가사업, 생활 안정 지원 사업 등 다양한 사업의 연계를 통해 사회에서 소외될 수 있는 노인들에게 다양한 복지 혜택을 제공하고, 늘 새로운 것을 꿈꾸는 창조적인 일원으로 급변하는 사회의 전문성과 다양한 네트워킹 시대에 발맞추기 위하여 꾸준하게 능력을 배양하여 사회복지서비스를 펼쳐가는 시립수락양로원으로 성장해 나갈 것이다.

4. 기관의 행정사항

(1) 기관의 조직구조

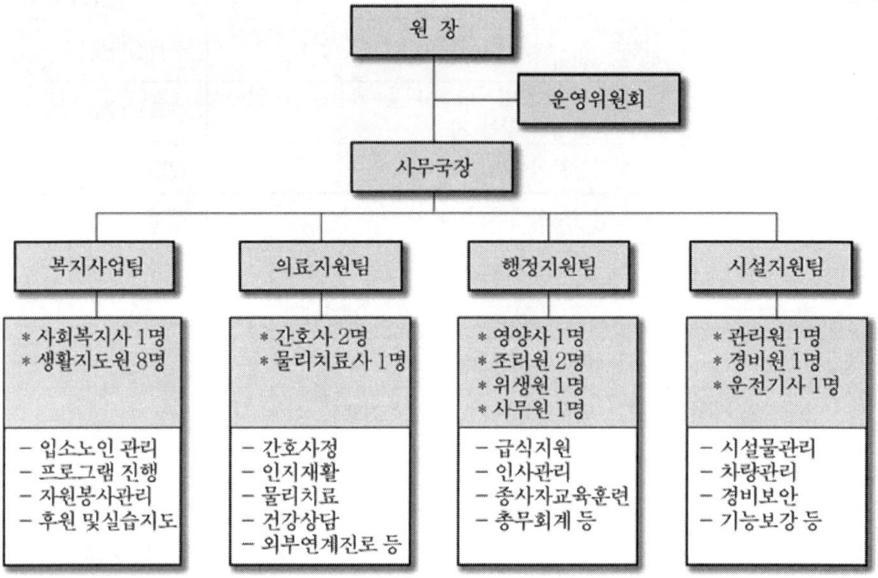

(2) 예산, 후원 및 지원 사항

♣ 양로원 운영지원

- 종사자 인건비
  - ◦ 예산지원 : 2011년도 대비 7%인상
  - ◦ 기 본 급 : 호봉승급 인정
  - ◦ 수 당 : 기말수당, 정근수당, 장기근속수당, 가계지원비, 가계보조수당, 교통급식비, 명정휴가비, 직종별 특수 근무수당, 가족수당, 연장근로 수당, 종사자수당
- 관리운영비
  - ◦ 지원기준 : 733,820원 / 연(1인당, 입소현원 증원 시 추가지원)
- 간병비
  - ◦ 지원기준 : 50,000원 / 연(1인당)

- 예산내역 (단위: 1,000원)

세 입		세 출	
구 분	2013년 예산	구 분	2013년 예산
합 계	1,100,933	합 계	1,100,933
보조금 수입계	993,733	사무비 계	867,798
경상운영보조	848,810	인건비	806,971
생계보호비	133,628	업무추진비	800
기타보조금	11,294	운영비	60,027
기능보강사업	-	재산조성비	10,699
법인전입금	40,000	사업비	210,240
후원금	47,000	반환금	-
이월금	8,000	잡지출	12,200
잡수입	12,200	기능보강사업	-

(3) 기관의 행정구조와 예산 사용 및 후원에 대한 실습생의 평가

행복한OO양로원은 경기도 노인위탁 시설로서 경기도의 지원을 통해 운영되고 있으며, 각종 단체의 후원금과 경기도의 지원으로 입소자들에게 보다 나은 프로그램 및 서비스를 제공하기 위하여 노력하고 있다. 그리고 건강에 관한 다양한 정보제공에 따른 노인성 질병 예방을 위해 노력하고 일상의 단조로움에서 오는 스트레스 해소 및 삶의 활력을 증진시키기 위해서 프로그램을 개발하고 자원봉사자들과 연계지원하고 있다. 이 뿐만 아니라 시설 자체 내에서도 예산의 낭비를 줄이고 보다 효율적인 사용을 위해 노력하고 있으며 예산 및 후원금 사용에서의 투명성 확보를 위하여 정확한 서류 작성 및 결제시스템을 효율적으로 운영하고 있다.

5. 기관이 속한 지역사회, 물리적 환경의 특징

1) 지역사회 : 《2011년 12월 31일 현재》

1914. 3. 1 - 양주군 구리면 신설
1973. 7. 1 - 양주군 구리읍 승격
1980. 4. 1 - 남양주군 구리읍으로 관할 변경
1986. 1. 1 - 구리시 승격

* 이후 관련사항은 시군구의 실정에 알맞도록 실습생이 조사 재구성 바람

인구수 : 약 20만명 194,881명(남 97,313 여 97,568)
가구수 : 74,473
면 적 : 33.30㎢(경기도의 0.31%)
개발제한구역 : 20.535㎢(61.6%)
군사시설보호구역 : 11.05㎢(33.19%)
문화재 보호구역 : 2.19㎢(6.6%)
행정구역 : 8동, 270통, 1,704반

2) 물리적 환경(시설, 공간 등)

노인장기요양보험법에 의한 시설기준에 적합한 생활공간 확보

6. 사회복지기관으로서 지역 내 타 기관들과의 연계

1) 관계유형 및 내용
- 구리 및 남양주 시청 - 시설 관련 허가 및 지도 감독 의무, 인력 및 시설관련 보고
- 구리 및 남양주 국민건강보험공단 - 어르신대 대한 서비스 평가 및 예산 지급
- 아름다운복지재단 내 산하기관 - 상호 유기적인 연계로 대상자에 대한 원스톱 서비스를 진행

2) 시청 및 건강보험공단의 업무 지도 및 조언과 재단내에서 복합적인 서비스 진행으로 어르신이 보다 편리한 서비스를 받을 수 있는 체계가 갖추어져 있음
기관의 타 기관과의 관계 유지에 대한 실습생의 평가

7. 기관의 특별한 면이나 전반적인 사항에 대한 인상이나 느낌

5. 실습중간 평가서

실습중간 평가서는 지금까지 진행한 자체 평가서로 실습생의 평가를 사전 점검하여 부족한 부분에 대한 새로운 지침과 보완 보충에 필요한 지침을 내리는 데 필요한 요소이다.

〈표 8-20〉 실습중간 평가서 참조

실습 중간 평가서

* 본 평가서는 실습생 본인이 작성합니다. 서술양식으로 작성한 뒤 실습 실습지도자와 평가회를 갖는 것이 좋습니다.

실 습 생 명		기 관 명	
실 습 기 간		실습지도자	
실습 평가일		실습지도교수	

1. 실습목표와 관련된 실습내용 및 역할에 대한 평가

1) 수행한 실습내용 및 역할의 요약 :

(1)어르신들의 말벗 해드리기

(2)프로그램 진행 보조

(3)어르신들의 식사 수발

(4) 주방요리 도우미

(5) 기저귀 갈기, 목욕시키기, 청소 등

(6) 행정업무(사례관리법 교육 및 작성, 사례관리 진행일지, 사례관리 종결기록서, 상담카드, 시청보고, 롱텀 보고) 등

2) 평가 : 사회복지의 전반적인 내용을 교육과 현장을 통해 체험할 수 있었다. 때문에 생각의 폭이 넓어졌고, 사회복지의 기관 설치, 자격증 등 더 많은 관심을 갖게 되었다. 그리고 프로그램은 어르신들이 질리지 않도록 다양하게 구성되어 있었고 어르신들의 식수발을 들면서 적게 드시는 분에게는 최대한으로 반찬을 골고루 드시게 해야 하며, 어르신의 상태를 고려하여 항상 조심성 있게 먹여 드려야 한다는 것을 느꼈다. 이러한 실습을 통하여 노인복지 실천에 도움이 되는 지식을 습득할 수 있었고 어르신들께 조금이나마 도움이 되는 의미 있는 시간이었다.

3) 앞으로의 계획 : 사회복지사 자격증을 가지면, 좀 더 사회에 자원봉사도 하고 지금도 독거노인 반찬 나르기 등을 하고 있지만 보다 폭넓게 구서구석에 소외된 자를 위해 봉사하려하며, 요양원, 암환자를 위한 센터, 정신치료 센터 등을 연계할 수 있는 센터를 세우려고 한다.

2. **실습에 임한 자세 및 노력** : 지금까지는 실습이란 그냥 하면 되는 것이라고 생각했다. 그러나 막상 중반이 지나고 보니 새로운 나의 모습을 발견하게 되었다. 누구보다도 나 자신에 대해 잘 모르고 있었다는 것과 아직도 의지가 부족하여 지도자가 시키는 것만 하면 된다는 어리석은 자세였다. 교육 받은 대로 어르신들에게 친절하고 웃음을 많이 드리기 위해 노력하였다. 그리고 어르신들을 부모님 모시듯 정성껏 열심히 모시고자 노력하였고, 새로 알게 된 것이나 배운 것들은 메모하여 숙지할 수 있도록 노력하였고, 어르신들과 많은 대화를 나누었다. 또한 맛있는 음식을 만들려고 노력하였다.
교수님처럼 어르신들을 마음으로 안을 수 있도록 노력하였다.

3. **실습을 통해 배운 점** : 어르신을 돌본다는 것은 결코 쉬운 일이 아님을 깨달았다. 그리고 실습을 통해서 우러러보이던 교수님께서 직접 어르신과 볼을 부비고, 안아주는 것을 보며, 참으로 한없이 낮아짐을 깨달았다. 사회복지사는 섬김이요, 낮아짐을 의미하는 것 같다.
그리고 어르신을 정말 가슴으로 사랑할 때 요양원을 운영할 수 있겠다는 것도 깨달았다.
또한 많이 알아야 하겠다는 것이다. 노인 케어, 응급처치 기술, 상담, 노인복지 실천에 관한 것들을 배웠지만 지속적으로 연구 해야겠다.

4. **앞으로 더 필요한 지식과 기술** : 실습을 하기 전에는 사회복지가 누구나 할 수 있는 직업이며, 할 것이 없는 사람들이 모여서 하는 것이라고 생각했다. 그러나 실습을 하면서 느낀 것은 사회복지는 학교에서 아무리 공부하여도 필드에 나가면 많은 차이가 있음을 깨달았다. 그리고 요양보호사적인 기술도 필요함을 느끼고 또한 영양사적인 지식도 필요하다고 생각한다. 물론 분야가 조금씩 다르지만 알고 있으면 노인케어에 큰 도움이 될 거라 생각된다.

5. **실습에서 어려웠던 점** : 실습하면서 모두 잘해 주셔서 특별히 어려웠던 점은 없었던 것 같다. 또한 얼마 전에 요양병원에 계시다가 돌아가신 시어머님을 생각하며, 나름 최선을 다해 실습에 임했다. 때문에 어려운 점은 없었으나 어디까지나 실습생이다 보니 마음대로 할 수 없고 선생님들이 시키는 것만 하다 보니 자율성이 없는 게 힘들었다. 그리고 기저귀 바꿔 들이기가 만만치 않았다.

6. **기관 및 실습지도자에게 건의할 점** : 나무 편안하게 실습생들을 대해 주시고 이해해 주셔서 감사하게 생각한다. 특별히 바라는 점은 없지만 보고서, 개별상담에 대한 피드백을 좀 더 자세히 받고 싶습니다. 직원들이 모두 자기 것처럼 참으로 열심히 일하는 것을 보며 요양원 사업은 섬기는 마음이 없으면 힘들겠다는 생각이 들었다.
다른 요양원 운영자들이 정보를 공유 할 수 있도록 홈페이지를 만들면 어떨까 하는 생각이 듭니다. 또한 많이 부족한 저를 차분하게 지도해주신 사회복지사, 요양보호사 여러분과 잘한다고 칭찬해 주신 교수님께 많은 감사를 드립니다.

6. 실습종결평가서

실습종결평가서는 먼저 실습일정에 대한 평가로서 실습 일정이 최소 15일 이상 진행되는 그 일정에 문제가 있었는지? 혹은 내용 중에 문제가 있었는지를 기록하는 것으로 전반적인 진행 상황을 기록한다. 그 다음이 실습내용 및 역할에 대한 평가로서 교육기관 운영이념 및 기관의 연역에 대한 교육을 내용 사업소개, 해당 복지기관의 사업소개, 실습목적 및 목표 수립, 가정방문("혼자가 아닌 우리"), 무료급식 서비스, 도시락 배달, 이동목욕 서비스 등을 기록한다.

실습목표에 대한 평가로 구체적이고 적절한 목표 설정 여부와 목표의 달성 여부를 파악하고 서비스 실천과정에 대한 평가/정책 및 행정실습에 대한 평가는 문제 파악 및 자료수집 능력/문제인식 능력, 문제사정 능력 / 문제 분석 능력, 개입기술 / 문제해결을 위한 대안제시능력, 면접기술 / 기존지식과 정보의 사용능력, 기록기술, 클라이언트와의 전문적인 관계 형성/유관 기관 및 관련된 사람들과 전문적인 관계 형성에 대한 내용을 기록한다.

실습생의 자원 활용에 대한 평가(인적, 물적 자원)로 기관 외의 자원활용, 실습과 관련된 참고서적의 활용상태 등을 기록한다.

실습에 임하는 자세에 대한 평가, 직원과의 관계(실습지도자, 타직원, 타 전문직 직원), 다른 실습생과의 관계, 실습생의 자원 활용에 대한 평가(인적, 물적 자원)를 기록한다.

실습에 임하는 자세에 대한 평가는 업무관리, 직원과의 관계(실습지도자, 타직원, 타 전문직 직원), 다른 실습생과의 관계, 실습에 있어서의 적극성 및 자발성 등을 기록한다.

전문적 태도에 대한 평가는 사회복지사로서 실습생 자신의 장단점에 대한 인식, 전문가로서 윤리 및 가치관의 이행 상태를 기록한다.

실습지도 활용 정도에 대한 평가로 실습생 자신의 실습지도 활용정도에 대한 평가, 실습지도 자체에 대한 평가를 기록한다.

기관 이해도에 대한 평가는 실습생의 과업과 관련된 기관의 목적, 정책, 행정 절차에 대한 이해, 실습생으로서의 기관내의 권한과 한계에 대한 인식을 기록한다.

실습 기간 중 가장 유익했던 내용과 실습기관, 실습지도자. 대학에 대한 건의사항, 기타 하고 싶은 말을 기록한다. 〈표 8-21〉 실습종결 평가서 참조.

1) 실습종결평가서는 먼저 실습일정에 대한 평가로 전반적인 실습일정에 대한 평가와 프로그램상의 문제라든가를 찾아 보다 건설적인 내용을 기록한다.

2) 실습내용 및 역할에 대한 평가는 먼저 기관의 운영이념 및 기관의 연혁교육, 기관 사업소개, 실습목적 및 목표 수립, 가정방문("혼자가 아닌 우리"), 무료급식 서비스, 도시락 배달, 이동목욕 서비스에 관한 내용을 기록한다.

3) 실습목표에 대한 평가는 다시 구체적이고 적절한 목표 설정 여부, 목표의 달성 여부 상태를 기록한다.

4) 서비스 실천과정에 대한 평가/정책 및 행정실습에 대한 평가는 문제 파악 및 자료수집 능력 / 문제인식 능력, 문제 사정 능력 / 문제 분석 능력, 개입기술 / 문제해결을 위한 대안제시능력, 면접기술 / 기존지식과 정보의 사용능력, 클라이언트와의 전문적인 관계 형성/유관 기관 및 관련된 사람들과 전문적인 관계 형성 등을 기록한다.

5) 실습생의 자원 활용에 대한 평가(인적, 물적 자원)는 기관 외의

자원 활용, 실습과 관련된 참고서적의 활용 상태를 기록한다.

6) 실습에 임하는 자세에 대한 평가는 업무관리, 직원과의 관계(실습지도자, 타직원, 타 전문직 직원), 다른 실습생과의 관계, 실습에 있어서의 적극성 및 자발성을 기록한다.

7) 전문적 태도에 대한 평가는 사회복지사로서 실습생 자신의 장단점에 대한 인식, 전문가로서 윤리 및 가치관의 이행상태를 기록한다.

8) 실습지도 활용 정도에 대한 평가는 실습생 자신의 실습지도 활용 정도에 대한 평가와 실습지도 자체에 대한 평가는 해당지도교수 잘 지도해야 한다.

9) 기관 이해도에 대한 평가는 실습생의 과업과 관련된 기관의 목적, 정책, 행정 절차에 대한 이해, 실습생으로서의 기관내의 권한과 한계에 대한 인식상태를 기록한다.

10) 실습 기간 중 가장 유익했던 내용은 배운 내용 중에서 가장 유익한 내용을 기록한다.

11) 실습기간 중 가장 안 좋았던 내용은 아쉬운 점이나 불쾌하게 생각한 것 들을 기록한다.

12) 실습기관, 실습지도자. 대학에 대한 건의사항으로 실습을 하면 느낀 내용 중 혼자 해결하기 곤란한 부분들을 실습 지도교수나 실습지도자나 동료들이나 이해되지 않은 범위에서 고려한 것이 좋다. 기타하고 싶은 말도 기록하면 된다. 〈표 8-21〉 실습종결 평가서 참조.

〈표 8-21〉 실습종결 평가서

실습종결평가서

실습생명		기관명	
실습기간		실습지도자	
실습평가일		실습지도교수	

1. 실습일정에 대한 평가

대체적으로 차질이 없이 잘 진행되었고 노인복지에 대한 필요한 여러 가지 지식을 부족 없이 배울 수 있는 좋은 기회였다. 실습이 대체적으로 너무 타이트하게 이루어져서 아쉽다. 늘 어르신들이 눈에 아른거리고 요양원이 궁금해서 자주 전화도 하게 되었다. 사회복지 사업을 해야겠다는 막연했던 생각이 구체화되어지는 소중한 시간들이였다.

2. 실습내용 및 역할에 대한 평가

실습내용에는 프로그램이나 사례관리 같은 사회복지사가 주로 하는 업무에 대한 내용 말고도 케어나 노인의 건강에 대해서도 배울 수 있어서 노인복지에서의 클라이언트를 관리하는데 많은 도움이 될 것 같다. 그리고 제가 맡은 역할은 어르신들 상담과 말벗, 프로그램 진행 등이었는데 어르신들을 이해하고 알아 가는데 많은 도움이 되었다. 앞으로 사회복지사로서 이런 일들을 할 때 지금의 경험이 큰 힘이 될 것 같다.

3. 실습목표에 대한 평가

1) 구체적이고 적절한 목표 설정 여부 : 실습 시작 전에 실습 여건에 대해 슈퍼바이저인 류교수님과 논의해서 실습계획을 수립하여 큰 변동 사항 없이 계획과 목표에 맞게 순조롭게 진행이 되었으며, 실습 시작과 종료시 실습할 내용을 점검하고 문제점들에 대해서 제시를 해주었으며, 기본 소양에 대해 많은 조언을 받아서 수월하게 실습을 할 수 있었다.

2) 목표의 달성 여부 :

목표1) 사회복지사로서 윤리관 및 문제 해결을 위한 방법을 배웠다.

① 사회복지사의 역할 및 활동을 이해한다.

② 기관의 기능 및 구조를 이해한다.

③ 사회복지의 가치와 윤리를 배운다.

목표2) 상담 및 설득의 기술을 배운다.

※ 클라이언트와 동료들과 원활한 관계 형성을 배운다.

클라이언트와 라포(Rapport) 형성에는 문제가 없었고 나중에는 어르신들과 헤어짐이 많이 안타까웠다. 같이 실습을 하는 학생들과도 서로 부족한 점은 가르쳐 주면서 프로그램에 대한 슈퍼비전도 주고받았다.

4. 서비스 실천과정에 대한 평가 / 정책 및 행정 실습에 대한 평가

처음에는 어르신들과 어떻게 시작할까 당황했지만 다음 프로그램을 미리 알고 준비하면서 조금씩 자신감도 생기고 원활하게 프로그램을 진행할 수 있었으며, 먼저 선행조사를 하지 못했던 부분이 조금 아쉬움으로 남는다.

1) 문제 파악 및 자료수집 능력 / 문제 인식 능력 : 클라이언트 중 치매환자가 많아서 다른 부서의 정보 없이는 혼자서는 문제파악이 매우 어려웠다. 그리고 자료 수집은 개개인마다 차이가 많았다. 상태가 괜찮은 클라이언트에게서는 많은 자료를 얻을 수 있었지만 상태가 매우 좋지 않은 클라이언트에게서는 조금의 자료수집도 어려웠다. 그리고 클라이언트의 문제인식 능력도 클라이언트의 발음 상태가 좋지 않아 어려웠다. 앞으로 더욱 발전시켜 클라이언트와 소통할 수 있는 방법을 찾아야겠다.
2) 문제 사정 능력 / 문제 분석 능력 : 문제와 관련한 다양한 사정 방법을 제시하고 나열해 보았으나 사정의 우선순위가 모호했고 사정 또한 구체성과 실현성이 부족했다.
   그러나 요양원에 계시는 분들의 모습에서 오히려 클라이언트가 마음을 놓여 했다.
3) 개입 기술 / 문제해결을 위한 대안제시능력 : 클라이언트의 심리와 현재 처한 상황에 대한 경험과 지식이 부족하여 개입하는데 매우 조심스럽게 접근하였다. 단순히 노인들에게 관계를 형성하고 유지하기 위해 기본적인 신뢰가 쌓이도록 짧은 시간이나마 노력하였다. 클라이언트에게 필요한 서비스가 무엇인지를 파악하여 말벗 해드리기나 휠체어 태우고 움직여드리기 등의 서비스를 제공하였으나 문제 해결을 위해 적극적으로 대안을 제시하거나 해결방안 모색에 참여하지 못하였다. 많은 서비스를 제공하지는 못하였으나 최선을 다하였다고 생각한다.
4) 면접 기술 / 기존지식과 정보의 사용능력 : 면접기술은 치매에 걸린 클라이언트가 많아서 말이 통하지 않는 클라이언트에게는 사용하기 힘들었고 그렇지 않는 사람에게는 비교적 사용하기 편하였다. 그리고 기존지식과 정보의 사용도 치매가 걸린 클라이언트가 많았기 때문에 정보를 알고서도 치매가 걸린 클라이언트의 말을 걸러들어야 한다는 사실 말고는 대처 기술이 부족했던 것 같다. 아직 배워야 할 것이 많은 것 같다.
5) 기록 기술 / 기록 기술 : 각종 일지를 기록하는 데 있어서 적절한 어휘나 용어사용을 하기위해서 노력하고 배웠다. 앞으로 더 많은 경험을 통하여 적절한 용어와 요약 기술이 요구될 것 같다. 그리고 요점만 요약 기술했기 때문에 기록은 잘 되는 편이었다.
6) 클라이언트와의 전문적인 관계 형성 / 유관 기관 및 관련된 사람들과 전문적인 관계 형성 : 클라이언트와 라포는 많이 형성되었고 처음 실습할 때보다는 전문적인 관계형성이 어느 정도 이루어졌다고 생각되나 만족할 만 해지려면 앞으로 많은 경험을 쌓아야 할 것 같다. 그리고 기관과의 전문적인 관계형성은 그들과 접할 기회가 거의 없어 거의 이루어지지 않았고 실습내의 관련된 사람들과는 제가 보조를 하면서 전문적인 관계가 많이 이루어졌다.

5. 실습생의 자원 활용에 대한 평가(인적, 물적 자원)

1) 기관 외의 자원 활용 : 자원활용은 모두 기관내에서 이루어졌다. 제일 많이 도움을 준 사람은 팀장 선생님과 동료 실습생들이다. 슈퍼바이저 선생님은 기관에서 실습과 관련된 참고 서적을 많이 나누어 주었다. 그리고 요리 프로그램시간은 요양보호사 팀장선생님의 지도와 실습생들이 자원해서 조금씩 가져오기도 했다.
2) 실습과 관련된 참고서적의 활용 :
   김기태 - 『노인복지론』. 박귀영-사회복지현장실습 가이드 류종훈 교수의 사회복지 실천기술론 등을 활용하여 제출서류 작성할 때 실습과 관련된 참고서적의 예문들이 많은 도움이 되었다.

6. 실습에 임하는 자세에 대한 평가

1) 업무관리

(1) 시간 준수, 과제제출 : 출퇴근 시간을 준수하였고 실제 성실한 태도로 일관되게 실습에 임했다. 타 기관 방문의 과제를 수행하기 위해 2곳의 기관을 방문하고 보고서를 제출했으며 기타 사회복지사의 역량과 노인질병의 종류에 대하여도 분석하여 과제물로 제출하였다.

(2) 주어진 일에 대한 업무조절 능력 : 주어진 일에 대한 업무 조절은 쉽지 않았다. 처음에는 경험이 상담이나 말 벗, 다리, 팔 주무르기 등 을 해드릴 때 적절한 시간에 끝내는 것이 어려웠고 프로그램은 진행을 보조할 때는 학원 강사이다 보니 클라이언트에 대한 설명이 잘 이루어지는 편이어서 진행에 도움이 되었다고 생각한다.

2) 직원과의 관계(실습지도자, 타직원, 타 전문직 직원) : 사회복지사, 요양보호사, 기관 관계자 분들께서 많이 배려해주시고 그리고 실습생들을 신뢰하였고 적극적인 자세와 조언까지 아끼지 않으셨다.

3) 다른 실습생과의 관계 : 동료실습생들로부터 상호 도움을 주고받았다. 같은 실습생이라는 동질감에서 서로 친하게 되고 실습한 내용을 주고받으므로 서로의 진로와 경험을 공유하기도 했다.

4) 실습에 있어서의 적극성 및 자발성 : 실습생이라는 생각에 행동에 제약을 두고 수동적인 모습이었지만 차츰 시간이 지남에 따라 적극적이고 자발적으로 행동이 변하였고 나중에는 전체 식사를 준비해 보기도 하고 프로그램 노래부르기 진행도 하면서 어르신들과 호흡했다.

7. 전문적 태도에 대한 평가

1) 사회복지사로서 실습생 자신의 장·단점에 대한 인식 :

〈장점〉 성격이 밝아서 어르신들과 금방 라포 형성 하기기가 쉬웠다. 그리고 활기찬 분위기로 만드는데 한 역할을 한 것 같다. 사회복지학에 대한 열정이 많고 이와 관련된 일을 좋아한다.

〈단점〉 일을 늘 시키던 습관이 있어서 제가 할 일도 다른 사람에게 지시하는 지시적인 면이 있다. 사회복지사는 먼저 솔선수범해야 하는데 그 점이 조금 약한 것 같다.

2) 전문가로서 윤리 및 가치관의 이행 : 개인의 가치와 존엄성, 개인에 대한 존경, 클라이언트의 자기 결정권, 비밀보장 등에 관한 가치관을 이행하기 위해 노력했으며 제 생각에는 성공적인 이행이 이루어졌다고 자부하고 싶다. 또한 실습을 통해 저는 예비사회복지사의 윤리관 및 가치관에 대해 다시 한 번 생각을 해 보았다. 앞으로 그동안 무관심 했던 어려운 이웃과 어르신들에 대해 넓은 마음과 사랑으로 노인 한분 한분을 위해 최선을 다할 것을 다짐해 본다.

8. 실습지도 활용 정도에 대한 평가

1) 실습생 자신의 실습지도 활용정도에 대한 평가

(1) 기관 실습지도 : 실습기관에서 받은 실습내용 중에서 케어와 상담, 프로그램 지도 에 관한 내용이 제일 많았고 활용되었다고 생각한다.

(2) 대학 실습지도 : 현장 실습지도에 대한 오리엔테이션 및 자세한 설명으로 현장에서의 행정 처리와 사례관리가 많은 도움이 되었다.

2) 실습지도 자체에 대한 평가

(1) 기관 실습지도 : 사회복지사 및 요양보호사 선생님들의 실습지도로 이루어졌다. 실습지도 계획대로 모든 내용을 빠짐없이 지도 받았으며 실습지도자께서 열심히 지도해 주셔서 기관의 실습지도에 매우 만족합니다.

(2) 대학 실습지도 : 학교에서 지금까지 배운 사회복지 실천론, 실천기술론, 지역사회복지론 등을 실천현장에 적용하기 위해 노력하였다. 또한 예비 사회복지사로서 전문적인 윤리 및 가치관을 이행하기 위해서 윤리부분 학교에서 배운 대로 기관과의 관계, 동료 실습생과의 관계 모두 생각하며 지키고자 노력하며 현장에서 예비사회복지사로서의 자질을 익혔다.

9. 기관 이해도에 대한 평가

1) 실습생의 과업과 관련된 기관의 목적, 정책, 행정 절차에 대한 이해 : 아름다운복지재단의 목적은 주님의 사랑으로 고령화 사회로 인해 노인문제가 사회문제로 대두되면서 노인을 부양할 수 있는 사회적 지지망 확충을 위한 노력과 지역사회내의 신체적, 정신적 이유로 지역사회의 보호를 필요로 하는 대상자를 선정 관리하여 일상생활과 신변에 절실히 필요한 서비스를 제공하여 노후 생활안정을 도모하고 그 가족의 부담을 덜어줌으로 국민의 삶의 질을 향상하자는 데 있었다. 행정적인 처리에 대해서도 쉽게 이해되도록 알려줘서 만족한다.

2) 실습생으로서의 기관내의 권한과 한계에 대한 인식 : 실습생으로서 기관내의 권한으로는 클라이언트와 상담이나 말벗을 할 수 있고 프로그램의 진행에 참석하여 보조할 수 있는 것 등이 있다. 그리고 한계는 클라이언트의 보호자에게 클라이언트와 관련된 이야기를 하는 것이 제한되는 것과 다른 직원들과 클라이언트에 대해 논의하는 것이 직원들끼리의 클라이언트에 대한 논의에 비해 비전문적이라는 것 등이 있다고 볼 수 있겠다.

10. 실습 기간 중 가장 유익했던 내용

실습기간 중 나 자신을 알아볼 수 있는 기회가 되어서 매우 유익하고 다른 사회복지사의 업무에 대해서도 알게 되었지만 프로그램의 진행을 직접 해보고 프로그램이 어떤 것인지 알 수 있게 되었다는 게 가장 유익했다. 실습을 통해서 복지사의 일에 관심이 많아졌고 사회 봉사활동을 더 많이 해야겠다는 생각을 하게 되었다.

11. 실습기간 중 가장 안 좋았던 내용

처음에는 제가 요리하는 것을 잘 한다는 것을 슈퍼바이저 선생님이 아시고 식사담당을 시켜서 이게 사회복지사가 할 일인가 했는데 어르신 병세에 따라 죽 끓이는 법 등 오히려 어머님 병간호에 도움이 되었으며, 요리법에 대해서 많은 곳을 배우게 되어서 기쁘다. 나중에는 여러 프로그램을 담당 하면서 오히려 요리가 쉬었던 것 같다.

12. 실습 기관, 실습 지도자, 대학에 대한 건의사항

짧은 기간에 많은 것을 경험할 수 없는 것이 아쉬웠지만 그 속에서 불편 없이 많은 정보를 알려준 요양원 관계자들과 보람된 실습이 되도록 지도해 주신 사회복지사, 요양보호사선생님들에게 제일 먼저 감사를 드린다. 대학에서는 분야별 사례가 있었으면 한다.

13. 기타 하고 싶은 말

현장실습을 통하여 사회복지의 가치와 윤리, 전문적인 사회복지사가 되기 위해 갖추어야 할 태도 및 역할 등에 관한 교육을 잘 받았다. 이런 교육을 통해 사회복지사로서 스스로 자기 자신을 성장 시키는 것은 상당히 중요한 일 이라고 느꼈다. 앞으로 전문가로서 갖추어야 할 지식은 물론 대인관계 형성과 성실함, 자기인식 등의 여러 가지 부분을 성장시켜 나갈 수 있어야 한다고 생각한다.

끝으로 실습 지도를 위해 여러 가지 업무가 바쁘신 가운데서도 아낌없는 지도를 해주신 아름다운 노인복재단의 사회복지사님, 요양보호사님, 그리고 관계자 여러분께 감사를 드립니다.

끝까지 지도를 아끼지 않으시고 종결에는 수고했다고 파티까지 해 주시며, 격려해 주신 교수님께 감사를 드립니다.

1) 사회복지사로서 실습생 자신의 장단점에 대한 인식
- 장점 : 독거노인 세대를 찾아가 어르신들을 상담하고 말벗서비스를 해주는 것이 주된 실습내용이었고 10년 이상의 직장생활에서 민원을 상담하는 업무특성상 다른 사람보다 사람들을 상대하는 경험이 많고 남의 이야기를 경청할 수 있는 자세가 되어 있어 사회복지사가 되는데 있어 꼭 필요한 강점을 가져 큰 도움이 될 것이라고 생각한다.
- 단점 : 적극성이 약간 결여 되었다. 오랜 사회생활에 적응된 상태에서 하는 것이라 클라이언트를 만날 때 사무적인 틀에서 보는 경향이 있었으며, 열정을 가지지 못하였다. 헌신하는 사회복지사 분들을 보면서 나도 저렇게 헌신적으로 행동할 수 있을지에 대해서는 많은 의구심이 들었다.

2) 전문가로서 윤리 및 가치관의 이행

사회적 소외계층에 대한 지원사업을 진행하면서 가장 주의해야 할 점은 지원활동으로 인해 클라이언트들이 상처를 받을 수 있다는 것이며, 사업진행 중 알게 되는 개인의 프라이버시나 비밀은 지켜주는 것이 매우 중요하다.

7. 실습지도 활용 정도에 대한 평가

1) 실습생 자신의 실습지도 활용정도에 대한 평가

(1) 기관 실습지도

사회복지사라는 새로운 위치에서 클라이언트를 볼 수 있었고 그러면서 내 자신에 대해서도 많은 탐구를 하게 되었던 시간이 되었다고 본다. 실습을 진행하면서 복지관이 어떻게 운영되고 있는지를 어떠한 이들이 있는지 실체적인 내용들을 파악할 수 있었고 학교수업에서 배운 이론들이 실제프로그램 작성이나 진행에 어떻게 적용해야 하는지에 대한 설명들을 들을 수 있었고 현실적인 문제로 자원 확보를 위한 노력들이 많이 필요하다는 사실을 알게 되었고, 이론적인 것이 바탕이 되어야 보다 효과적인 결과를 얻을 수 있다는 것을 알게 되었다.

(2) 학교 실습지도

사회복지와 관련된 여러 가지 이론들이 실제 복지관의 운영과 복지사업에 반드시 필요한 내용이라는 것을 알게 되었고 현실상황에 이론의 적용에 있어 상당한 차이가 있을 수 있음도 알게 되었다. 오리엔테이션에서 실습장에서의 예의와 실습일지 작성법 등 책에서의 이론이 아닌 실제적 이론을 배우고 가서 그런지 실습장에서 많은 도움이 되었다.

2) 실습지도 자체에 대한 평가

(1) 기관 실습지도

실습 전 후로 슈퍼바이저와 실습생들과의 토론을 통하여 여러 의견, 정보, 실제적 경험을 교환하면서 원활한 의사소통을 통한 슈퍼비전이 잘 이루어졌다. 복지관의 주요 사업에 대해 직접 계획단계부터 참여하여 실행하지는 못하였지만 지속적인 토론 및 실습평가를 통해 복지관 사업에 대해 많은 정보와 이해를 하였고 실습에 대한 지원이 잘 이루어졌다.

(2) 학교 실습지도

슈퍼바이저가 실습학생에게 행정적, 교육적, 지지적 슈퍼비전을 행하여 주는 것이 현장실습에서 이루어진다는 것을 이론적으로 배우고 현장에 필요한 여러 가지의 실제적 이론도 직접 배울 수 있었다.

8. 기관 이해도에 대한 평가

1) 실습생의 과업과 관련된 기관의 목적, 정책, 행정 절차에 대한 이해

점점 초고령화되어 가는 지역사회보호의 일환으로 사회적으로 소외되어 있는 독거노인에게 실습생이 함께 통전적인 서비스(심리, 사회, 경제적인 서비스)와 접목시킨 정서지원서비스를 전개하여 독거노인의 건강한 삶을 영위할 수 있도록 도모하고, 사회적지지 망을 형성할 수 있도록 "혼자가 아닌 우리"라는 프로그램이 80세 이상의 수급 독거어르신들을 대상으로 1회성 축하행사가 아닌 지속적인 지원과 관리가 될 수 있도록 멘토링 사업과 접목시켜 말벗, 상담, 식사 및 일상생활지원 등의 개별 활동과 나들이 문화행사 등의 집단 활동을 통해 심리, 사회적, 경제적인 서비스를 제공하는 것으로 독거노인들에게는 가족의 부재로 인해 보호받을 수 없는 가족대행의 서비스를 제공하고자 하는 것이다.

2) 실습생으로서의 기관내의 권한과 한계에 대한 인식

무료급식서비스의 경우 주방 및 식당에서 주방장님의 지도 감독하에 보조적 역할로 식사를 준비하는 과정에 참여하는 수준으로 봉사정신과 청결유지에 만전을 기하면 문제가 없지만 독거노인세대를 방문하여 상담하며 지원하는 것은 관심과 말벗 등의 정서적 지지뿐 아니라 클라이언트의 리드를 파악하고 그에 맞는 적절한 지원까지 이루어져야 함은 물론 계획 및 종결까지 전문적인 접근이 필요하다는 부분으로 세대방문 후에는 파악한 내용과 발생되었던 일들에 대한 정확한 보고와 프로포잘을 필요로 하였다. 어르신과의 상담을 통하여 실습생의 한계를 많이 느꼈으며 어디까지 개입을 하여야 하는 것인지에 대하여 많은 고민을 하게 되었다. 이론과 현장은 많은 차이가 있었으며 아무리 좋은 이론이어도 제한적이 재원으로는 많은 효과, 효율성을 기대하기 어렵다는 것도 알게 되었다.

9. 실습 기간 중 가장 유익했던 내용

- 슈퍼바이저와 실습생간에 의견 및 생각에 대한 교류가 활발하여 실습기간동안 실습생의 감정 및 약점에 대해 알 수 있었고 슈퍼비전 또한 자세히 쓰여 있어 많이 도움이 되었다.
- 실습일정 중 자신을 알아볼 수 있는 기회, 사회복지에 대한 생각 등 자아발견 및 사회 복지에 대한 다양한 생각들을 듣고 느낄 수 있는 시간이었다.
- "혼자가 아닌 우리"라는 프로그램을 통하여 현지역사회의 고령화를 통한 여러 노인문제 등을 알게 되었고 그 문제 해결을 위해 현장에 이루어지는 서비스 내용과 이론에 대한 차이점 왜 이런 서비스들이 필요한가에 대한 필요성, 유한한 재원을 가장 효율적으로 사용해야 하는 현장에 대한 고충 등을 알게 되었다. 또한 노인의 특성에 대해 많은 것을 알게 되어 지금 하고 있는 현 업무에서도 많은 도움이 될 것으로 예상된다.

10. 실습기간 중 가장 안 좋았던 내용

- 실습이 1년에 걸친 프로그램에 중간에 참여하여 처음에 계획된 내용과 마지막의 종결평가를 볼 수 없어 무척 아쉬웠다.

- 가정 방문 시에 실습생들끼리 가정방문을 하였는데, 클라이언트에 대해서 간단한 설명만 듣고 나가서 클라이언트와의 대면에서 당황도 많이 되었다. 먼저 클라이언트에 대한 기초 지식이 있었으면 좋지 않았을까 하는 생각이 든다.

11. 실습기관, 실습지도자, 대학에 대한 건의사항

직장을 다니며 현장실습을 할 때 가장 힘든 문제가 되는 것이 평일 주간에 실습하기가 매우 어렵다는 점이고, 또한 복지관의 여건상 토요일 오전에만 현장실습이 가능하여 현실여건에 맞추다 보니 1일 4시간 주 2회 실습하여 15주에 걸쳐 진행되면서 출석이 부담이 되었고, 단기간에 집중적으로 실습이 이루어지지 않아 실습이 다소 산만하였다. 이런 여러 가지 여건 때문에 실습에 대한 비리도 많은 것으로 생각된다. 그런 실습기관, 실습지도자, 대학에서 서로 긴밀한 관계를 통해 실습생과 실습현장의 여건을 고려한 실습이 이루어졌으면 한다.

12. 기타 하고 싶은 말

첫 실습이라 많이 어수룩하고 어려운 점이 있었으나 15주간의 실습을 하면서 많이 배우고 돌아가는 것 같다. 사회복지에 대한 이론적인 수업에서 벗어나 실전경험이 얼마나 중요한지, 그리고 학습한 이론을 어떻게 응용하는지 배웠고 앞으로 내가 어떤 방향으로 공부해 나가야 하는지 깨달을 수 있었던 아주 좋은 체험이었다.

무엇보다 실습을 통하여 내게 부족한 점이 무엇인지 깨닫고 느낄 수 있었으며 사회복지에 대한 정체성이 확고해지는 계기가 된 것 같아 기쁘다. 마지막으로 실습을 위해 업무가 바쁨에도 불구하고 아낌없이 많은 시간과 슈퍼비전을 주셨던 슈퍼바이저께 감사드린다.

13. 사회복지 현장 실습 확인서

사회복지현장실습 확인서는 과거에 사회복지사자격증을 소지하고 있는 사회복지사들은 처음본 내용일 수 있으니 꼭 참고하여 실습생이 실습을 지도하시는 사회복지사들에게 그 사실을 인지시킬 필요가 있다. 사회복지현장실습확인서는 사회복지현장실습이 수료하고 종료하면서 실습기관에서 발행하여 준 서류로서 사회복지사 자격증 신청 시 학위증명서와 성적증명서를 포함하여 제출하여 결격사유가 없을 시 발행하게 된다. 시·군·구 사회복지사 협회에서 발급 대행을 해주는 경우도 있다.

1) 실습생 인적사항은 기본사항으로 잘 기록할 수 있으며, 일반적인 내용을 기술하되 연락을 할 수 있는 전화번호를 변경 시 꼭 수정요청을 하거나 전화로 변경내용을 기록할 수 있도록 하는 것이 좋다.

2) 실습기관 기록사항은 실습기간이 언제부터 언제까지 사회복지현장실습을 했는지가 중요하다. 시작한 날로부터 실습을 종료하는 날짜를 기록한다.

3) 실습지도자 성명과 자격증 번호 그리고 경력을 적게 되는데 실수하지 않도록 해야 한다. 경력이 부족하거나 미 자격자가 지도하는 일은 있어서는 자격이 취소된다.

4) 서명 및 확인란은 실습을 지도하는 지도자로부터 실습기관장, 그리고 지도교수의 서명을 요구하고 있다. 이것은 더욱더 실습을 강조하는 차원이기도 하고 공정한 자격자를 양성하자는 사회복지사

협회의 의도이기도 한다.

5) 기관방문이나 자원봉사 활동 등은 사회복지현장실습에 포함되지 않습니다.

6) 허위사실로 실습을 하지 않고 실습을 하는 것으로 판명될 경우 자격증 교부가 되지 않을 뿐더러 만약 발행되었다 하더라도 모든 자격이 취소될 수 있다.

7) 기존 사회복지현장실습 확인서가 아직도 사용하는 실습기관이 있을 수 있으니 꼭 확인하여 지도교수 확인란이 있는 것인가를 확인된 양식을 사용한다.

8) 기존 양식에 있는 모든 공간은 다 채워야 하며 내용 하나에 세심한 관심을 기울여야 실수를 하지 않고 잘못되어 여러분 수정하는 일이 일어나지 않는다. 〈표 8-22〉 사회복지현장실습확인서 참조.

〈표 8-22〉 사회복지현장실습확인서

<table>
<tr><th colspan="5">사회복지현장실습 확인서</th></tr>
<tr><td rowspan="4">실습생 인적 사항</td><td>성명</td><td></td><td>주민등록번호</td><td></td></tr>
<tr><td>주소</td><td colspan="3"></td></tr>
<tr><td>전화번호</td><td></td><td>휴대전화</td><td></td></tr>
<tr><td>학교/학과명</td><td></td><td>실습지도
교수 성명</td><td></td></tr>
<tr><td rowspan="9">실습 기관</td><td>실습기관명</td><td></td><td>전화번호</td><td></td></tr>
<tr><td>주소</td><td colspan="3"></td></tr>
<tr><td>실습기간</td><td colspan="3">년 월 일부터 ~ 년 월 일까지</td></tr>
<tr><td>실습시간</td><td colspan="3">총 시간 (매주 요일부터~ 요일까지, 1일 시간)</td></tr>
<tr><td>실습내용</td><td colspan="3"></td></tr>
<tr><td>실습지도자명</td><td></td><td>사회복지사
자격번호
(취득일)</td><td>(. . .)</td></tr>
<tr><td colspan="2">실습지도자 경력기간</td><td colspan="2">담당 업무</td></tr>
<tr><td colspan="2">년 월 일~ 년 월 일</td><td colspan="2"></td></tr>
<tr><td colspan="2">년 월 일~ 년 월 일</td><td colspan="2"></td></tr>
<tr><td colspan="5">위와 같이 실습 내용을 확인합니다.
년 월 일
실습 지도자 : (서명 또는 인)
실 습 기 관 : (직인)

년 월 일
실습지도교수 : (서명 또는 인)

한국사회복지사협회장 귀하</td></tr>
<tr><td colspan="5">※ 기관방문이나 자원봉사 활동 등은 사회복지현장실습에 포함되지 않습니다.
※ 허위사실 기재로 판명될 경우 자격증 교부가 되지 않을 수 있습니다.</td></tr>
</table>

〈 사회복지현장실습 기준 〉

- ο 실습기관 : 법 제2조제1호에 따른 사회복지사업과 관련된 법인·시설, 기관 및 단체로 한다.
- ο 실습지도자 : 사회복지사 1급 자격증을 소지한 자로서 3년 이상 또는 사회복지사 2급 자격증을 소지한 자로서 5년 이상 사회복지사업의 실무경험이 있는 자가 실습을 지도하여야 한다.
- ο 실습시간 : 현장실습시간은 120시간 이상으로 한다.

※ 실습생은 졸업 후 사회복지사 자격증 신청 시 학위증과 성적증명서와 함께 제출해야 함.

제4절 기 타

1. 사례관리 계획서

사례관리 계획서부터 지역탐방 보고서까지는 실습시 지도자와 잘 협조하여 실습간 필요한 서식을 사용하여 읽혀두는 것이 앞으로 기관에서 근무할 때 많은 도움이 필요한 내용으로 사례별로 샘플을 제공하지 않았다.

사례관리 계획서

실습생명:

클라이언트명		성 별		조사일	
주 소		전화번호		작성일	
직 업		학력		연령	
의뢰경위		경제상태	□ 일반 □ 저소득 □ 수급자		

1. 일반적인 사항
   - 가족상황, 경제상황, 건강 상황, 일상생활 및 주거상황, 사회심리적 상황, 자원활용상황
2. 클라이언트에 관한 사항
   - 신체, 인지, 정서, 행동기능면 / 클라이언트의 강·약점
3. 욕구진술

4. 개입계획

욕구	결과목표	세부목표	표적체계	개입전략 및 수행방법	비고 (역할분담 등)

5. 서비스 일정표

날짜	담당	서비스 목표	서비스 내용	준비물	비고

2. 사례관리 진행일지

사례관리 진행일지(회)

클라이언트명		실습생명	
일 시		장 소	

1. 목표 및 내용

결과목표	하위목표	서비스목표	서비스내용

2. 과정기록

3. 평가

1) 목표달성 및 서비스 평가

2) 클라이언트에 대한 평가

3) 사례개입에 대한 자신의 역할 평가

4. 계획

3. 사례관리 종결기록서

사례관리 종결 기록서

클라이언트명	
실습생명	
서비스제공기간	

1. 제공된 서비스

2. 사례관리 목표 달성정도

3. 사후지도 계획

4. 집단지도 계획서(소집단용)

집단지도 계획서(소집단용)

집 단 명		집단지도자(실습생)명	
대 상		성원 수	
기 간		장 소	

1. 실시 배경

2. 목적

3. 목표

결과목표 1		결과목표 2	
하위목표 1-1		하위목표 2-1	
하위목표 1-2		하위목표 2-2	

4. 목표관련 지도 내용 및 구체적 수행방법

결과목표	하위목표	지도 내용	수행방법	비 고

5. 평가계획

평가지표	
평가도구	
평가방법	

6. 회기별 일정표

횟수	일시	목표	내용	준비물

7. 예산

5. 집단과정 일지(소집단용)

집단과정 일지(소집단용)

집단지도자(실습생)명		집 단 명	
집단진행 날짜		집단 활동 장소	
참석자(　　명)명단			
결석자(　　명)명단			

1. 목표 및 세부목표

1. 목표: 2. 세부목표: 2-1. 2-2.

2. 집단진행요약

시간	프로그램 내용	사회복지사의 역할

3. 과정 기록
   1) 모임 전 단계(자리 위치 표시)
   2) 모임 단계
   3) 모임 후 단계

4. 평가
   1) 목표 달성 및 프로그램 평가
   2) 집단의 역동성(성원-성원, 성원-지도자)
   3) 성원의 개별 평가(개인의 변화, 참여도, 지도자 · 타 회원과의 관계)
   4) 지도자 자신에 대한 평가(역할 및 의도적 개입)

5. 다음 집단모임 계획

6. 집단의 개별회원 분석표(소집단용)

집단의 개별회원 분석표[3] (소집단용)

회 원 명		집 단 명	
회원 수		집단지도자(실습생)	

집단의 목표	
개인의 목표	

회기	날짜	참석여부 /참석인원	개인의 변화정도 및 내용	참여도	지도자와의 관계	타 회원과의 관계
1		/				
2		/				
3		/				
4		/				
5		/				
6		/				
7		/				

3) 모든 집단지도 상황에서 활용되어야 하는 것은 아니며, 집단과정에서 개인의 변화를 민감하게 기록할 필요가 있을 경우에 활용할 수 있음

〈 종합평가 〉

7. 집단 종결 기록서(소집단용)

집단 종결 기록서(소집단용)

집 단 명		집단지도자(실습생)명	
집단진행 날짜		집단 활동 장소	
전체진행 회기 수		출석률	
주요 진행사항			

1. 회원의 평가
   1) 운영면
      (1) 프로그램 진행평가
      (2) 집단 참여 태도
   2) 프로그램 내용
   3) 목표달성
   4) 다음 프로그램에 대한 의견
   5) 지도자에 대한 평가

2. 지도자(실습생)의 평가
   1) 집단의 특징
   2) 회원의 참여도
   3) 집단성원에 대한 개별화의 정도
   4) 집단역동의 활용정도
   5) 집단에 대한 발달단계분석

구분	초기	중기	말기
참여도			
개인의 변화			
지도자와의 관계			
타 회원과의 관계			
기타(　　　)			
기타(　　　)			

8. 프로그램 계획서(대집단 및 지역사회복지)

프로그램 계획서(대집단 및 지역사회복지)

프로그램명		지도자(실습생)명	
대　　상		참여자 수	
기　　간		장　　소	

1. 프로그램 실시 배경
2. 프로그램 목적
3. 프로그램 목표

결과목표 1		결과목표 2	
하위목표 1-1		하위목표 2-1	
하위목표 1-2		하위목표 2-2	

4. 목표관련 지도 내용 및 구체적 수행방법

결과목표	하위목표	지도 내용	수행방법	비　고

5. 평가계획

평가지표	
평가도구	
평가방법	

6. 회기별 일정표

횟수	일시	목표	내용	준비물

7. 예산

9. 프로그램 평가서(대집단 및 지역사회복지)

프로그램 평가서

프로그램명		지도자(실습생)명	
대 상		참여자 수	
기 간		장 소	

1. 프로그램 목적 및 목표달성 평가

결과목표	하위목표	달성 정도	평가 근거	의의

2. 프로그램 과정 평가

1) 준비과정

2) 진행과정

3) 종결 및 정리과정

3. 프로그램 만족도 평가

4. 예산평가

5. 추후 프로그램을 위한 제언

10. 사회복지정책 분석 보고서

사회복지정책 분석 보고서

ㅇ 분석자(실습생)명 :

정 책 명	
관련법규/지침	
주무부서	

1. 문제제기 및 분석목적

2. 분석한 정책의 주요 내용

3. 자료수집 및 분석방법

4. 분석결과 논의
   4-1 정책목표분석
   4-2 정책이 추구하는 가치 분석
   4-3 급여대상 분석
   4-4 급여의 적절성 분석
   4-5 급여의 전달체계 분석
   4-6 재정 분석

5. 관련정책과 관련한 주요 이해당사자의 입장 분석

6. 분석한 정책의 개선방향 및 전망

7. 총평

11. 사회행동, 옹호활동 보고서

사회행동, 옹호활동 보고서

ㅇ 분석자(실습생)명:

구분	요약 제시
사회행동면	
활동 목적	
참여자	
대상 집단	
옹호 대상	

1. 문제제기 및 활동목적

2. 참여자의 특성

3. 대상 집단의 특성

4. 옹호집단의 특성

5. 주요활동경과

6. 활동전략분석
   6-1 대상 집단을 이기기 위한 힘을 얻기 위한 전략
   6-2 합법성을 확보하기 위한 전략 (법적행동 포함)
   6-3 타조직과 협력하는 전략
   6-4 전술을 연결시키는 전략
   6-5 협상을 전개하는 전략
   6-6 홍보 및 언론활용 전략

7. 향후 행동 전략 제안

12. 홍보기획서

사회복지기관(사업) 홍보 기획서

ㅇ 기획자(실습생)명 :

1. 상품(홍보하려는 기관이나 사업)의 특성 분석
(상품의 내용, 경쟁기관이나 사업의 존재여부 등)

2. 유치하려는 소비자 집단의 특성별 구분

3. 대상별 소비자에게 호소하기 위한 전략
(담당, 장소, 방법 등을 일목요연하고 자세히 제시)

4. 홍보일정

5. 홍보예산

7. 첨부 (보도 자료, 광고전단, 안내지 자료, 홈페이지 자료 등)

13. 개별면접 일지

개별면접 일지

실습생명		면접날짜와 시간	
클라이언트		면접 장소	

1. 면접 준비과정

2. 면접목표

1) 2)

3. 과정기록 및 분석

면접내용	실습생 분석	실습지도 내용

* 주요한 면접장면에 대해서는 대화체의 기록을 직접 인용하는 것이 권장됨.
* 면접자의 의도적인 개입, 언어적・비언어적 의사소통 모두에 주의하여 기록할 것.
* 상기 내용이 포함된다면, 기관 상황과 면접 상황에 맞추어 별도 양식 활용 가능.

4. 면접목표 달성에 대한 평가

5. 실습생 의견

6. 다음 면접 계획

14. 가족상담 기록서

가족상담 기록서

클라이언트 (IP)		성별		연령	
날짜		장소		총 회수/시간	
실습생명				실습지도자	

1. 의뢰과정

2. 문제 상황에 대한 가족의 정의

3. 가계도

4. 가족생태도 : 가족의 하위체계 간 관계 등 기록

5. 가족의 사회자원망

6. 가족생활주기

7. 가족사정 및 이론적 근거

8. 개입 목표와 개입 전략

9. 개입 내용 정리

회기	내용	주요 질문과 내담자의 반응

10. 평가 및 사후관리계획

15. 사회조사 계획서

사회조사 계획서

조 사 주 제	
조사/분석일	
조사자(실습생)명	

1. 문제제기 및 조사문제의 제시
   1.1. 문제의 기술
   2.2. 검토될 조사문제에 대한 진술
   2.3. 문제의 중요성과 조사 필요성 제시

2. 조사와 관련한 문헌자료 검토
   2.1. 이론적 역사적 관점
   2.2. 문헌에서 파악된 차이점들 검토

3. 조사방법 제시
   3.1. 조사 설계와 자료수집절차
   3.2. 표집설계
   3.3. 대상에 대한 기술
   3.4. 측정방법 기술
   3.5. 자료 분석 절차

4. 예산

5. 기타 필요한 사항

6. 부록 (관련 참고문헌, 설문지 등 필요한 자료를 첨부할 수 있음)

16. 사회조사 진행일지

사회조사 진행일지

조 사 주 제	
진 행 일	
조사자(실습생)명	

1. 조사 진행 단계 기록

2. 조사과정에서 보완되어야 할 사항 기록

3. 추후 조사 진행 계획

17. 사회조사 분석평가서

사회조사 분석 평가서

조 사 주 제	
진 행 일	
조사자(실습생)명	

1. 문제제기 및 조사문제의 제시
   1-1. 문제의 기술
   2-2. 검토될 조사문제에 대한 진술
   2-3. 문제의 중요성과 조사 필요성 제시

2. 조사와 관련한 문헌자료 검토
   2-1. 이론적 역사적 관점
   2-2. 문헌에서 파악된 차이점들 검토

3. 조사방법 제시
   3-1. 조사 설계와 자료수집절차
   3-2. 표집설계
   3-3. 대상에 대한 기술
   3-4. 측정방법 기술
   3-5. 자료 분석 절차

4. 조사결과 제시
   4-1. 기술적 분석
   4-2. 인과적 분석

5. 논의 점
   5-1. 밝혀진 사항에 대한 설명
   5-2. 실천에의 함의
   5-3. 평가의 한계와 약점

6. 참고문헌

7. 부록 (설문지 외 조사와 관련된 주요자료 첨부)

18. 기관방문분석 보고서

기관방문분석 보고서

* 특정 분야나 내용에 관심을 가지고 방문을 추진한 경우에는 별도의 양식을 활용하거나, 특정 내용만 선택하여 기록할 수 있습니다.

실습생명		방문기관명	
기관소재지	(전화:)		
기관소개자	(부서: 직책:)		

1. 기관방문 목적
2. 기관방문을 위한 질의사항 및 응답 정리

〈검토할 사항 예시〉
1. 기관의 역사 (1) 기관 설립동기 및 설립목적 (2) 기관 사업의 역사적 변천 (3) 기관 역사에 대한 실습생의 평가 2. 기관의 목적 3. 기관의 주요사업 및 프로그램 (1) 클라이언트 및 대상 지역 (2) 주요사업 (3) 서비스 전달체계 (4) 기관의 대상층 및 주요사업에 대한 실습생의 평가 4. 기관의 행정사항 (1) 기관의 조직구조 (2) 예산, 후원 및 지원 사항 (3) 기관의 행정구조와 예산 사용 및 후원에 대한 실습생의 평가 5. 기관이 속한 지역사회, 물리적 환경의 특징 (1) 지역사회 (2) 물리적 환경(시설, 공간 등) 6. 사회복지기관으로서 지역 내 타 기관들과의 연계 (1) 관계유형 및 내용 (2) 기관의 타 기관과의 관계유지에 대한 실습생의 평가 7. 기관의 특별한 면이나 전반적인 사항에 대한 인상이나 느낌

3. 기관방문을 통해 알게 된 지식

19. 지역탐방 보고서

지역탐방보고서

ㅇ 조사자(실습생)명 : ㅇ 지역소개자 :

1. 탐방지역

2. 지역의 주요 사회지표 제시

3. 지역의 인구사회학적 특성

4. 지역의 사회경제학적 특성

5. 지역의 사회복지기관 및 자원 탐색

6. 필요하거나 보완되어야 할 사회복지서비스 제안

7. 결론

8. 첨부 (관련 지도를 비롯한 탐방보고서 작성에 참조한 자료를 첨부할 수 있음)

20. 상담신청서

상담신청서

접수일 : 년 월 일 접수번호 :

<table>
<tr><td>성 명</td><td colspan="3"></td><td colspan="2">남/여</td><td colspan="2"></td></tr>
<tr><td>현주소</td><td colspan="5"></td><td>전화번호</td><td></td></tr>
<tr><td>직 업</td><td></td><td>병 역</td><td colspan="3">필 · 면제 · 의병제대</td><td>직장전화</td><td></td></tr>
<tr><td>결혼 상태</td><td colspan="5">기혼 · 미혼 · 이혼 · 사별 · 별거</td><td>최종학력</td><td></td></tr>
<tr><td>성장지</td><td colspan="5">광역시 · 소도시 · 농촌 · 어촌 · 산촌 · 광촌</td><td>종 교</td><td></td></tr>
<tr><td>오게된 경위</td><td colspan="7">신문광고 · 방송광고 · 친구 친척 소개 · 간판광고 · 기타( )</td></tr>
<tr><td>상담 경험</td><td colspan="7">없다 · 있다 · 있다면, 언제( ) 어디서( )</td></tr>
<tr><td rowspan="6">가족 관계</td><td>성 명</td><td>관 계</td><td>연 령</td><td>직 업</td><td>학 력</td><td>종 교</td><td>동거여부</td></tr>
<tr><td></td><td></td><td></td><td></td><td></td><td></td><td></td></tr>
<tr><td></td><td></td><td></td><td></td><td></td><td></td><td></td></tr>
<tr><td></td><td></td><td></td><td></td><td></td><td></td><td></td></tr>
<tr><td></td><td></td><td></td><td></td><td></td><td></td><td></td></tr>
<tr><td></td><td></td><td></td><td></td><td></td><td></td><td></td></tr>
<tr><td>주거 상황</td><td colspan="7">자택 · 전세 · 월세 · 친척집 · 하숙 · 자취 · 기숙사 · 기타( )</td></tr>
<tr><td>생활 정도</td><td colspan="7">월수입 : 50만원 이하( ) 51-100만원( ) 101-150만원( )
151-200원( ) 201-250만원( ) 251-300만원( )
301-350원( ) 351-400만원( ) 401-450만원( )
451-500원( ) 501-550만원( ) 551-600만원( )
601-651원( ) 651-700만원( ) 701만원 이상( )</td></tr>
<tr><td>원하는 상담 내용</td><td colspan="7">가족문제 · 부부갈등 · 부모자녀문제 · 자녀 양육문제 · 성격문제 · 대인관계 · 종교문제 · 이성교재 · 진로문제 · 가족문제 · 학업문제 · 경제문제 · 기타( )</td></tr>
<tr><td>현재 본인이 느끼는 어려움</td><td colspan="7"></td></tr>
<tr><td>상담비</td><td colspan="7"></td></tr>
<tr><td>비 고</td><td colspan="7"></td></tr>
</table>

21. 과제물

과제물 표지 및 과제물의 표지를 통일시키기 위하여 기본안을 작성하고 내용은 사회복지현장실습 사례를 중심으로 5매 내외로 작성한다. 그리고 과제물 표지에 첨부하여 작성하여야 한다. 표지를 별도로 양식을 요구하는 것은 교육행정상 점수 부여와 2년간 보관하는데 효과적이 된다.〈표 8-23〉 과제물 표지 참고

사회복지현장실습사례

담당교수서명	점 수

교과목명	사회복지현장실습
교 수 명	○ ○ ○ 교수
성 명	김 ○ ○
제출 일	2013. 7. 20

○○대학교

1. 과제물 표지

2. 과제물 내용

○○의 사례관리

교 과 명 : 사회복지현장실습
슈퍼바이저 : 김○ ○
제 출 자 : 정○ ○
제 출 일 : 2013. 7. 20

제목: 『○○○사례』

1. 사례 발견(초입단계: 발굴과 의뢰)

요양시설 입원자 중 2013년 6월 12일 요추 압박 골절로 수술을 받은 후 병원생활이 여의치 않아 독립적인 일상생활을 위해 요양원으로 입소하게 됨

(1) 건강, 육체적 기능의 유지

건강이 악화되고, 육체적으로 노화되어 신체적 기능이 떨어져 돌봐줄 사람이 필요

(2) 경제적 문제

자식에 의존하기에 지원능력이 없다. 개인적으로 모아둔 돈도 없다.

(3) 사회적 문제

일이 없다. 초 고령화되어 가면서 노인들이 할 일이 점점 줄어들고 있다.

(4) 신체적 문제

→ 예전에는 본인이 행한 일이 어느 순간에 나이가 들어 그 일을 할

수 없을 때, 일할 능력은 있으나 사회에서 시켜 주지 않을 때, 할 일은 없고, 경제적 어려움을 겪으면서 자아실현을 할 수 없고, 가치관이 흔들리고, 자존감이 낮아져 사회적 기반이 낮아짐

2. 사정(보호진입단계)

1) 인테이크 및 사정

(1) 일반적 정보

① 성명: 김 ○○
② 연령: 1940. 02. 15(73세)
③ 결혼상태: 결혼(배우자 사망)
④ 진단명: 고혈압, 당뇨, 요추 압박골절
⑤ 생활장소: 요양원 2층 생활실

(2) 가계도

"생략"

(3) 생태도

"생략"

(4) 개인정보사항

"생략"

(5) 미래 정보사항

"생략"

2) 욕구 사정

3) 목표설정

(1) 낮동안 클라이언트를 돌봐줄 사람을 찾기 요양보호사 책임 케어 연구
(2) 더 이상의 행동프로그램의 참석이 어려워 사회적 활동이 중단되어 낮아진 자존감을 높이기

3. 보호계획단계(개입계획, 자원확인 및 명세서 작성)

1) 개입 계획

(1) 위험한 상황에 대처할 수 있는 연락망 형성
(2) 행동프로그램에 참석했을 때의 상태 유지 즉, 사회적 자존감을 높이기 위해서 산책이나 말벗서비스 제공
(3) 심리적 지지기반 마련을 위한 형과의 연락을 위해 형의 연락처 찾기
(4) 발달프로그램 담당자로서 OO가 참석할 수 있는 프로그램 찾아보기
(5) 종교생활 등의 심리적 안정감을 느낄 수 있는 생활 유도

2) 서비스에 대한 합의

대상자	김 OO (1940년 2월 15일생)
회의내용	1. 요추 골절 수술로 인한 통증 및 인지 기능 저하로 약물에 대한 집착 2. 경미한 증상에도 외진을 요구함 3. 기저귀 착용하거나 대소변 및 인지 전혀 안되고 화장실 가기 요구함 (많은 양의 대변을 보았으나 인지하지 못함) 4. 고혈당으로 인한 식이조절 필요 5. 모든 일에 대한 생각이 부정적이고 무기력함
장애요인	1. 약물 및 병원 진료에 대한 집착 2. 요추 골절로 갑자기 거동이 불가능하게 된 것에 대한 우울감 3. 기억력 및 인지력 저하 4. 무기력증으로 인한 근력저하

	5. 당뇨로 인한 피로감
목표설정	1. 집착 증상 완화 2. 정서적 안정을 통한 불안 및 우울감 감소 3. 치매 진행 지연 및 무기력증 해소를 위한 프로그램 참여 유도 4. 지속적인 상담 5. 당뇨 식이조절에 맞는 식사 제공
개입방향	1. 종합 진단을 거쳐 투약하고 있는 약 종류를 감소하여 약에 대한 의지 않게 유도 2. 일정한 산택 및 놀이 프로그램을 통해 증상완화 및 근력유지 3. 역할 수행을 통해 우울감 및 무기력증 해소 4. 지속적인 상담을 통해 약물 및 병원진료에0 대한 집착 증상 완화 5. 질환에 맞는 음식제공을 통해 식사형태 고정

3) 서비스 계획 및 개입

구 분	1(의료)	2(재활)	3(영양)	4(정서)
문제점 및 욕구	약물 및 병원진료에 대한 집착 심함	요추 골절로 인한 신체 구축 및 근력저하	당뇨로 인한 식이조절 필요	우울감 무기력증 직원의 말을 신뢰하지 못함
목 표	약물 및 병원진료에 대한 집착 완화	근력긴장완화 근력유지	혈당조절에 맞는 식사형태 제공	지속적인 상담 및 프로그램 참여를 통해 우울감 및 무기력증 해소 긍정적 시각
서비스 계획	종합진료를 통해 투약하고 있는 약품 최소화 계속 외진 요구시 - 증상에 대한 정확한 이해 도움	물리치료 주 2-3회 실시 상•하지 정교성 운동 공기압치료 등	질환 및 기호에 맞는 음식제공을 통해 식사 형태 고정	지속적인 상담 프로그램 참여유도 직원과의 대화를 통한 친밀감 및 신뢰감 형성
결 과	투약하는 약의 종류 감소 약물 요구시 비타민제로 대체하여 플라시보 효과를 주어 통증관리 원활	물리치료를 통한 하체 근력유지 통증 자각증상 감소	짠 음식을 덜 드시고 많이 드심 여전히 간식은 많이 드심	자신이 수행해야 할 역할활동으로 인해 무기력증 및 우울감 감소 지속적인 상담으로 직원들의 말에 신뢰를 가짐

4) 공식적, 비공식적 자원활동

(1) OO의 참석 가능한 프로그램에 참석시키기
(2) OO의 형의 연락처를 찾기 위해 경찰 또는 동사무소에 업무 협조 요청
(3) 주의의 자원봉사자를 동원하여 일주일에 두세 번 산책을 겸함 말벗 서비스 제공
(4) 주말에는 교회에 자원봉사자를 활용하여 교회에서 낮 동안 생활하여 종교생활도 하고 교회에서 운영하는 프로그램 참석
(5) 정상인과의 산책, 말벗서비스, 종교생활을 통하여 지역사회의 사회통합, 즉, 정상화를 이룰 수 있고 행동프로그램에 참석했을 때의 정신적, 사회적 자존감을 유지할 수 있다.

4. 보호계획 실행 단계(클라이언트 연결)

1) 클라이언트 연결

(1) OO가 참석할 수 있는 발달장애 프로그램이 있나 찾아본다.
(2) 산책 말벗 서비스를 위해서 프로그램을 계획하고, 자원봉사자와 연결시켜 주는 역할
(3) 교회의 봉사자의 연결
(4) OO의 사회적 위치를 높이고 자아실현을 위해 노력하며, 자존감을 높이기 위한 지지자로써의 역할을 한다.

5. 보호계획 수정단계(모니터링 및 재사정)

수정이 필요시 추가 모니터링 및 재 사정을 반복하여 수정하는 단계이다.

6. 평가단계(결과평가)

클라이언트는 퇴소한 후 다시 입소한 사례이며 요추 골절 수술로 인한 걷지 못한다는 사실에 굉장한 우울감을 느끼고 있는 상태이고 기능이 손실되었음에도 본인은 다시 걸을 수 있다고 믿고 계시며 최근 들어 급격한 기력 저하 및 인지장애로 경증치매 증상도 나타나고 있어 정서적 안정 및 지지체계의 확립이 우선적인 문제로 파악되었다.

따라서 우울감 및 불안감을 해소하기 위해 지속적인 상담과 능력에 맞는 역할 수행을 통해 프로그램에 대한 참여도가 높아지고 있다.

또한 약물 및 병원진료 집착에 대한 의사의 정확한 진료와 플라시보 효과를 통해 감소시키게 하였으며, 기저귀 착용을 하였음에도 대소변 인지가 전혀 되지 않아 화장실 가기를 요구하는 문제에 대해서는 지속적인 상담과 직원과의 친밀감 형성으로 직원의 말에 대해 어느 정도 신뢰를 가지게 되었다.

영양적인 문제는 간호서비스와 병행하여 혈당체크, 당뇨 식이조절을 위한 식단을 제공하며 모든 문제에 대해서 지속적인 관리와 사정을 통해 문제 행동의 완화를 높이는 것이 필요하다.

앞으로 위험상황에 대처할 수 있는 연락망 형성하기 위해 119, 경찰, 데이터프로그램 담당자 등의 연락망 형성하고 주 2-3회 산책을 겸한 말벗서비스 제공하며, 주위의 자원봉사자들의 도움으로 성공적인 서비스도 가능하다.

주말엔 인근 교회와 연결되어 교회버스로 교회까지 이동하여 예배를 드리고, 중식을 제공받고 같은 장애인들이 참석하는 음악 프로그램 참석하고 있다

7. 기타 첨부 사항

1) 사례관리 계획서

사례관리 계획서

실습생이름:

클라이언트명		성 별		조사일	
주 소		전화번호		작성일	
직 업		학력		연령	
의뢰경위		경제상태	□ 일반 □ 저소득 □ 수급자		

1. 일반적인 사항
  - 가족상황, 경제상황, 건강 상황, 일상생활 및 주거상황, 사회심리적 상황, 자원활용상황

2. 클라이언트에 관한 사항
  - 신체, 인지, 정서, 행동기능면 / 클라이언트의 강·약점

3. 욕구진술

4. 개입계획

욕구	결과목표	세부목표	표적체계	개입전략 및 수행방법	비고 (역할분담 등)

5. 서비스 일정표

날짜	담당	서비스 목표	서비스 내용	준비물	비고

2) 사례관리 진행일지

사례관리 진행일지(　　회)

클라이언트명		실습생명	
일　시		장　소	

1. 목표 및 내용

결과목표	하위목표	서비스목표	서비스내용

2. 과정기록

3. 평가
   1) 목표달성 및 서비스 평가

   2) 클라이언트에 대한 평가

   3) 사례개입에 대한 자신의 역할 평가

4. 계획

3) 사례관리 종결기록서

사례관리 종결 기록서

클라이언트명	
실습생명	
서비스제공기간	

1. 제공된 서비스

2. 사례관리 목표 달성정도

3. 사후지도 계획

〈사례관리 예〉

상 담 사	박 O O	클라이언트	신순임어르신(82세)
클라이언트 욕구	어르신은 양로원에 들어오신지 5개월이다. 그래서 아직 원하시는 것이나 필요한 것이 없으시다고 한다. 5자매중 큰 언니는 돌아가시고 나머지 분들이 부산, 서울, 장안동, 수유리에 사시기 때문에 동생분들이 오시거나 동생집에 가서 지내다 오시기 때문에 양로원에 계신 것에 만족하신다 한다.		
클라이언트 문제점	1. 운동을 잘 안하신다. 2. 같은 방 어르신 외에, 다른 대화를 하지 않으신다.		
목 적	1. 꾸준히 운동을 통해 체력저하를 막는다. 2. 다른 어르신과의 대화를 통해 앞으로 계속 계실 양로원의 삶의 질을 향상 시킨다.		
목 표	1. 오전에만 하는 운동을 저녁에도 하시게 한다. 2. 다양한 프로그램 활동에 참여 하시게 한다.(다른 어르신들과의 만남 소통)		
클라이언트 강점, 단점	강점: 워낙 선천적인 성격이시라 양로원 생활이 좋으시다고 하신다. 쾌활하셔서 말씀도 조리 있게 잘 하시고 몸이 불편한 어르신도 책임지시고 많이 도와주신다. 또한 멋도 있으셔서 팔찌나, 목걸이 등 장신구 착용도 즐겨 하신다.		
클라이언트에 대한 서비스 계획	〈둘이서 하나로〉 어르신들을 2명씩 한 팀으로 해서 할 수 있는 놀이를 만든다. 예를 들어 현재 하고 있는 물 풍선 던지기를 어르신들이 참 좋아하시고 제일 많이 웃으시고 즐거워하시는데 이것을 1) 2명이 한 팀으로 만들어 점수가 높은 순서대로 휴지나 물티슈를 드린다. 2) 아침운동도 같이 짝이랑 같이 할 수 있는 서로 손 마주치기, 상대방 등 두들겨 주기를 한다. 이렇게 3개월씩 하면서 짝을 바꾼다면 최소 다른 방 어르신들과도 친해 질 수 있는 기회가 생길 것이다.		
개입방법	어르신들이 양로원에 들어오신 지가 얼마 되지 않아 불편하신 것이 아직 없으시나, 앞으로 생활하실 양로원에서 편하게 계실 수 있도록 프로그램 활동에 적극 참여할 수 있도록 어르신과의 라포 형성이 매우 중요할 것 같다. 그 뒤에 좀 더 하나씩 단계적으로 운동이나 여러 가지 활동들을 참여하실 수 있게 이끌어 내야 할 것 같다.		
예비사회복지사로서의 자신에 대한 평가	아직 사회복지사로서 턱없이 부족한 것 같다. 학교에서 이론적인 것만을 배웠을 때 하고는 많은 차이가 있다. 실습을 하면서 사례조사를 하고, 다양한 프로그램을 접하면서 이제서야 뒤늦게 사회복지사의 책임감과 역할에 대해 깨닫게 되었다. 아직 예비사회복지사로서 많이 부족하지만 얼마 남지 않은 실습 기간 동안에 많이 배우고 느끼고 체험해서, 책임감 있고, 성실하고 클라이언트를 우선으로 생각하는 사회복지사가 되어야겠다.		
비고	시간적인 여유가 충분치 않아 인터넷으로 대인관계 척도 테스트를 다운받아 보았으나 노인들이 하는 것들이 아니라 일반인들을 상대로 하는 것이어서 사용하지 못했다. 그래서 객관적인 자료를 제시할 수가 없었다.		

〈프로그램 관찰 일지〉

프로그램명	마당극(착한사람 김상봉)	일 시	2013년 6월14일(금)
진 행 자	김민수	장 소	뒷 마당
진행 내용	1. 장구장단에 맞추어 해설하시는 분이 나와 창으로 마당극의 서막을 알린다. 2. 영험하기로 소문난 장군봉, 노적봉, 문필봉, 봉우리 신령에게 그저 학한 자식을 점지해 달라고 모친 송씨는 지극 정성으로 빈다. 그 결과 김상봉을 잉태한다. 3. 김상봉은 자라면서 온갖 동네의 궂은 일과 굶고 병든 자들을 위해 헌신한다. 그러다 김상봉은 그에 버금갈 정도로 착한 색시를 만나, 결혼하고 자식을 낳는다. 4. 김삼봉은 착한 남편, 착한아버지가 되려고 불철주야 더욱 노력하지만 다른 사람들을 돕느라 빈털터리에다, 오히려 다른 사람들로부터 원망과 불평을 사고 아내마저 큰 병을 얻어 죽고 만다. 5. 김삼봉 자식들은 자신들의 일만을 하며 김삼봉 아버지를 돌보지 않으며 오직 돈이 필요할 때만 아버지를 찾아온다. 6. 김삼봉은 고민을 하게 된다.		
어 르 신 특이사항	오순임 어르신은 마당극을 하는 내내 계속 박수를 치면서 좋아하셨고, 최경자 어르신은 마당극 소로 깜짝 출연을 하시면서 굉장히 부러워 하셨다. 김대순 어르신도 끝까지 흥겨워하시면서 너무 재미있다 말씀해 주셨다. 그에 비해 남자 어르신들은 처음에는 서커스를 하나보다 하시면서 자리에 앉아 계셨는데 마당극 중간에 지루하시다면서 방으로 들어 가셨다.		
실습생 의 견	말이 많이 시원해져서, 뒷마당에서 마당극을 열었다. 여자 어르신들은 마당극을 굉장히 좋아하시고 흥겨워하셨다. 또한 어르신들도 마당극에 깜짝 출연하시면서 프로그램이 진행되어 어르신들의 여름 끝자락의 지친 기분을 좋게 해드릴 수 있어서 프로그램 선정이 잘 됐던 것 같다. 하지만 남자 어르신들은 흥미 없어 하셔서 남자 어르신들의 흥미를 이끌어 낼 수 있는 프로그램을 곰곰이 생각해야 할 것이다.		

〈초기상담 기록지〉

성 명	정OO		성 별		여	
입주일자	2013.03		혈핵형		A형	
주민등록번호	310612-2******		실제생년월일		1931,06,12	
출생지	전라북도 고창		종 교		무	
본 관	영월 신씨		식 생 활			
본 적	전라북도 정읍		취미 • 특기		없음	
입주전주소지	서울시 강동구 살일동 250					
학 력	■무학 □초등학교(중퇴, 졸) □중학교(중퇴, 졸) □고등학교(중퇴,졸)					
결혼여부	■유(사별) □무		출산여부		■유(2남2녀)	
가족사항	성 명	연 령	관 계	직 업	연락처	비 고
	이OO	60	아들	25시 슈퍼		
건강상태	질 병	■유 □무	보장구 사용유무	무		
	질병명	고혈압	청력	■잘들림 □잘 안들림 □안들림		
	이용했던 의료기관	대한병원	시력	■잘보임(안경은 보안경용-눈물		
	건강상태 및 특이사항	* 어르신의 건강상태는 대체로 양호하신 편이다. 혈압만 있으셔서 고혈압 약만 드시고 밤에도 잘 주무신다. 화장실 이용도 적절히 하신다. 그래서 걸으시는 모습도 씩씩하시다. 치아는 아래 3개만 남으시고 나머지는 틀니지만 잘 맞아, 식사도 가리시는 음식 없이 잘 드신다.				

부 록

부록

1. 사회복지사 윤리강령

2011. 12.31.

전 문

사회복지사는 인본주의·평등주의 사상에 기초하여, 모든 인간의 존엄성과 가치를 존중하고 천부의 자유권의 보장활동에 헌신한다. 특히 사회적·경제적 약자들의 편에 서서 사회정의와 평등·자유와 민주주의 가치를 실현하는데 앞장선다. 또한 도움을 필요로 하는 사람들의 사회적 지위와 기능을 향상시키기 위해 저들과 함께 일하며, 사회제도 개선과 관련된 제반 활동에 주도적으로 참여한다. 사회복지사는 개인의 주체성과 자기결정권을 보장하는 데 최선을 다하고, 어떠한 여건에서도 개인이 부당하게 희생되는 일이 없도록 한다. 이러한 사명을 실천하기 위하여 전문적 지식과 기술을 개발하고, 사회적 가치를 실현하는 전문가로서의 능력과 품위를 유지하기 위해 노력한다.

이에 우리는 클라이언트·동료·기관 그리고, 지역사회 및 전체사회와 관련된 사회복지사의 행위와 활동을 판단·평가하며 인도하는 윤리 기준을 다음과 같이 선언하고 이를 준수할 것을 다짐한다.

2. 윤리기준

1. 사회복지사의 기본적 윤리기준

1) 전문가로서의 자세

① 사회복지사는 전문가로서의 품위와 자질을 유지하고, 자신이 맡고 있는 업무에 대해 책임을 진다.

② 사회복지사는 클라이언트의 종교 · 인종 · 성 · 연령 · 국적 · 결혼상태 · 성 취향 · 경제적 지위 · 정치적 신념 · 정신, 신체적 장애 · 기타 개인적 선호, 특징, 조건, 지위를 이유로 차별대우를 하지 않는다.

③ 사회복지사는 전문가로서 성실하고 공정하게 업무를 수행하며, 이 과정에서 어떠한 부당한 압력에도 타협하지 않는다.

④ 사회복지사는 사회정의 실현과 클라이언트의 복지 증진에 헌신하며, 이를 위한 환경조성을 국가와 사회에 요구해야 한다.

⑤ 사회복지사는 전문적 가치와 판단에 따라 업무를 수행함에 기관 내외로부터 부당한 간섭이나 압력을 받지 않는다.

⑥ 사회복지사는 자신의 이익을 위해 사회복지 전문직의 가치와 권위를 훼손해서는 안 된다.

⑦ 사회복지사는 한국사회복지사협회 등 전문가단체 활동에 적극 참여하여, 사회정의 실현과 사회복지사의 권익옹호를 위해 노력해야 한다.

2) 전문성 개발을 위한 노력

① 사회복지사는 클라이언트에게 최상의 서비스를 제공하기 위해, 지식과 기술을 개발하는 데 최선을 다하며 이를 활용하고 전파할

책임이 있다.

② 클라이언트를 대상으로 연구하는 사회복지사는 저들의 권리를 보장하기 위해, 자발적이고 고지된 동의를 얻어야 한다.

③ 연구과정에서 얻은 정보는 비밀보장의 원칙에서 다루어져야 하고, 이 과정에서 클라이언트는 신체적, 정신적 불편이나 위험·위해 등으로부터 보호되어야 한다.

④ 사회복지사는 전문성을 개발하기 위해 노력하되, 이를 이유로 서비스의 제공을 소홀히 해서는 안 된다.

⑤ 사회복지사는 한국사회복지사협회 등이 실시하는 제반교육에 적극 참여하여야 한다.

3) 경제적 이득에 대한 태도

① 사회복지사는 클라이언트의 지불능력에 상관없이 서비스를 제공해야 하며, 이를 이유로 차별대우를 해서는 안 된다.

② 사회복지사는 필요한 경우에 제공된 서비스에 대해, 공정하고 합리적으로 이용료를 책정해야 한다.

③ 사회복지사는 업무와 관련하여 정당하지 않은 방법으로 경제적 이득을 취하여서는 안 된다.

2. 사회복지사의 클라이언트에 대한 윤리기준

1) 클라이언트와의 관계

① 사회복지사는 클라이언트의 권익옹호를 최우선의 가치로 삼고 행동한다.

② 사회복지사는 클라이언트에 대하여 인간으로서의 존엄성을 존중해야 하며, 전문적 기술과 능력을 최대한 발휘한다.

③ 사회복지사는 클라이언트가 자기결정권을 최대한 행사할 수 있도록 도와야 하며, 저들의 이익을 최대한 대변해야 한다.

④ 사회복지사는 클라이언트의 사생활을 존중하고 보호하며, 직무 수행과정에서 얻은 정보에 대해 철저하게 비밀을 유지해야 한다.

⑤ 사회복지사는 클라이언트가 받는 서비스의 범위와 내용에 대해, 정확하고 충분한 정보를 제공함으로써 알 권리를 인정하고 존중해야 한다.

⑥ 사회복지사는 문서·사진·컴퓨터 파일 등의 형태로 된 클라이언트의 정보에 대해 비밀보장의 한계·정보를 얻어야 하는 목적 및 활용에 대해 구체적으로 알려야 하며, 정보 공개 시 동의를 얻어야 한다.

⑦ 사회복지사는 개인적 이익을 위해 클라이언트와의 전문적 관계를 이용하여서는 안 된다.

⑧ 사회복지사는 어떠한 상황에서도 클라이언트와 부적절한 성적 관계를 가져서는 안 된다.

⑨ 사회복지사는 사회복지 증진을 위한 환경조성에 클라이언트를 동반자로 인정하고 함께 일해야 한다.

2) 동료의 클라이언트와의 관계

① 사회복지사는 적법하고도 적절한 존의 없이 동료 혹은, 다른 기관의 클라이언트와 전문적 관계를 맺어서는 안 된다.

② 사회복지사는 긴급한 사정으로 인해 동료의 클라이언트를 맡게 된 경우, 자신의 의뢰인처럼 관심을 갖고 서비스를 제공한다.

3. 사회복지사의 동료에 대한 윤리기준

1) 동료

① 사회복지사는 존중과 신뢰로서 동료를 대하며, 전문가로서의 지위와 인격을 훼손하는 언행을 하지 않는다.

② 사회복지사는 사회복지 전문직의 이익과 권익을 증진시키기 위해

동료와 협력해야 한다.

③ 사회복지사는 동료의 윤리적이고 전문적인 행위를 촉진시켜야 하며, 이에 반하는 경우에는 제반 법률규정이나 윤리기준에 따라 대처해야 한다.

④ 사회복지사는 전문적인 판단과 실천이 미흡하여 문제를 야기했을 때에는, 적절한 조치를 취하여 클라이언트의 이익을 보호해야 한다.

⑤ 사회복지사는 전문직 내 다른 구성원이 행한 비윤리적 행위에 대해, 제반 법률규정이나 윤리기준에 따라 조치를 취해야 한다.

⑥ 사회복지사는 동료 및 타 전문직 동료의 직무 가치와 내용을 인정·이해하며, 상호간에 민주적인 직무관계를 이루도록 노력해야 한다.

2) 슈퍼바이저

(1) 슈퍼바이저는 개인적인 이익의 추구를 위해 자신의 지위를 이용해서는 안 된다.

(2) 슈퍼바이저는 전문적 기준에 의해 공정하게 책임을 수행하며, 사회 복지사·수련생 및 실습생에 대한 평가는 저들과 공유해야 한다.

(3) 사회복지사는 슈퍼바이저의 전문적 지도와 조언을 존중해야 하며, 슈퍼바이저는 사회복지사의 전문적 업무수행을 도와야 한다.

(4) 슈퍼바이저는 사회복지사·수련생 및 실습생에 대해 인격적·성적으로 수치심을 주는 행위를 해서는 안 된다.

4. 사회복지사의 사회에 대한 윤리기준

(1) 사회복지사는 인권존중과 인간평등을 위해 헌신해야 하며, 사회적 약자를 옹호하고 대변하는 일을 주도해야 한다.

(2) 사회복지사는 필요한 사회서비스를 개발하기 위한 사회정책의

수립 · 발전 · 입법 · 집행에 적극적으로 함여하고 지원해야 한다.

(3) 사회복지사는 사회 환경을 개선하고 사회정의를 증진시키기 위한 사회정책의 수립 · 발전 · 입법 · 집행을 요구하고 옹호해야 한다.

(4) 사회복지사는 자신이 일하는 지역사회의 문제를 이해하고, 그것을 해결하는 일에 적극적으로 참여해야 한다.

5. 사회복지사의 기관에 대한 윤리기준

(1) 사회복지사는 기관의 정책과 사업 목표의 달성 · 서비스의 효율성과 효과성의 증진을 위해 노력함으로써, 클라이언트에게 이익이 되도록 해야 한다.

(2) 사회복지사는 기관의 부당한 정책이나 요구에 대하여, 전문직의 가치와 지식을 근거로 이에 대응하고 즉시 사회복지윤리위원회에 보고해야 한다.

(3) 사회복지사는 소속기관 활동에 적극 참여함으로써, 기관의 성장 발전을 위해 노력해야 한다.

6. 사회복지 윤리위원회의 구성과 운영

(1) 한국사회복지사협회는 사회복지윤리위원회를 구성하여, 사회복지 윤리실천의 질적인 향상을 도모하여야 한다.

(2) 사회복지윤리위원회는 윤리강령을 위배하거나 침해하는 행위를 접수받아, 공식적 절차를 통해 대처하여야 한다.

(3) 사회복지사는 한국사회복지협의회의 윤리적 권고와 결정을 존중하여야 한다.

참고문헌

1) 저서

김미혜(1999), "재가노인 사례관리 실천모형의 적용연구", 한국재가노인복지협회편, 재가노인복지서비스, 서울 :동인.

유동철 외(2011), 『사회봉사의 이해』, 양서원.

서홍란 외(2001), 『사회복지현장실습 핸드북』, 나눔의집.

김선희 외(1999), 『사회복지실습 길잡이』, 홍익제.

류종훈(2012), 『사회복지총론』, 유풍출판사.

______(2012), 『사회복지실천론』, 청목출판사.

______(2012), 『사회복지발달사』, 정민사.

______(2010), 『사회복지실천기술론』, 유풍출판사.

박귀영 외(2011), 『사회복지현장실습가이드』, 양서원.

김선희 · 조휘일(2000), 『사회복지실습』, 양서원.

서홍란 외 (2001), 『사회복지현장실습 핸드북』, 나눔의 집.

한국사회복지사협회(1997), 한국의 사회복지사, 한국사회복지사.

한국사회복지사협회(1997), 한국사회복지사협회 삼십년 1967-1997, 한국사회복지사협회.

이태수 외(1997), 『소규모 아동복지시설 연구』, 인간과 복지.

이용교(2006), 『디지털 청소년복지』, 인간과복지.

홍봉선 · 남미애(2000), 『청소년복지론』, 양서원.

한국노인복지회(1997), 『재가노인복지사업 이론과 실제』, 홍익제.

한국노인의 전화(1997), 『건강한 사회를 위한 노인바로알기: 노인상담사례집』, 동인.

정상양(1998), 『일본 재가복지서비스의 전략』, 학문사.

권도용(1997), 『장애인재활복지』, 홍익제.

한국사회복지협의회(1997), 자원봉사프로그램백과, 한국사회복지협의회.

박광준(2002), 『사회복지의 사상과 역사』, 양서원.

보건복지부(2012). 노인요양보호사 표준교재

2) 사회복지관련 사이트

한국복지교육원 www.okwelfare.net

시민과 함께 꿈꾸는 복지공동체 cafe.daum.net/ewelfare

한국사회복지사협회 www.welfare.net

대한의료사회복지사협회 www.kamsw.net

사회복지정보원 www.welfare.or.kr

보건복지부 www.mohw.go.kr
복지나눔터 www.bokji.co.kr
사랑의 전화 카운슬링센터 www.counsel.or.kr
서울특별시립아동상담소 www.child.seoul.kr
영국사회복지사협회 www.basw.co.uk
참여연대 www.peoplepower21.org
한국정신보건사회사업학회 kamhsw.welfare.net

찾아보기

〈기타〉

〈저자 소개〉

• 류 종 훈
국제신학대학원대학교 상담복지학과 교수(산학협력단장)

• 김 근 식
서남대학교 사회복지학과 교수

• 김 철 진
광신대학교 사회복지상담학과 교수

• 배 성 찬
한일장신대학교 사회복지학과 교수

• 국 영 희
예원예술대학교 사회복지대학원 교수

사회복지현장실습

2014년 7월 15일 중판인쇄
2014년 7월 20일 중판발행

저 자 류종훈 · 김근식 · 김철진 · 배성찬 · 국영희
발행인 유 성 열
발행처 청목출판사
서울특별시 영등포구 신길로 40길 20
전화 (02) 849-6157(代) · 2820 / 833-6090~1
FAX (02) 849-0817
등록 제318-1994-000090호

파본은 바꾸어 드립니다. 값 18,000원

http : //www.chongmok.co.kr

ISBN 978-89-5565-544-5